13세기 베트남의 대몽항쟁

윤승연 지음

윤승연

윤승연은 한국외국어대학교 베트남어과를 졸업하고, 같은 대학 대학원 사학과에서 석·박사 학위를 취득했다. 현재 한국외국어대학교 중국연구소에서 전임연구원으로 활동하고 있다. 전통시대 베트남과 중국과의 관계를 조망한 논문이 있으며, 저서로는 베트남어 관련 교과서, EBS 교재 등이 있다.

13세기 베트남의 대몽항쟁

2025년 3월 24일 초판 1쇄 인쇄
2025년 3월 31일 초판 1쇄 발행

지은이 ■ 윤승연
펴낸이 ■ 정용국
펴낸곳 ■ (주)신서원
주소 : 서울시 노원구 동일로 207길 23 4층 413호
전화 : (02)739-0222 팩스 : (02)739-0224
등록 : 제300-2011-123호(2011.7.4)
ISBN 978-89-7940-561-3 93910
값 25,000원

신서원은 부모의 서가에서 자녀의 책꽂이로
'대물림'할 수 있기를 바라며 책을 만들고 있습니다.
잘못된 책이 있으면 연락주세요.

이 저서는 2021년 대한민국 교육부와 한국연구재단의 지원을 받아 수행된 연구임
(NRF-2021S1A5C2A02086852)

13세기 베트남의 대몽항쟁

윤승연 지음

들어가며

베트남의 역사를 이야기할 때 중국과의 관계를 빼놓을 수 없다. 오랜 세월 동안 베트남은 중국과 국경을 맞대고 있으며, 강대국인 중국의 정치·군사적 영향을 지속적으로 받아왔다. 이러한 역사적 맥락 속에서 '북거(北拒)', 즉 북쪽의 압력에 맞서 독립을 지키려는 베트남의 끊임없는 저항은 베트남 역사의 중요한 요소로 자리 잡았다.

기원전 179년 이후 베트남은 천 년 이상 중국의 지배를 받았고, 독립을 이룬 후에도 중국의 개입과 압박에서 자유롭지 못했다. 하지만 베트남은 단순히 방어에만 머무르지 않고, 외교와 군사 전략을 활용해 독립을 유지하는 데 성공했다. 다양한 외세의 침략을 겪었는데, 특히 13세기 몽골과의 전쟁은 베트남 역사에서 가장 중요한 사건 중 하나로 평가된다.

몽골 제국은 유라시아 전역을 정복하며 강력한 영향력을 행사했고, 송(宋)을 정복한 후 남쪽으로 진출하면서 베트남을 침공했다. 1258년, 1285년, 1288년 세 차례에 걸친 전쟁에서 베트남의 쩐(陳) 왕조는 강력한 몽골군에 맞서 싸웠다. 기동력을 앞세운 압도적인 군사력을 보유한 몽골군을 베트남은 덥고

습한 기후와 울창한 숲, 강과 해안선을 활용한 전술로 저항했다. 강을 따라 몽골군의 이동을 방해하고, '견벽청야(堅壁淸野)' 전략을 구사하며 적을 지치게 만들었다. 또한, 게릴라 전술을 적극 활용해 몽골군을 지속적으로 괴롭혔다.

그러나 베트남이 몽골의 힘을 완전히 무시할 수는 없었다. 몽골은 전쟁이 끝날 때마다 베트남에 조공을 요구하고, 왕이 직접 황제에게 충성을 맹세하는 '친조(親朝)'를 강요했다. 하지만 쩐 왕조는 이를 거부하며, 명목상으로만 조공을 바치는 방식으로 실질적인 독립을 유지했다.

이 책은 베트남과 몽골의 세 차례 전쟁이 어떻게 시작되고 전개되었으며, 어떤 결과를 가져왔는지를 살펴본다. 하지만 단순한 전쟁 기록을 나열하는 것이 아니라, 베트남의 저항과 전략, 외교적 대응까지 함께 조명하고자 한다. 또한, 베트남뿐만 아니라 몽골과 중국의 사료를 참고하여 당시 국제정세 속에서 전쟁의 의미를 보다 입체적으로 분석했다. 이를 통해 독자들은 베트남이 단순한 약소국이 아니라, 강대국과의 관계 속에서 유연한 외교 전략과 강한 저항 정신을 지닌 나라였음을 이해하는 데 도움을 받을 수 있을 것이다.

아직 부족한 점이 많지만, 이 책이 나오기까지 많은 분들의 도움과 격려가 있었다. 편찬을 위해 애써주신 신서원의 정용국 사장님, 꼼꼼한 편집을 맡아주신 정서주 선생님께 감사드린다. 또한, 한국외국어대학교 베트남어과 및 사학과의 여러 교수님들, 함께 수학한 동료 연구자들께도 감사의 뜻을 전한다. 끝으로, 학문적 길을 걷는 데 있어 언제나 본보기가 되어주신 나의 스승이신 이근명 교수님께 존경과 감사의 마음을 전한다.

윤승연

목차

들어가며 5

Ⅰ장. 서론   9

Ⅱ장. 1차 침공 이전 베트남 및 몽골제국의 대외관계   21
  1. 베트남 쩐(陳) 왕조의 성립과 대외관계   21
  2. 몽골제국의 형성과 베트남의 대 몽골 인식   46

Ⅲ장. 뭉케 시기 베트남-몽골 전쟁과 상호 교섭   67
  1. 1차 침략의 배경과 전개   67
  2. 몽골의 '육사' 요구와 베트남의 대응   83

Ⅳ장. 쿠빌라이의 남해 경략과 베트남-몽골 전쟁의 개시   107
  1. 제2차 침략의 배경과 전개   107
  2. 제2차 침공 이후 양국 관계의 변화   138

Ⅴ장. 제3차 베트남-몽골 전쟁과 그 전개 양상   167
   1. 제3차 베트남 정벌 전쟁의 경과   167
   2. 제3차 전쟁 이후 양국 관계의 추이   192

Ⅵ장. 결론   219

부록 1
〈지도 1〉 몽케 시기 우량카다이의 베트남 침략(1258년)   228
〈지도 2〉 쿠빌라이 시기 베트남 1차 침략(1285년)   229
〈지도 3〉 쿠빌라이 시기 베트남 2차 침략(1288년)   230
〈지도 4〉 2차 침략 당시 바익당(白藤, Bạch Đằng)강 전투(1288년)   231

부록 2
〈표 1〉 중국(宋, 元)에 파견된 베트남(Đinh~Trần 朝) 사신단표   232
〈표 2〉 베트남(Đinh~Trần 朝)에 파견된 중국(宋, 元) 사신단표   243

참고문헌   248
찾아보기   254

I장. 서론

베트남의 역사를 논할 때 빼놓을 수 없는 부분이 바로 중국과의 관계이다. 베트남의 역사적인 특징을 이야기할 때 쓰는 '북거(北拒)', '남진(南進)'이라는 표현에서 '북거'는 '중국을 막는다'는 의미이다. 이것은 베트남이 자신들과 북쪽 경계를 맞대고 있는 중국과의 관계에서 끊임없이 항거하며 그들의 영역을 지켜냈다는 것을 의미한다.[1] 베트남의 역사를 살펴보면, 베트남은 B.C 179년 이후, 1000여 년이 넘는 기간을 통해 중국에 복속되어 있었다. 이때부터 시작된 중국에 대한 항거는 939년 응오(吳, Ngô) 왕조가 남한으로

---

[1] 베트남의 역사학자인 판후이레(Phan Huy Lê)는 그의 논문 Tìm về cội nguồn(Hà-Nội, NXB. Thế Giới, 1998)에서 베트남의 15회 외침 중 11회가 중국의 침략이었다고 전하면서 이것이 베트남의 중국에 대한 저항의식을 강조하는 것이라 하고 있다. 그러나 유인선, 「전근대 베트남의 대중국 인식: 조공과 대등의식의 양면성」, 『동북아역사논총』 23, 2009, p.391에서는 이와 관련하여, 그중 진시황의 남방 경략은 당시 베트남의 영내에 이르지 못했고, 조타의 남비엣(南越)도 베트남의 왕조로 보아 베트남 침략을 9회로 계산해야 한다고 했다. 현재 남비엣은 중국의 왕조로 구분되지만 전근대 남월에 대한 인식은 베트남의 국가였던바 이것이 중국의 지배와 침략에 대한 저항 의식을 일으키는 데 큰 역할을 했다고 살펴볼 수 있다.

부터 독립을 이룬 이후에도 계속되었다. 더욱이 오랜 중국의 지배로 인해 이미 베트남 내부에는 중국의 영향력이 깊이 침투되어 있는 상태였다. 중국은 딘(丁, Đinh)왕조, 띠엔레(前黎, Lê)왕조, 리(李, Lý)왕조, 쩐(陳, Trần)왕조 등 매 시기 마다 베트남에 대해 그들의 힘을 과시하고 간섭하려 시도했다. 이러한 중국에 맞서 베트남은 국가를 보존하고 유지하려고 끊임없이 노력하였다. 그리하여 베트남은 중국과의 거듭된 전쟁에도 불구하고 중국 세력을 베트남의 강역 밖으로 몰아내는 데 성공하여 끝내 독립을 유지하였다. 또한, 허우레(後黎, Lê)왕조 시기에는 明에 의해 20여 년 동안 재 복속되었던 상황 속에서도 다시금 독립을 일궈내기에 이르렀다.

주지하다시피, 베트남은 중국에 있어 지정학적으로 남쪽 진출을 위한 교두보의 역할을 하는 곳이다. 그러므로 중국의 남방을 향한 영토 확장 야욕에 따라 베트남은 직접적인 영향을 받을 수밖에 없었다. 베트남은 중국의 이러한 위협에 대응하여 때로는 외교를 통한 우호적인 관계를 맺기도 했고, 때로는 저항을 통해 자신들의 영토를 확보해 나가기도 했다. 대중국 관계는 베트남에 있어 자신들의 대내외적인 위상을 확립해 가는 데 있어 관건과 같은 역할을 하였다. 그러므로 전근대 시기의 베트남을 조명하는 데 있어서 중국과의 관계는 대단히 중요한 요소 가운데 하나이다. 특히 양국 간에 있었던 전쟁은 양국의 관계를 재정립하게 하고, 나아가 양국의 명운을 결정짓는 요인으로 작용하였다. 베트남과 중국 양국 간에는 역사상 실로 전쟁이 끊이지 않았다 해도 과언이 아닐 정도였다. 이러한 베트남-중국 사이의 전쟁 가운데 본고에서 주목한 것은 베트남의 陳 왕조 시기 있었던 몽골과의 전쟁이다.

몽골의 베트남 쩐(陳, Trần)왕조에 대한 침략은 뭉케 시기에 1차례(1258년),

그리고 쿠빌라이 즉위 이후 2차례(1285, 1288년), 총 3차례 이루어진다. 몽골제국을 세운 칭기스칸 시기에는 베트남과 어떠한 접촉도 발생하지 않았다. 베트남과 중국의 관계에는 지리적인 영향이 큰 작용을 미쳤다. 중국이 분할되어 있을 때 베트남에 영향력을 끼친 존재는 중국 영역 내 가장 강한 왕조가 아니라 베트남과 직접 국경을 맞대고 있던 왕조였다. 이를테면 중국이 漢 이후 魏, 蜀, 吳 삼국으로 분열되던 시기에는 손권의 吳나라가, 唐 말 오대십국 시기에는 오대의 왕조보다는 南漢과의 관계가 더 중요하였다. 그리하여 베트남은 인접한 남방 왕조와의 관계를 더 중시하였으며, 송 건국 이후에는 그들과 관계를 맺었다. 이후 거란의 遼와 宋이 대치한다든가 혹은 여진의 金에 의해 북송이 몰락하고 南宋이 건립된 시기에는 북방의 遼나 金보다는 北宋 및 南宋과 관계를 맺었다. 이것은 몽골제국이 등장한 이후에도 마찬가지였다. 당시 칭기스칸은 흩어졌던 여러 몽골 부족들을 통일하고 그의 강력한 카리스마와 지도력을 통해 세계제국으로의 확장을 하고 있었다. 하지만 베트남과는 어떠한 접촉이나 정벌이 나타나지 않고 있다. 앞서 언급했듯이, 이 시기에는 베트남과 몽골 사이에 南宋이 건재하고 있어 양국 사이의 지리적인 접점이 없었기 때문이다. 이후 세계제국을 완성하려던 칭기스칸의 의지가 후손들에게도 계승되면서, 뭉케시기에 이르러 동방에 대한 관심과 전쟁이 시작되고 마침내 몽골의 시선과 관심이 점차 베트남까지 이르게 된 것이다.

이렇게 몽골제국이 등장하고 그로 말미암아 동아시아의 국제 정세가 급속히 변화해 가던 시기, 베트남은 12세기 말부터 쇠락하고 있던 리(李, Lý)가 무너지고 쩐(陳, Trần)이 성립된 상태였다. 당시 安南[2] 즉 베트남은 10세기 이후부터는 宋의 책봉국으로 송과 정치적 관계를 맺었다. 北宋에서 南宋으로 변화되는 무렵 베트남은 딘(丁, Đinh) 왕조에서 레(黎, Lê) 왕조, 그리고 리(李, Lý) 왕조로 변천되었다. 베트남은 독립 이래 이들 중국의 왕조들과 동아시아 세계에서 행해지던 전통적인 조공-책봉 관계를 유지하였다. 당시 중국은 베트남에 대해 '이미 오랜 전부터 중국에 속한 땅' 또는 '언제든 내지화 될 수 있는 곳'이라는 인식을 지니고 있었다.[3] 이러한 인식 하에 宋代에는 베트남에 대한 두 차례 무력 침공이 시도되기도 한다. 그러나 그 정벌이 실패한 후 송은 당시 북방민족의 발흥이라는 상황 하에서 부득이 베트남과 우호적인 관계를 유지하고자 하였다. 그 표현이 조공-책봉 관계라는 전통적 외교 형식이었다. 베트남 측에서도 중국과의 조공-책봉 관계는 중국에 대한 신속, 또는 복종이 아닌 실리적 선택이라 인식되었다. 중국과의 외교 내지 조공 책봉 질서의 수용으로 얻게 되는 경제, 문화적인 효과를 중시했던 것이다. 게다가 12세기 후반 남송 시기에 이르러 베트남 리 왕조의 군주에 대해 이전의 '交趾郡王'이 아닌 '安南國王'의 칭호를 수여하고 安南國의 인장(印章)을 하사한다.[4] 여기에는 물론 당시 송과 북방 민족 간의 대립이라는 절박한 요인이 상당한 영향을 미쳤다. 남방 베트남과의 관계를 안정시

---

2 漢代 북부 베트남 일대에 교지군(交趾郡)을 설치했고, 唐代에는 안남도호부(安南都護府)를 설치했다. 이러한 연유로 宋代 이후로 북부 베트남 지역을 交趾 혹은 安南이라 일컬었다. 『元史』에서는 『宋史』의 「交趾傳」과 달리 「安南傳」이라고 했으나 사료 상에는 安南과 交趾가 혼용되었다. 이 책에서는 통일하여 安南이라고 하겠다.

3 『宋史』의 「交趾傳」에서는 "교지는 본래 한나라 초기 南越의 땅이다."라고 되어있으며 이후 한 무제 시기 중국의 영내로 병합된 것으로 나온다. 이에 대해 『元史』「安南傳」과 『明史』「外國列傳」에서 모두 "安南은 옛 交趾이다."라고 규정하고 있다. 그러나, 『元史』「安南傳」은 교지가 漢代 9군을 설치한 것 중의 하나라고 기록하고 있고, 『明史』「外國列傳」은 당 이전부터 중국에 속했다가 10세기 혼란을 틈타 세워진 곳이라 베트남을 규정하고 있다. 이러한 중국의 베트남에 대한 인식과 관련해서는 최병욱, 「중국 역대 왕조의 베트남 인식 25사를 통해서 살펴봄」, 『동북아역사논총』 11, 2006을 참조.

4 『宋史』 卷488 外國4, 「交趾傳」, 宋 淳熙 三年, p.265.

키기 위한 회유책의 하나라고도 할 수 있다. 하지만 동시에 이러한 송 측의 태도는 중국의 군현(郡縣)내지 내신(內臣)으로 인식되었던 베트남에 대해 비로소 독립국으로서의 외번(外藩) 지위를 인정한 것이라고도 볼 수 있다. 이런 중국과의 관계 속에서 리 왕조의 제도를 계승한 쩐 왕조는 송과의 관계에서도 계속적으로 우호적인 관계를 유지했으며, 이는 남송이 멸망하던 1279년까지 이어지게 된다.

베트남은 몽골과의 관계에서도 기존의 조공-책봉 관계를 유지하려고 했다. 그러나 그 당시 몽골은 이전의 전통적인 중국 왕조와는 다른 대외정책을 가지고 있었다. 그들은 형식적인 조공-책봉 관계가 아닌 완전한 복속을 요구했고, 그것은 '친조'의 요구라는 형태로 나타났다.[5] 그리고 이러한 완전한 '복속'을 베트남에게 요구하면서 양국 간에는 긴박한 대립과 반목이 빚어지게 되는 것이다.

이러한 양국의 관계를 알기 위해서는 각 국가의 기록을 아울러 살펴보아야 한다. 베트남의 기록으로서는 기본적인 사료인 『대월사기전서(大越史記全書, Đại Việt sử ký toàn thư)』[6]와 함께 쩐 왕조 시기 쓰인 레딱(黎崱, Lê Tắc)의 『안남지략(安南志略, An Nam chí lược)』이 있다. 그러나 베트남의 기록물은 그리 많지 않기 때문에, 기록 내용의 사실 관계를 온전하게 확인하는 것이 어려우며 사건 전개의 자세한 전후 사정을 파악함에 있어 어려움이 있다. 이와 반대로 중국의 사료로는 『원사(元史)』가 기본인데 그 중 「본기(本紀)」, 「열

---

5 乙坂智子, 「元代「內附」序論-元朝の對外政策をめぐる課題と方法」, 『史境』 34, 1997, p.34; 乙坂智子는 이때 몽골이 요구한 '六事'요구는 복속국에게 이행하게 한 것으로 양국관계를 내부체제(內附體制)라고 정의하였다. 이와 관련해서는 고명수, 「몽골의 '복속' 인식과 蒙麗關係」, 『한국사학보』 55, 2014 참조.

6 이후 『全書』로 표기.

전(列傳)」, 「안남전(安南傳)」 등의 여러 내용을 통해 사실 관계를 확인해볼 수 있다. 게다가 서명선(徐明善)의 『천남행기(天南行記)』나 진부(陳孚)의 『진강중시집(陳剛中詩集)』 등과 같은 기록은 당시 양국 관계와 특히 베트남의 사회상을 알 수 있는 귀중한 자료이다. 그러나 중국의 사료이다 보니 다소 중국적인 시각이 강하게 투영되어 있기도 하다.

이러한 기록물을 바탕으로 한 가장 선구적인 연구로는 야마모토 타쯔로(山本達郞)의 저서가 있다. 그는 베트남의 가장 기본적인 사료인 『全書』, 쩐 왕조 시기에 쓰인 『安南志略』 등과 같은 베트남 사료와 함께 『元史』・「本紀」와 「安南傳」 등 양국의 사료들을 비교 검토하였다. 그는 이러한 내용을 종합하여 양국의 관계에 대해 중립적인 시각으로 몽골 시기 베트남과의 관계에 대해 광범위하게 정리하고 있다.[7] 다만 편년(編年)적이면서 연대기적 정리에 주력하다 보니 몽골 대외정책의 성격이나 양태에 대한 인식이 잘 드러나지 않는다는 약점이 두드러진다. 특히 몽골이 베트남에 대하여 요구한 '육사(六事)'라는 특수한 외교 형식에 대해 살펴본다든가 혹은, 양국 관계의 추이 및 베트남 측 대응이 전후 어떠한 맥락을 지니고 있는가 하는 점 등에 대한 분석이 부족하다. 물론 이후에도 양국 관계를 다루는 연구가 국내・외에서 상당수 출현하였다. 하지만 대체로 몽골-베트남 두 국가 간의 관계 및 외교적 접촉을 양국 사이 전쟁 상황을 중심으로 개략적으로 추적한 연구가 다수이다.[8] 이외에 좀 더 개별적인 사안으로는 양국 간의 전쟁에 초점

---

[7] 山本達郞, 『ベトナ 中國關係史I』, 東京: 山川出版社, 1975.
[8] 呂士朋, 「元代中越之關係」, 『東海學報』 8-1, 1967; 張笑梅, 郭振鐸, 「試析十三世紀元朝入侵越南的若干史實」, 『東南亞縱橫』 1-4, 1994; 曾貝・劉雄, 「元朝時期中國與越南關係系研究述評」, 『洛陽師範學院學報』 29-4, 2010; 陳玉龍, 「略論中越歷史關界的幾個問題」, 『印度研究』, 1983; 竹天, 「元朝與安南陳朝關係的幾個方面」, 『東南亞縱橫』 3-2, 1995;

을 맞추어 몽골의 베트남 침략 원인과 실패, 나아가 그 영향에 관해 서술하거나,[9] 베트남 측의 입장에서 승리의 원인과 그 영향에 대해 조명한 연구도 있다.[10] 또한, 양국의 외교 관계와 관련하여, 몽골의 베트남에 대한 '육사'요구를 바탕으로 양국의 관계를 정의하려는 연구도 있다.[11] 그러나 이것은 양

Vu Hong Lien, *The Mongol Navy: Kublai Khan's Invasion in Đại Việt and Champa*, The Nalanda-Sriwijaya Centre, ISEAS-Yusof Ishak Institute, 2017; Buell, Paul D., "Mongols in Vietnam: End of one Era, Beginning of Another", *Horst-Görtz-Stiftung Institut. Charité Medical University, Berlin*, 2009; Anderson, James A., "Man and Mongols: The Dali and Đại Việt Kingdoms in the Face of the Northern Invasion", in Anderson J.A. and Whitmore, J.(ed.), *China's Encounters on the South and Southwest: Reforging the Fiery Frontier over Two Millennia*, (Leiden: Brill), 2014, pp.106~134; 송정남, 「中世 베트남의 외교; 대몽항쟁을 소재로」, 『국제지역연구』 10-1, 2006, pp.205~228. 중국학계 연구에 비해 송정남은 몽골-베트남 전쟁 시기 베트남의 대몽외교(對蒙外交)에 대해 좀 더 중점적으로 다루고 있다. 베트남 역사 학계에서도 물론, 양국의 관계에 대해 전반적인 상황을 서술하고, 양국의 사료를 비교한 연구가 다수 있다. 대표적인 것으로, Bùi Thị Ánh Vân, "Làn sóng xâm lược của đế quốc Nguyên Mông xuống khu vực Đông Nam Á(thế kỷ XIII)", *Tạp chí Nghiên cứu Đông Nam Á*, Viện KHXHVN, số 126, 2010, tr. 46~52; Bùi Thị Ánh Vân, "Cuộc chiến tranh xam lược thế giới của đế quốc Nguyên Mông (Thế kỷ XIII)", *Tạp chí Nghiên cứu châu Âu*, Viện KHXHVN, số 128, 2011, tr. 49~57; Đào Duy Anh, "cuộc khánh chiến của nhà Trần đã ngăn chặn sự bành trướng của Mông Cổ xuống Đông Nam Á", *Nghiên cứu lịch sử* số 42, 1962, tr.16~20; Hà Văn Tấn và Phạm Thị Tâm, *Cuộc khánh chiến chống xâm lược Nguyên Mông thế kỷ XII* (Hà Nội, NXB. Khoa học xã hội, 1972); Hoàng Phương, *Kế sách giữ nước thời Lý-Trần* (Hà Nội, NXB. Chính trị Quốc gia, 1995).; Nguyễn Lương Bích, *Việt Nam ba lần đánh quân Nguyên toàn thắng* (Hà Nội, NXB. Quân đội nhân dân, 1981) 등이 있다.

9 黃飛, 「論元忽必烈朝對安南的征伐」, 『齊齊哈爾師範高等專科學校學報』 2, 2010.
10 송정남, 「쩐(Trần: 陳)조의 몽고항쟁에 관한 연구」, 『역사와경계』 34, 1998, pp.95~125.
11 윤승연, 「13세기 몽골의 베트남 침공과 六事 요구」, 『베트남연구』 16, 2018; Laichen Sun, "Imperial Ideal Compromised: Northern and Southern Courts Across the New Frontier in the Early Yuan Era", in James A. Anderson and John K. Whitmore eds, *China's Encounters on the South and Southwest: Reforging the Fiery Frontier over Two Millennia*, Leiden, Brill, 2015, pp.193~231. '육사'의 문제와 관련해서는 동시기 베트남과 유사한 양상을 보이는 고려의 상황이 있어, 이와 관련하여서는 다수의 연구가 있다. 고명수, 앞의 논문, 2014; 고병익, 「蒙古·高麗의 兄弟盟約의 性格」, 『白山學報』 6,

국의 관계를 동아시아 국제 정세와 연관시키기보다는 두 국가 간에 전개된 전쟁과 외교 관계를 추적하는 데 주안점을 두고 있다. 그렇기 때문에, 몽골과 베트남의 관계에서 나타나는 특징을 이해하기 위해서는 무엇보다 먼저 몽골이 지니고 있는 전통적 세계관 및 그것에 근거한 대외 정책에 대해 살펴봐야 할 것이다. 또한, 몽골의 고유 외교 방식에 중국의 전통적 관념이 통합되면서 등장하는 변이상, 그리고 그러한 변모에 대해,[12] 베트남이 어떠한 대응을 했는지에 대해서도 살펴보아야 할 것이다. 특히, 몽골이 이전의 중국 왕조와는 다른 특수한 대외정책 체제를 유지한 만큼, 우리는 베트남이 이전의 중국 왕조, 즉 오대 및 송 등에 대해 취했던 자세를 살펴보고, 그 연후 몽골에 대한 태도 및 그것과 이전의 관계와 어떠한 차이가 있었는지 등에 대해서도 살펴봐야 할 것이다.

또한, 몽골과 베트남 사이 전쟁의 실태에 대한 규명도 필요할 것이다. 뭉케 시기 남송 정벌을 위한 과정에서 전쟁이 시작되었다면, 쿠빌라이 시기 두 차례 전투는 어떠한 과정에서 발발했는지 그 상황을 살펴봐야 할 것이

1969; 김보광, 「고려-몽골 관계의 전개와 다루가치의 치폐과정」, 『역사와 담론』 76, 2015, pp.83~119; 이개석, 「麗蒙兄弟盟約과 초기 麗蒙關係의 성격: 사료의 再檢討를 중심으로」, 『대구사학』 101, 2010, pp.81~132; 이익주, 「高麗·元關係의 構造에 대한 硏究: 소위 '世祖舊制'의 분석을 중심으로」, 『한국사론』 36, 1996, pp.1~51; 최윤정, 「13세기(1219~1278) 몽골—고려 관계 재론: 소위 '六事' 요구와 그 이행 문제를 중심으로」, 『大丘史學』 142, 2021, pp.257~312. 고려사 학계에서는 '육사'를 바탕으로 몽골과 고려의 관계를 규명하기 위한 연구를 진행해왔다. 이와 관련해서는 앞의 최윤정 논문에서 자세하게 설명하고 있다.

[12] FiaschettiFrancesca, "Tradition Innovation and the Construction of Qubilai's diplomacy", *Ming Qing Yanjiu*, 2013, pp.65~96; "Voices from afar Yuan Diplomacy between Ritual and Practice", *Eurasian Studies* 17, 2019, pp.271~285; 권용철, 「至元 30년(1293) 원 제국 사절단과 베트남의 서신 왕래를 통해 본 원-베트남 관계의 양상」, 『歷史學硏究』 81, 2021, pp. 219~244.

다. 이를 위해서 당시 쿠빌라이가 가지고 있던 남해 해상으로의 진출 시도 및 그의 의도를 파악해 봐야 하며,[13] 이러한 맥락에서 그의 주변국들에 대한 대외정책도 천착할 필요가 있다. 최근 쿠빌라이 시기 베트남과의 외교교섭과 관련한 연구가 발표되었다.[14] 또, 쿠빌라이 시기 몽골과 안남·점성(占城)의 외교 관계에서 몽골과 고려·일본 관계와 유사한 양상을 지적하거나,[15] 몽골과 안남·대리(大理)의 관계를 비교하여 베트남과 변경 지역 세력 간의 관계에 대해 주목한 연구도 있다.[16] 이들 연구는 쿠빌라이의 인접국에 대한 외교 전략을 살펴보는 데 있어 대단히 유용한 관점을 제공하고 있다.

앞서 언급했듯이, 베트남 측 사료가 소략하기 때문에 교류 과정 중 베트남의 정확한 내부 정황이나 사건 전개의 인과 관계를 파악하는 데는 어려움이 있다. 또한, 많은 부분을 중국 측의 사료에 의지해야 하고 연대라든가 지리적 위치 등에 있어 양측의 사료가 맞지 않은 부분이 있다. 물론 많은 후대 연구자들이 각 사료를 종합하여 오류를 밝혀내고 있지만 아직도 간과되고 있는 부분이 있다. 이 책에서는 더욱 면밀하게 살펴 이러한 기록상의 오류를 잡아내고, 양국의 상황을 중립적인 시각에서 파악함으로써 양국 관

---

13 고명수, 「쿠빌라이 정부의 南海정책과 해외무역의 번영:몽골의 전통적 세계관과 관련하여」, 『史叢』 72, 2011, pp.43~79.

14 조원, 「쿠빌라이 시기 安南과의 외교교섭」, 『東洋史學研究』 154, 2021, pp.103~134. 여기서는 쿠빌라이의 다원적인 외교 전략을 설명하고 '육사'가 유일한 외교 방식이 아닌 복속국과의 정치, 군사적 결속을 위한 정책이라고 규정하고 있다

15 松本信廣, 「『安南史研究: 元明兩朝の安南征略』書評」, 『史學雜誌』 10, 1950.

16 Anderson James A., "Commissioner Li and Prefect Huang: Sino-Vietnamese Frontier Trade Networks and Political Alliances in the Southern Song", *Asia Major*, Third Series 27-2, 2014, pp.29~51; "Man and Mongols: The Dali and Đại Việt Kingdoms in the Face of the Northern Invasion", in Anderson J.A. and Whitmore, J.(ed.), *China's Encounters on the South and Southwest: Reforging the Fiery Frontier over Two Millennia*, (Leiden: Brill), 2014, pp.106~134.

계의 특징을 규명해보고자 한다.

이러한 전반적인 선행 연구를 종합하여, 본 연구에서는 우선 전체적으로 13-14세기 베트남과 몽골 사이의 관계에 대해 전쟁 양상의 실태를 추적하고자 한다. 전쟁의 배경과 진행 양상을 규명하면서 당시 동아시아 국제관계 속에서 양국 간의 서로에 대한 인식과 더 나아가 주변국들과의 역학 관계를 함께 규명해보려고 한다. 그리고 이를 통해 베트남-몽골 사이에서 나타나는 특징적인 외교 관계를 살펴보고, 이것이 가지는 의의에 대해서도 검토해 보고자 한다. 한편 베트남 역시 몽골의 정책 변화에 따라 일찍부터 전력을 정비하면서도 외교적인 교섭을 통해 몽골과 유연하게 때로는 강경하게 외교를 펼쳐 갔다. 이러한 베트남의 외교적 대응을 추적하면서 그 특징에 대해 살펴보고자 한다. 따라서 이 책에서 논의를 진행시키고자 하는 순서는 다음과 같다.

II장에서는 우선 몽골과의 접촉 이전 베트남의 외교 정책, 그리고 몽골의 형성과 함께 시작되는 베트남-몽골 사이의 초기 교섭에 대해 알아보고자 한다. 이를 위해서, 먼저 베트남의 대중국 인식을 살펴보고, 쩐 왕조의 성립 및 그 특성에 대해 살펴보고자 한다. 또한, 몽골과의 조우 이전 베트남의 대외관계는 어떠했는지, 그리고 여타 주변국과의 관계는 어떠하였는지에 대해서도 검토할 것이다. 이어 몽골제국이 형성되어 그 존재가 감지되면서 이에 대해 베트남은 어떠한 인식을 지니게 되는지 살펴보고자 한다.

III장에서는 뭉케 시기의 전쟁과 외교 교섭에 대해 알아보고자 한다. 베트남과의 전쟁은 南宋 경략을 위한 과정 중에 나타난 것으로, 이 시기 우량카다이의 대리 정복과 함께 베트남에 대한 경략이 거의 동시에 나타나게 된다. 이 시기 양국의 외교 교섭 양상을 고찰하면서 몽골의 대외정책을 파악하고, 특히 '육사(六事)'의 요구가 등장하면서 나타나는 베트남의 대응을 통해 당시 베트남의 몽골에 대한 인식과 외교의 특수성에 대해 조명하고자 한다. 또한, 당시 '육사'의 적용과 관련하여 몽골과 고려와의 관계에 대해서도 비교하여 살펴볼 예정이다.

IV장에서는 쿠빌라이 시기에 행해진 양국 간 전쟁의 구체적인 전개 과정에 대해 살펴보고자 한다. 우선 당시 동아시아의 국제 정세 및 쿠빌라이의 대 베트남 전쟁에 대한 인식과 의도를 파악하고자 한다. 특히 이때의 전쟁은 몽골의 점성에 대한 경략 과정에서 비롯된 것이었다. 쿠빌라이 시기 몽골의 베트남 침공은 쿠빌라이의 동남아시아 진출 기도와 긴밀한 관계가 있다. 그러므로 동남아 경략의 일환이라는 맥락에서 살펴보아야 할 것이다. 이와 함께 강력한 몽골군의 침략에 대해 베트남 측은 어떠한 대응을 했는지 소상히 살펴보고자 한다.

V장에서는 몽골-베트남 간의 마지막 전쟁, 즉 3차 전쟁의 양상을 살펴보고자 한다. 특히 전쟁 시기 몽골에 귀화한 베트남인과 관련하여 이들을 몽골이 어떻게 처우했는지 알아보고자 한다. 또한 3차 전쟁이 마무리되면서 나타나는 양국의 변화 상황을 살펴보고, 이후의 관계 변화에 대해서도 살펴볼 것이다. 특히 몽골 측의 대 베트남 전쟁 종료 이후 전개된 선후 조치를 검토함으로써 베트남에 대한 인식이 어떠한 변모를 보이는지 고찰하고자 한다.

이상의 검토를 통해 베트남과 몽골 전쟁의 전개 양상을 살펴보고, 양국 간 외교 관계의 특수성을 이해할 수 있기를 기대한다. 또한, 단순한 양국의 관계가 아닌 동아시아 세계라는 큰 범주에서 양국 관계의 성격을 파악하고, 나아가 몽골이 다른 주변국들을 상대로 취했던 외교 정책의 성격에 대해서도 규명할 수 있기를 기대한다. 나아가 여러 정책상에서 많은 유사함을 보였던 고려와 몽골과의 관계를 파악하는 데도 약간의 실마리를 제공하게 되기를 바란다.

II장. 1차 침공 이전 베트남 및 몽골제국의 대외관계

1. 베트남 쩐(陳) 왕조의 성립과 대외관계

역사 속에서 베트남과 중국의 관계를 고찰할 때, 빼놓을 수 없는 부분이 바로 양국의 충돌과 전쟁이다. 대체로 이러한 충돌과 관련하여 리(李, Lý) 왕조 시기 송(宋)과의 전투, 그리고 쩐(陳, Trần) 왕조 시기 몽골과 원(元)과의 전투를 꼽을 수 있다. 리 왕조는 송과의 전투에서 승리한 이후 베트남을 바라보던 중국의 시각에 변화를 가져왔고, 이후 '안남국왕(安南國王)'으로 인정받기도 했다. 쩐 왕조는 200년 넘게 지속된 리 왕조를 무너뜨리고 세워진 왕조이다.[1]

12세기 말부터 리(李, Lý) 왕조는 점차 쇠락해 가고 있었다. 조정에서는 지속적으로 토목사업을 시행했으며, 홍수와 가뭄으로 인해 흉년이 연이어 발생하였다. 곳곳에서 도적이 출몰했지만 관리들은 매관매직을 일삼고, 돈을

---

1   이와 관련하여, 윤승연, 「전통시대 베트남-중국의 대외관계 -11세기 베트남의 중국 침략을 중심으로-」, 『중국사연구』 92, 2014, pp.59~101의 내용 참고.

받고 형벌을 감해주는 등 백성들의 삶을 돌보지 않았다. 또한, 여러 봉건 세력들 간의 충돌이 일어나면서 리 왕조는 더욱 쇠약해졌고, 지방 정권들에 의해 유린되었다. 수도인 탕롱(昇龍, Thăng Long)은 여러 차례 불에 탔으며, 리 고종은 도피해야만 했다. 이로 인해 백성들의 삶은 더욱 피폐해졌고, 많은 이들이 굶어 죽거나 유랑 생활을 해야 했다.

이러한 혼란 속에서 리(李, Lý) 왕조는 내란을 피해 도망하던 쩐(陳, Trần) 씨 세력에 의탁하게 되었다. 『全書』의 기록에 따르면, 이들은 원래 민인(閩人) 혹은 계림인(桂林人)으로 천장 즉묵향(天長 卽墨鄕)에 정착한 것으로 되어 있다.[2] James J. Anderson은 송대 후기 해상 무역의 발달과 함께 베트남 지역에서도 국제 무역이 활발해졌으며, 특히 타인화(淸化, Thanh Hóa)와 응에안(乂安, Nghệ An)지역의 해상 교류가 증가했다고 전하고 있다.[3] 그러나 리 왕조 시기에는 홍강 델타 지역을 기반으로 주변 지역과의 통합을 이룩하려 했고, 델타지역을 중심으로 육로 무역에 더욱 집중하는 경향을 보였다.

12~13세기를 거치면서 베트남의 경제적 권력은 두 개의 축으로 나뉘었다. 하나는 델타 중심의 농업 경제, 그리고 다른 하나는 해안을 통한 무역 경제였다. John K. Whitmore는 1126년 송의 수도 이전과 함께 국제 무역의 양상이 변화하면서 무역상들이 해안을 따라 베트남으로 유입되었으며, 이에 따라 내륙 경제에도 영향을 주었을 것으로 보았다.[4] 많은 광동과 복건

---

2   지금의 남딘(南庭, Nam Định)省 미록(美祿, Mỹ Lộc)縣이다. 『全書』, 丙戌 建中 二年 宋寶慶 二年.
3   Anderson, J. A., "Commissioner Li and Prefect Huang: Sino-Vietnamese Frontier Trade Networks and Political Alliances in the Southern Song", *Asia Major*, Third Series 27-2, 2014, pp.29~51.
4   Whitmore, John K., "The Rise of the Coast: Trade, State and Culture in Early Đại Viet", *Journal of Southeast Asian*, Studies 37-1, 2006, pp.103~122.

의 중국인들이 이곳으로 몰려들면서 경제적, 문화적인 영향력을 행사하게 되었다.

쩐(陳)씨 가문은 이러한 시기에 베트남으로 이주하여 정착하였다. 내륙 지방의 경제력 확대와 함께 해안 지역에 대한 중앙의 통치가 느슨해지면서, 번돈(雲屯, Vân Đồn)이 국제 무역의 중심지가 되었다.[5] 결국, 해안 지역을 기반으로 성장한 쩐씨 가문의 정치적 입지가 확대되었다. 그러던 중, 훗날 리 혜종(惠宗)이 되는 삼(旵)이 도주하다가 쩐씨 가문에 의탁 하였고, 그들의 도움으로 중앙으로 복귀할 수 있었다. 이후 쩐씨 가문은 다른 봉건 귀족 세력들을 제압하면서 점차 권력의 중심에 서게 되었다.

1224년 리 혜종의 병세가 깊어지면서 그는 차녀에게 제위를 물려주고 진교선사(眞敎禪寺)에 은거하였다. 당시 권력을 잡고 있던 쩐씨 가문의 쩐투도(陳守度, Trần Thủ Độ)는 리 찌에우황(昭皇, Chiêu Hoàng)과 쩐 까인(陳煚, Trần Cảnh: 쩐 太宗)의 혼인을 주선하고, 결국 양위를 통해 쩐 왕조를 출범시켰다.

쩐 왕조는 수도를 이전하지 않고 이전, 리 왕조의 국호와 전통을 받아들였다. 이를 통해, 수도와 쩐씨 가문의 세력 기반 지역을 연계하여 지역 간 힘의 불균형을 완화시키려고 하였다. 또한, 베트남의 건국신화에서 용신인 락롱꿘과 산신의 딸 어우꺼를 각각 쩐 왕조와 리 왕조에 빗대어 융화와 화합을 강조하였다. 이러한 정책은 백성들의 강력한 지지를 얻었으며 이후 중국과의 외교 관계에서도 강력한 방패로 작용하였다.

리 왕조에서 쩐 왕조로의 교체는 조정 내부의 정권 교체로서 '정치적인 시사'의 일부였을 뿐, 국가의 전반적인 행정 체계나 일반 민중들의 삶에 큰

---

5 번돈(雲屯, Vân Đồn)縣은 오늘날의 꽝닌(廣寧, Quảng Ninh)省에 있다.

변화를 가져오지는 않았다. 쩐 왕조는 기존 리 왕조의 국호인 다이비엣(大越, Đại Việt)을 유지하고, 수도를 이전하지 않았으며, 대부분의 기존 체제를 계승하여 민심의 동요를 최소화하려 했다. 동시에 새로운 정치·경제 정책을 반포하면서 국가의 기틀을 마련하고자 했다.[6] 물론, 왕조의 교체 자체는 비교적 순조롭게 이루어졌지만 기반을 다지는 과정은 결코 순탄하지 않았다.

쩐 왕조 초기, 조정의 정권은 모두 쩐투도가 장악하고 있었다. 리 혜종의 병세가 악화되자 그는 혜종을 압박하여 제위를 차녀에게 물려주도록 만들었으며, 이후 혼사를 빙자하여 쩐 태종(쩐 까인)에게 선위하도록 조정한 것 또한 그의 계략이었다. 특히, 그는 쩐 왕조가 창건되자 태사통국(太師統國)의 직위에 올라 권력을 장악하였으며, 태종의 집권 초기는 사실상 쩐투도가 주도했다고 볼 수 있다. 다음과 같은 일화는 이러한 정황을 단적으로 보여준다.

> 형 懷王 (陳)柳의 처 順天公主 李씨를 들여 順天皇后로 삼고 昭聖을 강등하여 공주로 삼았다. 당시 소성은 無子였고 順天은 國康을 임신하고 있었다. 三月 陳守度는 天極公主와 모략을 꾸미며 황제에게 말하길 '마땅히 그것을 가로채고 나서 그 후를 도모하십시오.'라고 하였다. 류가 이에 무리를 모아 大江으로 가 난을 일으키자 황제는 마음에 스스로 평안함이 없어 밤에 성을 나가니 바로 安子山 浮雲國師(이곳의 師가 태종의 朋友였다)로 가서 거하였다.
> 다음날, 수도가 신하들을 이끌고 京師로 돌아오시라 청하나 황제가 말하길 '짐이 幼少하여 중임을 견디지 못하고 부황은 갑자기 돌아가시어 일찍이 의지할 바를 잃었다. 감히 황제의 자리를 보존하며 사직을 욕되게 할 수

---

6 『全書』, 丁亥 三年 宋寶慶 三年.

없다.'라고 하였다. 진수도가 재차 삼차 청했다. 그럼에도 윤허를 받지 못하자 이에 무리에게 말하기를 '무릇 乘輿가 있는 바가 즉 朝廷이다.'라고 하였다. 이윽고 깊은 산 중에서 이곳은 天安殿 그곳은 端明閣이라 명하고 사람을 시켜 짓게 했다. … (중략) … 황제가 이에 수도로 돌아갔다. 二旬, 류가 자신의 형세가 고립되자 몰래 배를 타고 어부인 척하고 황제에게 가 항복했다. 그러자 황제는 그와 마주 앉아 읍하였다. 수도가 이를 듣고 바로 황제의 배에 가서 검을 뽑아들며, 도적인 '류'를 죽이라 했다. 황제는 류를 숨기며 급히 수도에게 말하길 '奉乾王(奉乾은 李왕 시기 진류의 호)은 항복하러 왔다.'라고 하였다. 이에 수도가 심히 노하며 검을 강에 던지며 말하기를 '나는 走狗라 어찌 당신 형제의 順逆을 알겠는가?'[7] 하였다.

우리는 이를 통해 쩐투도(陳守度, Trần Thủ Độ)가 당시 얼마나 강력한 권력을 장악하고 있었는지 확인할 수 있다. 그는 황후를 마음대로 폐위하고 새로운 황후를 책봉하였으며, 황제가 안자산(安子山)으로 피신하여 귀환하지 않자 임의로 이궁을 결정하기도 했다. 또한, 이후 쩐리에우(陳柳, Trần Liễu)가 몰래 태종에게 항복하자 쩐투도는 황제의 만류에도 불구하고 검을 들고 그를 죽이려 했으며, 태종이 몸을 던져 이를 막아냈다. 이러한 일련의 사건들은 쩐투도의 권력이 황제를 넘어섰음을 보여준다.

그는 태종 즉위 직후, 왕권 안정을 위해 리 왕조의 후예들을 제거하는 조치를 단행했다. 먼저, 그는 리 혜종을 진교선사에 억류하였다. 혜종이 동시(東市)에 나갔을 때, 백성들이 그를 알아보고 곡을 하자, 쩐투도는 여전히 혜종이 수도 내에서 여전히 민심을 움직이며 영향력을 행사할 가능성을 우려했다. 이에 따라, 그는 혜종을 압박하여 자결하도록 만들었다. 또한, 혜종

---

7   『全書』, 丁酉 六年 宋嘉熙 元年 春 正月.

의 황후를 천극공주(天極公主)로 강등시키고 그녀를 자신의 부인으로 맞아들였다.[8] 이어, 리 왕조 시기의 궁인 및 친척 여인들은 모두 주변 소수 종족 만(蠻)의 추장들에게 시집을 보내어 그들의 영향력을 약화시켰다. 또한, 부족한 궁인들은 다른 귀족 가문의 자제나 재녀들을 통해 선발되었다.[9]

또한, 피휘(避諱) 문제를 이유로 이전 리 왕조의 성씨를 응우옌(阮, Nguyễn)으로 변경하여 사람들이 더이상 리 왕조를 기리거나 기억하지 못하도록 했다. 앞서 언급한 쩐투도의 리 왕조 종친 숙청은 혜종의 사망뿐만 아니라, 전 왕조 종친들에 대한 억압으로 인해 불만이 폭발한 리(李)씨 후손들이 반란을 일으킬 가능성을 우려한 조치였다. 그는 종친들이 선 황후에게 배(拜)한 것을 빌미로 그들을 모함하여 생매장하였으며,[10] 살아남은 자들 또한 강제로 응우옌(阮)으로 변경하도록 강요하는 등 이전 왕조의 흔적을 철저히 제거하여 새로운 쩐 왕조의 기반을 공고히 하고자 했다.

쩐 왕조는 이전 왕조와의 차별화 및 왕권 강화를 위해 왕위 계승에서 부계제와 장자상속제도를 엄격하게 적용하였다. 태자는 대왕(大王)으로 봉하고, 그 아래 모든 황자들은 왕(王)으로 칭하였다. 그다음 지위는 상위후(上位侯)로 봉해졌으며, 왕의 장자는 왕이 되고, 그 이후 후손들은 상위후로 봉해졌다.[11]

쩐 왕조는 왕조 설립 과정에서 공이 있는 인물들을 중앙의 요직에 임명하고, 지방의 군사 요충지에는 황족들을 파견하였다. 또한 황태자를 조기

---

8 『全書』, 丙戌 建中 二年 宋寶慶 二年 秋 八月十日.
9 『全書』, 丙戌 建中 二年 宋寶慶 二年 八月.
10 『全書』, 壬辰 八年 七月以後 天應政平 元年. 宋紹定 五年 八月.
11 『全書』, 辛丑 十年 宋淳祐 元年 冬 十月.

에 선정하여 왕위 계승을 둘러싼 황자들 간의 분열을 차단하였다. 왕권의 유지 및 강화를 위해 황녀가 외부 가문과 혼인하는 것을 금지하였으며, 황태자도 황실 내 근친 가운데 황후 한 명만을 택하도록 하여 외척 세력의 대두를 막고 왕권을 더욱 공고히 하였다.[12] 이로 인해 왕조의 핵심 권력이 쩐씨 일가에 집중되는 양상이 나타났으며, 이들은 여러 특권과 혜택을 독점하게 되었다. 쩐 왕조가 '종실적 체제'라고 불리는 이유가 바로 이것이다.

'태상황 제도'는 쩐 왕조 시기의 특색 있는 정책으로, 전임 황제가 대략 30~40세에 퇴위하여 태상황(太上皇)이 되는 방식으로 운영되었으며, 태종~명종 시기까지 지속되었다. 기본적으로 태상황제도는 왕위 찬탈 분쟁을 방지하고, 후계자의 안정적인 등극을 보장하며, 즉위 이후 빠르게 왕권을 집중시키기 위한 정책이었다.[13] 또한, 태상황 제도의 또 다른 요인으로는 중국과의 책봉 및 외교 교섭 과정에서 대내적으로는 황제의 위엄을 유지하면서도, 대외적으로는 자신을 낮추어야 하는 상황을 피하려는 의도도 작용했을 것으로 보인다.[14]

---

12 유인선, 『새로 쓴 베트남의 역사』, 서울: 이산, 2002, p.139.
13 태상황제도와 관련하여 『全書』, 戊午 八年 三月以後 聖宗紹隆 元年, 宋寶祐 六年(1258)에서 쩐 태종이 아들 황(晃, Hoảng)에게 왕위를 물려주는 것과 관련하여, 응오씨리엔(吳士連, Ngô Sĩ Liên)은 "하 우왕이 자식에게 왕위를 물려준 이래 아비가 죽으면 아들에게 계승하고, 형이 죽으면 동생이 잇는 것을 영원한 常法으로 삼았다. 陳씨의 가법은 이와 다르다. 자식이 장성하면 그에게 正位를 잇게 하고 父는 聖慈宮으로 물러나 거하며 상황이라 부르고 있다. 함께 정사를 살피니 이는 大器(천자의 位)를 넘겨 후사를 안정시키고 倉卒을 대비함일 뿐, 모든 일은 上皇이 취결한다. 대통을 이어받으나 황태자와 다르지 않다. 그런즉 어찌 도를 얻을 수 있겠는가? 대저 乾을 얻음에 북서에 물러나 거하고, 震은 동방에서 나온다는 뜻으로, 耄期에 이르지 않았는데 倦勤은 불가하니 三王과 같이 계승한다면 그 始終을 바르게 할 수 있다. 맹자왈: "선왕의 법을 따름에 잘못되는 것이 없다(遵先王之法而過者, 未之有也).""라고 하며 태상황 제도에 대해 비판하고 있다. 『全書』, 」酉 六年 宋嘉熙 元年.

관리 선발 방식과 관련하여, 쩐 왕조는 과거 및 천거 등 다양한 방법을 활용하면서도 특히 인품과 능력을 중시하였다. 귀족 출신이 아니더라도 중책을 맡을 수 있었는데, 이에 대해『全書』에서는 '쩐(陳) 왕조는 본래 능력에 따라 사람을 등용하고 신임하였다.'[15]라고 기록하고 있다. 또한, 레꾸이돈(黎貴惇, Lê Quý Đôn)은『견문소록(見聞小錄)』에서 '쩐 왕조는 지식인을 후하게 대하면서도 억압하지 않고, 상냥하고 공손하게 대우하였기 때문에 한때 역모의 의지를 품었던 이들조차 역사에 저명하게 기록될 수 있었으며, 이는 하늘과 땅에 부끄럽지 않은 일이다.'라고 하며 쩐 왕조의 인재 선발과 등용을 높이 평가하였다.[16]

쩐 왕조의 관료 체계는 리 왕조 시기와 유사했지만, 보다 체계적으로 조직화되었으며 추가적인 관직도 설치되었다. 삼사(三司) 등의 관직을 새로 두었으며, 이러한 핵심 직책들은 주로 쩐씨 종친과 왕후들에게 맡겨졌다. 그러나 이러한 주요 관직 외에도 하급 관리직과 관련하여, 역사를 기록하고 국사 편찬을 담당하는 국사원(國史院), 황궁 내 질병을 다루는 태의원(太醫院), 황실 가문의 사무를 부는 존인부(尊人府)뿐만 아니라, 제방을 관리하는 하제사(河堤使), 농업을 장려하는 권농사(勸農使), 둔전을 관리하는 둔전사(屯田使) 등 다양한 기관과 관직이 추가로 설치되었다.

쩐 왕조는 또한, 상벌 체계를 명확히 하고 녹봉(俸例) 제도의 기준을 명확히 규정하였다. 1236년 태종은 내외 모든 문무 관료들의 직급에 따른 급여 지급 및 조세 제도를 규정하였으며,[17] 1246년 3월 조령에 따르면, 전 문무

---

14 유인선,『새로 쓴 베트남의 역사』, 서울: 이산, 2002, p.111.
15 『全書』, 庚申 七年 元延祐 七年.
16 『見聞小錄』, pp.258~259.

백관을 15년 주기로 평가하여 10년마다 1급씩 승급시키고, 15년마다 한 단계씩 직위를 높이도록 하였다. 또한, 결원이 생길 경우 정사가 부사 직무를 겸임하도록 하고, 모두 결원일 경우 타 관청에서 파견하되, 정상적으로 충원되면 복직시키는 제도를 운영하였다.[18]

그뿐만 아니라, 고위직 관료라 하더라도 범죄를 저지르면 그 경중에 따라 엄벌에 처했다. 예를 들어, 1292년 연주안무사(演州按撫使) 피마인(費孟, Phí Mạnh)이 지속적으로 부정을 저지르자, 인종이 그를 조정에 불러 곤장을 쳤다.[19] 또한, 1326년 행견(行遣)직의 쯔엉한시에우(張漢超, Trương Hán Siêu)가 형관(刑官) 팜응오(范遇, Phạm Ngô)와 레주이(黎維, Lê Duy)가 뇌물을 받았다고 증거 없이 고발하자, 명종이 직접 조사를 명령하였다. 이때, 쯔엉한시에우가 '나는 주상의 신임을 받는 고위 관료인데, 누가 내 말을 듣지 않겠는가!'라며 기세등등하자, 이를 들은 명종이 '행견직은 성의 관리이고, 형관은 원의 관리이니 모두 내가 신임하는 자들이다.'라고 하며 쯔엉한시에우에게 무고죄로 300관의 벌금을 부과하였다.[20]

쩐 왕조는 리 왕조 말기의 혼란 속에서 지방에서 세력을 키우다가, 황태자의 피난과 그를 보호해 준 인연을 계기로 왕위에 오르게 되었다. 그러나 토착사회에서의 입지가 불안정했기 때문에 강력한 군사력이 필요했다. 쩐씨 가문은 대내적으로는 리 왕조 말기의 지방 반란을 진압하고, 대외적으로 남송(南宋)과 점차 세력을 확장하던 몽골의 침략을 대비해야 했다. 이에

---

17 『全書』, 丙申 五年 宋端平 三年 春 正月.
18 『全書』, 丙午 十五年 宋淳祐 六年, 元定宗貴由 元年 三月.
19 『全書』, 壬辰 八年 元至元 二十九年 春 正月.
20 『全書』, 丙寅 三年 元泰定 三年 秋 七月.

따라, 군제 개편과 행정 구역 재조정을 통해 중앙집권 체제를 정비하였다.

쩐 왕조는 외부 침략에 대비하여 군대 개편에 집중하였다. 군대는 황제와 수도 탕롱을 방어하는 금군(禁軍)과 지방을 수호하며 성문을 방비하고 기동부대 역할을 담당하는 지방군인 상군(象軍)으로 구성되었다. 전체적인 조직은 리 왕조 시기와 유사했으며, 금군은 쩐씨의 고향 출신 병사들로 편성되어 황실에 절대적으로 충성하였다. 지방군의 경우, 평야 지역의 병사는 정병(正兵), 산간 지역의 병사는 번병(藩兵)이라 불렀다.[21]

쩐 왕조 시기 금군의 규모에 관한 기록에 따르면, 『全書』의 1267년 기록에서 리 왕조 시기에는 각 군에 약 200명이 편제된 것과 달리, 쩐 왕조의 금군은 군(軍), 도(都), 오(伍)로 나뉘어 운영되었다. 각 군은 30도(都)로 편성되었으며, 1都는 약 80명으로 구성되었다.[22] 또한, 판후이쭈(潘輝注, Phan Huy Chú)의 『역조헌장류지(歷朝憲章類誌)』[23]에서는 초기 군대 조직을 30都로 편제하고, 각 도에 80명을 배치하여 총 2,400여 명의 금위군을 구성하였다고 기록하고 있다. 이들은 종친 중 무예에 능하고 병법에 정통한 인물들이 관리하였다.[24]

지방군 역시 총 병력이 10만을 넘지 않았을 것으로 추정되며, 이들 정규군 외에도 쩐씨 종친들의 가노(家奴)와 '왕후가동군(王侯家童軍)'이라는 사병집단이 존재하였다. 당시 이들의 전투력이 매우 뛰어났다고 전해진다. 회문후(懷文侯) 쩐꾸옥또안(陳國瓚, Trần Quốc Toản)은 자신의 가노를 모아 출정

---

21 송정남, 『베트남 역사읽기』, 서울: 한국외국어대학교출판부, 2018, p.129.
22 『全書』, 丁卯 十年 宋咸淳 三年, 元至元 四年 秋 七月.
23 이후 『憲章』으로 기록.
24 Phan Huy Chú, 『歷朝憲章類誌』-「兵制志」, NXB. Trẻ, 2014.

한 대표적인 인물 중 하나였다. 그는 몽골군의 침략을 앞두고 평탄(平灘)에서 열린 군사 회의에 참석하려 하였으나, 나이가 어리다는 이유로 불허되었다. 이에 분개한 그는 '적을 물리치고, 황은에 보답하자.(破強敵, 報皇恩)'라는 여섯 글자를 새긴 깃발을 앞세우고, 자신의 가노 천여 명을 이끌고 전쟁에 참여하여 대승을 거두었다고 전해진다.[25] 또한, 흥도왕(興道王) 쩐꾸옥뚜언(陳國峻, Trần Quốc Tuấn)[26]의 가노 응우옌디아로(阮地爐, Nguyễn Địa Lô)는 창헌후(彰憲侯) 쩐끼엔(陳鍵, Trần Kiện)과 『安南志略』의 저자인 레딱(黎崱, Lê Tắc)이 원(元)에 귀순하여 중국으로 가려 할 때, 그들을 뒤쫓아 공격하고 화살을 쏘아 쩐끼엔을 사살하는 공을 세웠다.

왕후들은 자신이 통솔하는 지역에서 장정을 선발할 수 있는 권한을 가지고 있었으며, 넓은 사유지를 소유하고 있었다. 이들의 사유지는 델타 동부 농경지, 불교사원 지역을 거쳐 해안 지역까지 확장되어 있었다. 왕후들은 자신의 사유지에서 자급자족하며 병력을 양성하여 소유지를 지켰는데, 이는 후에 몽골과의 전쟁에서 저항 운동의 핵심이 되었다. 또한, 각 마을의 장정들로 구성된 향군(鄉軍)이 존재했으며, 이들은 평상시에는 마을의 치안

---

25 『全書』, 壬午 四年 元至元 十九年 冬 十月. 이때 빈탄(平灘, Bình Than)에서 군사 훈련을 하는 것처럼 하고 모여 추후 있을 몽골과의 항쟁에서의 공수의 책과 요해를 지키는 것과 관련하여 논의를 하는 것이다. 이때 회문후 국찬은 자신의 가노 천여 명을 모으고 그들에게 무기를 지급하고 수전에 필요한 전선을 마련하여 전쟁에 참여했다. 그가 몽골과의 전투에서 선봉에 서서 싸우니 몽골의 병사들이 감히 대적하지 못하고 물러났다고 한다. 그러나 결국 전투에서 사망하게 되는데, 그의 죽음을 애석하게 여기고 그를 위해 제문을 지어주고, 왕작을 하사했다고 한다.

26 흥도왕(興道王) 쩐꾸옥뚜언(陳國峻, Trần Quốc Tuấn)은 쩐 태종(太宗)의 형인 쩐리에우(陳柳, Trần Liễu)의 아들로, 이후 몽골과의 항전에서 큰 공을 세우는 장수이다. 베트남에서 보이는 동상이나 거리 이름에서 나오는 쩐흥다오(陳興道, Trần Hưng Đạo)가 바로 쩐꾸옥뚜언이다.

과 질서를 담당하고, 전시에는 직접 전쟁에 참여하였다. 쩐 왕조의 군대는 '우병어농' 원칙에 따라 '병농일치(兵農一致)' 정책을 시행하였으며, 1253년에는 강무당(講武堂)을 세웠다. 강무당에서 어떤 교육이 이루어졌는지는 정확하게 전해지지 않지만 『병서요략(兵書要略)』의 내용을 고려했을 때, 황실과 왕후 자제들에게 중국의 여러 병서를 익히게 하고, 전술 운용과 부대 지휘 등 병법을 연마하도록 하여 몽골과의 전투를 대비했을 것으로 추정된다.

몽골과의 전쟁에서 쩐 왕조가 충분한 군대를 유지할 수 있었던 이유는, 전쟁이 발생하면 언제든 백성들을 병사로 동원할 수 있었기 때문이다. 쩐 왕조는 리 왕조 시기의 병농일치 정책을 계승하였으며, 숙위군(宿衛軍)은 녹봉을 받았다.[27] 또한, 각 지방군은 순번을 정하여 농경을 병행하며 자급자족하도록 하였다.

쩐 왕조는 리 왕조 말기의 혼란 속에서 흩어진 유민들을 모아 정착을 유도하고, 그들의 성별과 연령을 기록한 장적을 정리하였다. 이를 통해 국가 차원의 노동력과 인구를 체계적으로 관리하는 한편, 군역과 조세 부과를 원활히 하고자 하였다. 이후, 매년 봄에 이를 재조사하여 보고하도록 하여, 국가의 병력 동원과 세금 징수를 체계적으로 운영하였다.[28]

또한, 쩐 왕조는 농업 생산력을 증대시키기 위해 황무지 개간 및 농경지 확대 정책을 추진하였으며, 이를 위해 정사(正使), 부정사(副正使)를 파견하였다. 1266년 왕후 종친들은 가난과 기근으로 유랑하다가 노비가 된 백성들을 모아 황무지를 개간하거나 장원을 조성하도록 하였다.[29] 특히, 국가는

---

27 『全書』, 甲辰 十三年 宋淳祐 四年 春 正月.
28 『全書』, 戊子 四年 宋紹定 元年 秋 八月.
29 『全書』, 丙寅 九年 宋咸淳 二年, 元至元 三年 冬 十月.

변경 지역에 노비들을 배치하여 제방을 쌓게 하였으며, 2~3년 후 황무지가 점차 농경지로 전환되었다. 그러나 이러한 개간된 토지는 국가 소유로 되지 못하고, 점차 왕후와 귀족들의 사유지, 즉 전장(田莊)으로 변질되었다. 이에 따라, 초기에는 국가적 차원의 토지 개혁 정책으로 시행되었으나, 시간이 지나면서 왕실과 귀족들이 개간지를 차지하게 되면서 사유지 확대의 원인이 되었다.

사실 왕후와 귀족들은 국가로부터 탕목읍(湯沐邑)이라는 식읍(食邑)을 하사 받았음에도 불구하고 사유지인 전장을 더욱 확대하려 하였다. 그들은 탕목읍에 재택을 두고 평시에는 그곳에서 거주하였다. 이러한 식읍 지급의 대표적인 사례로, 1226년 리 혜종이 사망한 후 그의 황후는 쩐투도와 혼인하였으며, 양주(諒州)를 하사받았다.[30] 회왕(懷王) 쩐리에우(陳柳, Trần Liễu)는 자신의 부인인 투언티엔(順天, Thuận Thiên)공주를 동생인 쩐 태종에게 보내고 난 후 탕목읍을 하사받았다. 한편, 촌락의 공전을 지급받아 경작하던 농민들은 자신들의 경작지가 사유지로 전환되면서 농노 즉 식읍민으로 전락하게 되었다. 농민들의 농노화는 농촌 사회의 분열을 초래하였다. 그럼에도 불구하고, 조정은 농업 생산량 확보를 위한 적극적인 정책을 추진하였으며, 이에 따라 황폐했던 농업은 빠르게 회복되고 발전할 수 있었다.

생산력 확보를 위해 쩐 왕조 초기에는 홍수를 막기 위한 제방 축조 사업에 주력하였다. 『全書』의 기록에 따르면, 1248년 태종은 제방 축조를 명하고 관료를 파견하여 공사를 감독하게 하였다.[31] 또한, 1255년 쩐 왕조는 르

---

30 『全書』, 丙戌 建中 二年 宋寶慶 二年 秋 八月 十日. 리(李, Lý) 혜종(惠宗)의 황후는 후에 천극공주(天極公主)가 되어 쩐투도(陳守度, Trần Thủ Độ)와 혼인을 하면서 양주(諒州)를 탕목읍(湯沐邑)으로 하사받은 것이다.
31 『全書』, 戊申 十七年 宋淳祐 八年 三月.

우미엔(劉免, Lưu Miễn)에게 타인화(清化, Thanh Hóa) 지역에 제방을 쌓도록 명하였으며 같은 해, 삼관을 선별하여 각 호의 하제사로 임명하고, 농번기에는 군민으로 하여금 홍수를 대비하여 둑을 쌓거나 틈을 보수하게 하였다.[32]

쩐 왕조 시기, 베트남은 인구 밀도가 높고, 경작지가 부족하여, 식량 생산을 늘리는 것이 중요한 과제였다. 이에 따라, 강 양 쪽에 높은 둑을 쌓아 범람을 방지하려 하였다. 이 지역은 바다 근처에 위치한 염지(鹽地)로, 소금물이 유입되는 문제가 심각했다. 이를 해결하기 위해 왕후 귀족들은 개간 사업을 주도하며, 제방을 쌓아 담수를 확보하고 농경지를 조성하였다. 이러한 제방 축조는 농업 생산성을 크게 향상시켰으며, 식량 공급이 안정되면서 백성들의 생활 여건이 개선되었다. 또한, 증가한 농업 생산량은 국가의 조세 기반을 강화하는 역할을 하였으며, 이는 전반적인 경제 발전으로 이어졌다.

쩐 왕조는 왕조 초기부터 법체계를 정비하고 강화하며 여러 법전을 편찬하였다. 태종 즉위 초, 율령과 조례를 정비하였으며,[33] 1230년에는 이전 왕조의 법을 검토하고 예법을 수정하여 『국조통제(國朝通制)』를 제정하였다. 또한, 『형률(刑律)』과 『예의(禮儀)』를 개정하여 총 20권을 편찬하였다.[34] 판후이쭈(潘輝注, Phan Huy Chú)는 『헌장(憲章)』에 따르면, 쩐 왕조의 『국조형률(國朝刑律)』은 이전 왕조의 여러 규정을 참고하여 편찬된 것으로 보이며, 중국의 당률(唐律)과 송의 법률까지도 참조했을 가능성이 있다. 그러나 아쉬운 점은, 현재 쩐 왕조 시기의 『刑律』이 전해지지 않으며, 『全書』에서 언급된

---

32 『全書』, 乙卯 五年 宋寶祐 三年 夏 四月.
33 『全書』, 丙戌 建中 二年 宋寶慶 二年 二月.
34 『全書』, 庚寅 六年 宋紹定 三年 春 三月.

부분과 『安南志略』 권14의 「형정(刑政)」 항목에서 일부 내용을 확인할 수 있을 뿐이다. 이외에도 쩐 왕조는 같은 해 『국조상례(國朝常禮)』 10권도 편찬하였는데, 이는 조정의 업무와 의례를 기록한 법전이었다.

이처럼, 쩐 왕조는 법전 편찬을 통해 지배 체제를 정비하고, 왕조의 통치 기반을 공고히 하려 하였다. 특히, 쩐 왕조의 법률은 이전 리 왕조 시기보다 더욱 엄격하고 상세했던 것으로 알려져 있다.[35] 쩐 왕조가 형벌을 더욱 가혹하게 적용한 것은, 리 왕조 말 혼란 속에서 수도를 장악하고 여러 주변 세력을 억압한 역사적 배경과 연관이 있다. 왕조에 대한 잠재적 도전을 사전에 차단하려는 정치적 목적이 적용했을 것으로 보인다. 이러한 배경에서, 쩐 왕조는 특히 '모반죄'에 대한 처벌을 대폭 강화하였다. 『安南志略』의 「刑政」 항목을 살펴보면, 모반죄를 저지른 본인뿐만 아니라, 연좌제를 적용하여 친족까지 처형하는 사례가 기록되어 있다. 이는 리 왕조에서 죄인 당사자만 사형에 처했던 것과 비교하면, 쩐 왕조의 법률이 훨씬 가혹해졌음을 보여준다.[36]

쩐 왕조 시기, 사유 재산 보호와 토지 매매 관련 법률이 더욱 강화되었다. 『安南志略』에 따르면, 강도죄는 참형에 처했으며,[37] 절도죄의 경우, 초범은 장형(杖刑) 80대를 선고받고, 얼굴에 '범도(犯盜)'라고 자묵(刺墨)하였다.[38] 또한, 절도범이 훔친 물건의 9배를 배상하지 못하면 처자식이 노비로 전락하였으며, 재범일 경우 수족을 절단하였고, 세 번째 범죄를 저지르면 사형

---

35 『憲章』 卷33, 刑律誌, p.1b.
36 유인선, 「베트남 李朝와 陳朝의 法: 唐律 및 [黎朝刑律]과의 관계」, 『동양사학연구』 81, 2003, p.180.
37 『安南志略』 卷14, 刑政.
38 유인선, 앞의 논문, p.161.

에 처했다. 뿐만 아니라, 채무자가 지불 능력이 없을 경우, 모든 채무를 갚을 때까지 감금할 수 있도록 하는 등[39] 사유 재산 보호 규정이 특히 강화되었다. 그러나 당시 왕후 귀족들의 사원을 중심으로 장원이 확장되면서, 국가가 빈민 구제를 적극적으로 시행하는 데 어려움이 있었다. 이에 따라 양민이 스스로 노비가 되는 것을 허용하되, 원하면 다시 신분을 회복할 수 있도록 조치하였다.[40]

또한, 쩐 왕조 시기에는 송사(訟事) 제도를 정비하여 지방 송사는 지방행정관이 담당하도록 하였으며, 수도에는 송사 관련 기관을 두어 판결의 신중함을 가하였다. 특히 심형원(審刑院)이라는 기관을 두어 사건을 종결하기 전에 관리들과 논의한 후 형을 집행하도록 하여 억울한 처벌이 발생하지 않도록 노력하였다. 더불어 용치전(龍治殿)에 큰 북을 설치하여, 백성들이 부당한 일을 당했을 때 직접 조정에 호소할 수 있도록 하였다. 이처럼, 쩐 왕조는 법률을 정비하여 위로는 중앙 조정의 권위에 대한 도전을 사전에 차단하면서도, 왕후·종친이라 할지라도 법을 엄격하게 적용하여 왕실의 기강을 확립하고자 하였다. 또한, 아래로는 백성들의 삶을 보호하고 안정시키며 왕조의 기반을 다지는 데 주력하였다.

쩐 왕조 시기, 과거 시험을 통한 관료 선발 제도가 리 왕조 시기보다 발전하였다. 1232년 태학생 선발을 위한 과시가 처음으로 시행되었으며, 1246년부터는 7년 주기로 정기적인 과거 시험을 시행하였다. 또한, 정기 과거 외에도 특정 시기마다 추가적인 관료 선발 시험을 개최하여 관료 등용 기회를 확대하였다.[41] 1236년에는 국자원(國子院)을 설립하여 문신(文臣)과 종

---

[39] 송정남, 『베트남 역사 읽기』, 서울: 한국외국어대학교출판부, 2018, p.128.
[40] 『全書』, 壬辰 八年 元至元 二十九年 三月; 유인선, 2003, 앞의 논문, p.173.

친 자제들을 교육하였으며,⁴² 1253년에는 국학원(國學院)⁴³과 강무당(講武堂)을 설립하여 귀족 및 왕후 자제들에게 문학과 군사교육을 시행하였다.

1227년부터 1393년까지 총 19차례의 과거 시험을 통해 많은 인재가 배출되었으나, 핵심 관직은 여전히 쩐씨 종친들이 독점하고 있었다. 이로 인해 과거 출신 관료들은 왕조 초기에는 문서를 작성하고 실무 행정을 담당하는 보좌 역할에 국한되었다. 그러나, 몽골과의 전쟁을 거치면서 외교적 공헌이 커지면서 점차 중앙 요직에 등용되는 사례가 증가하였다.

쩐 왕조는 조정 내부 개혁을 시도하면서도 안정된 통치 기반을 확립하려 했다. 또한, 왕조 내부의 통합을 위해 지방 및 주변 소수 종족과의 관계를 정비하였다. 우선, 지방 세력 간의 충돌을 사전에 진압하고, 주변 소수 종족에 대해서는 무력책(武力策)과 초무책(招撫策)을 병행하였다.⁴⁴ 베트남은 오랫동안 소수 종족 문제를 해결하기 위해 무력 진압과 혼인 동맹을 함께 추진하였으며, 리 왕조 시기에도 이를 통해 서·북쪽 변경 지역과 중앙 정부의 관계를 공고히 하였다. 리 왕조 시기 농지고(儂智高)⁴⁵의 난은 무력책의 대표적인 사례이며, 쩐 왕조 또한 리 왕조의 쇠퇴와 함께 발생한 소수 종족

---

41 『全書』, 壬辰 八年 七月以後 天應政平 元年, 宋紹定 五年 二月. 태학생 선발 시험을 치르고 一甲은 張亨과 劉琰이고, 二甲 鄧演, 鄭缶이며, 三甲 陳周普가 되었다. 1246년에 관한 기록은『全書』, 丙午 十五年 宋淳祐 六年, 元定宗 貴由 元年 春 七月에 나오고 있다.
42 『全書』, 丙申 五年 宋端平 元年 冬 十月.
43 『全書』, 癸丑 三年 宋寶祐 元年 六月. 동년 6월, 국학원을 세우고, 공자, 주공, 맹자 등 72명의 현자의 상을 그리고 받들어 섬겼다.
44 송정남,『베트남 역사 읽기』, 서울: 한국외국어대학교 출판부, 2010, p.112.
45 농(儂)씨는 당시 광원주(廣源州, 현재 베트남 까오방 지역)에 있던 소수종족으로 그들은 광산을 통해 부를 축적하였다. 농지고(儂智高)의 부친인 농존복(儂存福)이 1038년 칭제를 하고 봉기하자 리 태종이 이를 진압한다. 이후 농지고도 이어 봉기하면서 송에게 신속을 청하지만 송측은 베트남과의 관계를 고려하여 이를 거절하고 결국 진퇴양난에 놓인 그는 송의 영역인 옹주(邕州)를 공격하게 되고 결국 적청에게 진압당한다.

의 봉기를 진압하며 동일한 정책을 유지하였다.

1226년, 응우옌논(阮嫩, Nguyễn Nộn)과 도안트엉(段尙, Đoàn Thượng)이 산원산(傘圓山)과 광위산(廣威山)에서 반란을 일으켜 박장(北江, Bắc Giang) 지역을 점령하자, 쩐투도는 이를 진압하려 하였다. 그러나 그들의 세력이 강대하여 무력 진압이 어려워지자, 응우옌논을 회도왕(懷道王)에 봉하고 박장 동편의 현을 하사하였다.[46] 이후 그의 세력이 더욱 커지자 다시 회도효무왕(懷道孝武王)으로 책봉하고, 공주 응오완티엠(玩蟾, Ngoạn Thiềm)과 혼인시키는 유화책을 병행하였다.[47] 이 외에도, 리 왕조 시기의 궁녀와 종친 여성들을 소수 종족 지도자와 결혼시키는 정책을 지속하였다.[48] 이러한 정책은 리 왕조의 세력을 약화시키는 동시에, 소수 종족과의 유대를 강화하는 효과를 가져왔다.

이처럼, 쩐 왕조는 대내적으로 지방 세력과 소수 종족을 통합하면서, 대외적으로는 주변 국가와의 관계를 안정적으로 정비하려고 하였다. 그중에서도 가장 중요한 것은 중국과의 관계였다. 베트남에게 중국과의 외교는 언제나 핵심적인 사안이었다. 이는 두 나라가 지리적으로 인접해 있을 뿐만 아니라, 중국이 중화적 세계 질서를 추구하며 베트남에 대한 지속적인 군사적 개입을 시도했기 때문이었다. 이에 따라, 베트남은 조공·책봉 관계를 유지함으로써 중국과 우호적인 외교 관계를 확립하고자 하였다.

쩐 왕조 시기의 대외정책은 리 왕조의 외교 전략을 계승하였다. 리 왕조 시기, 송(宋)은 베트남을 '교지(交趾)'라 부르고 속국으로 인식하였으며, 조공-

---

[46] 『全書』, 丙戌 建中 二年 宋寶慶 二年 二月.
[47] 『全書』, 戊子 四年 宋紹定 元年 十二月.
[48] 『全書』, 丙戌 建中 二年 宋寶慶 二年 秋 八月.

책봉 관계를 유지하면서 베트남의 군주를 '교지군왕(交趾郡王)'이라 칭하였다. 그러나, 베트남은 송과 조공·책봉 관계를 유지하면서도, '외왕내제(外王內帝)'체제를 통해 대내적으로는 황제의 권위를 유지하는 방식으로 독립성을 확보하고자 하였다. 한편, 송은 북방의 요(遼), 금(金), 그리고 이후 몽골과 지속적으로 긴장 관계를 유지하면서, 남방의 베트남과는 우호적인 관계를 유지할 필요성이 커졌다. 결국, 송은 1164년 리 영종(英宗)에게 '안남국왕(安南國王)'의 칭호를 부여하였다. 송이 이후로도 요·금 및 몽골과 대립하는 동안, 남방 지역에 대한 외교적 안정을 유지할 필요가 있었으며, 이러한 외교 관계는 쩐 왕조시기에도 그대로 이어졌다.

『全書』에 따르면, 쩐 태종 즉위 후 5년이 지난 1229년, 남송(南宋)에 사절을 파견하였고, 이때 태종이 '안남국왕(安南國王)'으로 책봉되었다고 기록되어 있다.[49] 그러나 『흠정월사통감강목(欽定越史通鑑綱目)』(이후 『綱目』으로 표기)과 『宋史』의 기록에서는, 태종이 1229년 책봉을 요청했으나 승인을 받지 못했고, 실제 책봉은 1236년에 이루어진 것으로 되어 있다. 『全書』에는 오히려 1236년의 책봉 기록이 존재하지 않는데, 이는 베트남 측 기록의 오류일 가능성이 있다. 또한, 쩐 왕조가 내부의 혼란을 안정시키고 조정의 위신을 강화하기 위해, 실제보다 이른 시점에 책봉이 이루어진 것처럼 기록했을 가능성도 있다. 1229년 『全書』의 기록을 보면, 당시 베트남이 응우옌논(阮嫩)의 반란을 진압하고 "천하가 다시 하나로 되었다."[50]라고 선언한 상황

---

49 『全書』, 己丑 五年 宋紹定 二年, 元太宗窩闊台 元年.
50 위에서 언급했듯이, 응우옌논(阮嫩)과 도안트엉(段尚)이 반란을 일으켰을 때 이들을 회유하여 응우옌논은 회도왕(懷道王)에 봉해졌으나, 도안트엉은 이를 거부했다. 이후 응우옌논이 도안트엉의 군까지 장악하여 세력이 커지고 스스로를 대승왕(大勝王)이라 칭하자 조정에서는 오히려 그를 회도효무왕으로 추봉하고, 완섬공주를 보내 혼인을 통

에서, 쩐 왕조는 남송과의 책봉 관계가 대내외적 안정을 가져올 것이라 기대했을 것이다. 따라서, 중국 측에서 책봉을 거절하였음에도 불구하고, 이를 조정의 위신 강화를 위해 책봉 된 것처럼 기록했을 가능성이 있다.

태종의 경우 책봉까지 7년이 걸렸지만, 이후에도 남송으로부터 여러 차례 다른 칭호를 수여받았다. 1236년 6월에는 '금자광록대부 정해군절도사 관찰사(金紫光祿大夫靜海軍節度使觀察使)'로 봉해지며, 1242년에는 '효충 순화보절공신(效忠順化保節功臣)'의 칭호와 함께 '수의(守義)' 칭호를 하사 받는다.[51] 또한, 1258년 태종이 성종(聖宗)에게 왕위를 물려준 후, 1261년 성종은 남송에 코끼리 2마리를 진상하며 책봉을 요청하였고, 이듬해 태종은 '안남국대왕(安南國大王)'으로 추존되고, 성종은 '안남국왕(安南國王)'의 칭호와 함께 '효충 순화공신(效忠順化功臣)'이라는 칭호를 받았다.[52] 책봉 이후, 성종은 1264년, 1266년, 1273년 총 3차례에 걸쳐 남송에 사신을 파견하며 우호 관계를 지속적으로 강화하였다.

앞서 언급했듯이, 1236년 태종이 남송으로부터 책봉을 받을 수 있었던 것은 1235년 베트남이 조공을 바치며 재차 책봉을 요청한 점도 있지만, 당시 몽골이 남송을 공격하며 외교적으로 불안정한 상황에 처했던 것이 가장 큰 요인이었다. 남송은 북방에서 지속적으로 몽골의 공세를 받으며 큰 위기감을 느끼고 있었으며, 이에 따라 베트남과의 관계를 보다 우호적으로

한 초무책을 진행한 것이다. 그러나 1229년 응우옌논이 병으로 죽자, 그의 세력이 와해되었고, 베트남 영내에 안정이 도래하게 된 것이다. 『全書』, 己丑 五年 宋紹定 二年, 元太宗窩闊台 元年 十月.

51 『宋史』 卷488, 「交趾傳」, 淳祐 2年.
52 이때 태종과 성종은 각각 '검교태사안남국대왕(檢校太師安南國大王)'과 '정해군절도사 관찰처치사 검교태위겸어사대부 상주국 안남국왕(靜海軍節度觀察處置使 檢校大尉 兼御史大夫 上柱國 安南國王)'의 칭호를 받는다. 『宋史』 卷488, 「交趾傳」, 景定 2年.

유지할 필요성이 커졌다. 이러한 배경 속에서, 남송은 태종에게 책봉을 승인했을 뿐만 아니라, 이후에도 그의 직위를 몇 차례 더 추존하며 베트남과의 외교적 유대를 강화하려 하였다. 특히, 남송은 10월 성도(成都)가 함락된 이후, 이듬해 3월 양양(襄陽)까지 잇달아 함락되면서 몽골의 남하에 대한 두려움이 더욱 커졌다. 이러한 상황에서 남송은 베트남이 몽골과 동맹을 맺을 가능성을 경계하였으며, 이를 막기 위해 베트남과의 관계를 안정적으로 유지하려 했다. 1258년, 베트남이 몽골과 화약을 체결하고 3년마다 입공(入貢)하기로 약조하자, 남송 조정에서는 이에 대한 위기감을 반영하듯 "안남의 정세가 불안하니 변경의 방비를 엄중히 하라."[53]라고 명을 내렸다. 이는 남송이 베트남의 외교적 움직임을 예의주시하고 있었음을 보여주며, 몽골의 압박 속에서 베트남과의 관계를 전략적으로 조정하고자 했음을 시사한다.

초기 쩐 왕조에게 남송과의 관계는 매우 중요한 의미를 가졌다. 새로운 왕조가 안정적으로 정착하기 위해서는 중원 왕조와의 조공·책봉 관계를 확립함으로써 정통성을 확보할 필요가 있었기 때문이었다. 더욱이, 몽골이 남송을 정복할 경우, 베트남은 무방비 상태로 노출되며 심각한 위협을 받을 수밖에 없었다. 따라서, 남송은 베트남에게 단순한 외교적 우방을 넘어 안보의 핵심 요소로 작용하였다. 이러한 배경 속에서 베트남과 남송의 관계를 단절하려 했던 몽골의 의도와 맞물려 1257년부터 1258년 초까지 몽골-베트남 전쟁이 발발하였음에도 불구하고, 전쟁 이후에도 양국 간의 우호적인 관계는 지속되었다.

---

53 쩐 왕조의 2대 황제인 쩐 타인똥(聖宗)의 이름은 쩐황(陳晃, Trần Hoảng)으로 그의 재위기간은 1258년부터 1278년까지이다. 이때는 이미 태종(太宗)이 성종(聖宗)에게 선위(讓位)하고 태상황(太上皇)이 된 시기이다. 『宋史』 卷488, 「交趾傳」, 寶祐 6年.

베트남과 남송의 관계는 남송과 몽골-원(元)과의 관계에 따라 직접적인 영향을 받았다. 남송과 몽골의 갈등이 심화될수록, 베트남과 남송의 관계는 더욱 긴밀해지는 경향을 보였다. 한편, 남송이 멸망하는 과정에서 상당수의 망명자들이 쩐 왕조로 귀부(歸附)하게 된다. 특히, 강남 일대에 거주하던 많은 사람들이 몽골의 침략을 피해 30여 척의 배를 타고 가족과 재물을 싣고 표류하다 베트남에 이르렀다.[54] 이들 망명자들은 이후 몽골과의 전투에서 중요한 역할을 담당하며, 베트남의 군사력 강화에 기여하였다.

몽골의 위협이 거세지자, 쩐 왕조는 이에 대비하여 1253년 군관학교인 강무당을 설립하였다. 이를 통해 왕후 및 귀족 자제들에게 무예 훈련을 실시하고 몽골의 침입에 대비하여 군사력을 증강하고 훈련하였다. 당시 몽골군은 기동성이 뛰어난 경기병(輕騎兵)을 중심으로 전술을 전개하였으나, 베트남은 지형적 특성과 전쟁 경험을 고려하여 보병(步兵)을 주요 전력으로 삼았다. 이는 과거 베트남이 중국과의 전쟁에서 승리를 거둘 때 주로 보병을 활용한 기습 및 유격 전술을 활용했기 때문이었다. 또한, 쩐 왕조는 강력한 수군을 보유하고 있었다. 이는 과거 응오(吳, Ngô), 딘(丁, Đinh), 레(黎, Lê)왕조 시기에 중국과의 전투에서 승리를 거둔 경험에서도 확인할 수 있다. 특히, 938년 남한(南漢)과의 전투 및 1075년, 1076~1077년 송(宋)과의 전쟁에서 강력한 해군 전력을 활용하여 승리를 거둔 사례가 존재한다. 해안 지방에서 어업과 해상 무역을 기반으로 성장한 쩐 왕조에게 수군의 양성은 필연적인 선

---

[54] 『全書』, 甲戌 二年 宋咸淳 十年, 元至元 十一年 冬 十月. 이때 표류해서 온 사람들이 스스로를 회계(回鷄)라고 불렀다고 하며 그 이유에 대해 당시 베트남 사람들이 송을 계국(鷄國)이라 불렀기 때문이라고 『全書』에서 설명하고 있다. 그러나 아마도 여기서 말하는 회계(回鷄)는 회골(回鶻) 또는 회흘(回紇)을 지칭하는 표현으로, 위구르(Uyghur) 민족을 가리킨 것으로 보인다.

택이었다. 더불어, 과거 해양에서의 노략질을 통해 부를 축적하며 세력을 확장한 경험이 있었기에, 수군을 전략적으로 활용하는 능력 또한 뛰어났다.[55]

베트남은 역사적으로 북쪽으로는 중국과 접하고, 서쪽으로는 험준한 산맥이 가로막혀 있었기 때문에, 남쪽으로 영토를 확장하는 경향을 보였다. 이러한 지리적 요인으로 인해 중국과의 관계뿐만 아니라 남방 여러 국가와의 교류 역시 중요한 외교적 과제가 되었다. 당시 태국의 전통 왕조와의 관계는[56] 리 왕조 시기와 마찬가지로 평화로웠다. 쩐 왕조 시기 양국의 관계를 살펴보면, 크게 충돌하는 사건은 없었으며, 1305년 라회(羅回)국 사신이 방물을 바친 기록이 전해진다.[57] 또한, 1360년에는 로학(路鶴),[58] 차와(茶哇, 자바), 섬라(暹羅, 시암) 등의 상선이 번돈(雲屯, Vân Đồn)항에 이르러 교류하며 방물을 진상했다는 기록이 남아 있다.[59] 이러한 교류는 몽골의 침략 이후, 동남아시아 지역의 정세가 점차 안정을 찾으면서, 대외 통상이 활발해진 과정의 일환으로 볼 수 있다.

베트남과 주변국 간의 통상 관계는 이전부터 존재했지만, 리 영종 시기에 번돈항이 건설되면서 더욱 활발해졌다. 특히, 해상 교역을 중심으로 한 대외 경제 활동이 본격적으로 확대되기 시작했다. 여러 동남아시아 국가들

---

55 Hoàng Phương, *Kế sách giữ nước thời Lý-Trần*, NXB. Chính trị Quốc gia, 1995, pp.145~146.

56 쩐 왕조 시기 태국은 타이족이 세운 쑤코타이와 아유타야 왕국이 존재하고 있었다. 송정남, 「전통시대 베트남과 태국의 관계 -베트남의『大越史記全書』등을 중심으로-」,『한국태국학회논총』18(2), 2011, pp.37~63.

57 라회국은 라보(Lavo)국으로, 6~14세기까지 현 태국의 중부 롭부리(ลพบุรี) 지역에서 번성한 몬족에 의해 건설된 도시 국가이다.『全書』, 乙巳 十三年 元大德 九年 三月.

58 여기서 로학은 위의 라회(羅回)국으로 라보국을 가리킨다.

59 『全書』, 庚子 三年 元至正 二十年 十月.

의 상선이 바닷길을 따라 동쪽으로 진입하면서, 번돈항을 통해 베트남과의 무역을 요청하였다. 당시 번돈항에 도착한 상선들은 현재의 꽝닌(廣寧, Quang Ninh, 오늘날의 하롱베이)성 항구를 거쳐, 바익당(白藤, Bạch Đằng)강을 따라 내지로 이동하며 교역을 진행한 것으로 보인다. 이렇듯, 번돈항은 단순한 항구를 넘어, 태국을 비롯한 여러 동남아시아 국가들이 자유롭게 드나들며 활발한 무역을 전개하는 국제적인 교역 거점으로 자리 잡았다.[60]

그러나 이와 반대로 점성(占城, 참파)과는 첨예한 대립이 이어졌다. 점성은 베트남 중부 지역에 위치하며, 지리적으로 험준하고 경제적으로 낙후되어 있었기 때문에, 베트남 침략을 통해 이를 극복하고자 했다. 쩐 왕조 이전부터 점성은 베트남과 조공 관계를 유지하고 있었으나, 한편으로는 영토 확장을 위해 지속적으로 베트남을 침범하며 과거에 빼앗긴 영토 반환을 주장했다. 결국, 1252년 쩐 왕조는 점성의 계속된 국경 침략과 조공 문제를 이유로 선제 공격을 단행하였다. 그러나 이 전쟁의 목적은 단순한 영토 확장이 아니라, 남방 지역을 안정시켜 이후 몽골의 침략에 대비하려는 전략적 조치였다고 볼 수 있다. 몽골의 압박이 점차 심화되면서, 점성 역시 몽골의

---

[60] 『全書』, 己丑 九年 元至正九十年 三月과 十一月 條의 내용에 따르면, 당시 북에서 상선이 와 계변발(鷄變鉢)을 바쳤다는 이야기가 전해지며, 동년, 5월에 자와(爪哇, 『全書』에는 대와(大哇)로 기록)가 방물을 바친 내용이 나오고 있으며, 이로 인해 운둔장(雲屯庄)을 운둔진(雲屯鎭)으로 바꾸고, 그곳에 진관(鎭官), 노관(路官), 찰해사(察海使)를 임명하고, 이곳에 평해군(平海軍)을 두어 이곳을 진수하게 했다고 나오고 있다. 또한 이러한 이유로, 이전 리 왕조 시기 상선이 들어오면 연주(演州)를 거쳐 해문(海門)에서 머물렀으나 이후 바닷길이 옮겨가고, 해문이 낮아지면서 모두 번돈(雲屯, Vân Đồn)에 모이게 되었고 번돈항의 무역로가 확장되면서 증축하게 된 것이라고 설명하고 있다. 그러나 이러한 무역항의 입지가 이후 점성(占城)으로 옮겨가게 되었고, 쿠빌라이의 남해 무역로 확보 계획과 상통하게 되면서 몽골과 베트남의 2차 전쟁의 원인을 제공하게 되는 것이다. 『宋會要輯稿』食貨11, 錢法雜錄; 桃木至朗, 『中世大越國家の成立と變容』, p.143 참조.

침략에서 자유로울 수 없었고, 결국 쩐 왕조와 협력하여 몽골의 위협에 맞서게 된다. 이에 따라, 쩐 왕조 또한 몽골의 점성 침략 과정에서 군사 2만과 전선 500척을 지원하며[61] 점성과 협력 관계로 전환하였다.

앞서 언급했듯이, 베트남은 전근대 시기 천여 년 동안 중국의 지배를 받았으며, 독립 이후에도 지속적인 대립을 이어갔다. 이러한 역사적 경험은 베트남인들에게 중국에 대한 강한 저항 의식을 심어주는 동시에 대등한 국가로서의 자긍심을 형성하는 계기가 되었다. 베트남은 기본적으로 중국과 조공·책봉 관계를 유지하며 우호적인 외교를 도모하려 했으나, 중국이 이를 거부하거나 침략을 시도할 경우 결사 항쟁을 통해 국토를 방어하려는 강한 의지를 보여 왔다. 이러한 외교 전략은 이전 리 왕조 시기에도 나타났으며, 베트남은 조공·책봉 관계 속에서도 '외왕내제(外王內帝)' 체제를 유지하며 대내외적인 독립성을 강조하였다. 이를 통해 실리적인 이익을 확보하는 한편, 전쟁이 불가피할 경우 적극적으로 맞서 싸워 주권을 지키려는 태도를 보였다. 이러한 대외 인식과 대응 방식은 쩐 왕조 시기에도 그대로 이어졌으며, 몽골과의 관계에서도 동일한 형태로 나타나게 된다.

몽골의 베트남 침략은 뭉케 칸(蒙哥) 시기와 원 세조(世祖) 쿠빌라이 칸(忽必烈) 시기로 구분된다. 뭉케 칸 시기에는 남송(南宋) 정벌을 위한 교두보 확보가 주요 목적이었으며, 이후 쿠빌라이 칸 시기에는 남송 정복이 마무리된 후 '하늘의 명'에 따른 세계 정복이라는 대의가 배경으로 작용하였다. 베트남은 지정학적으로 중국의 동남아시아 진출을 위한 전략적 거점 역할을 하였으며, 몽골은 남방 정벌을 위해 식량과 용병을 확보하고, 해상 전투에

---

[61] 『元史』卷209,「安南傳」至元 二十一年.

강한 수군을 보유하는 것이 필수적이었다. 따라서, 몽골이 남방으로 세력을 확장하기 위해서는 반드시 베트남을 장악할 필요가 있었다. 그렇다면, 이 전쟁은 어떤 배경에서 이루어졌으며, 모두의 예상을 깨고 베트남이 승리한 이유는 무엇이었을까?

2. 몽골제국의 형성과 베트남의 대 몽골 인식

13세기 이전 유라시아 세계는 동서양을 막론하고 다양한 세력이 등장하며, 서로 반목하고 대립하는 격변의 시대였다. 이에 대해 스기야마 마사아키(杉山正明)는 '이상하리만큼 많은 지역 단위 및 종족 단위의 국가와 정권으로 나뉘어져 있었던 상태'라고 표현하며,[62] 거대한 세력의 출현을 앞둔 긴박한 국면을 묘사하였다.

몽골 제국이 등장하기 이전에도 강력한 국가는 존재했지만, 몽골이 구축한 세계제국의 규모에는 미치지 못했다. 이러한 혼란스러운 국제 정세 속에서, 강력한 기마군단을 이끌고 초원을 통일하며 대제국을 건설한 인물이 바로 칭기스칸(成吉思汗) 이었다.

몽골은 본래 흑룡강 지류인 실카강 부근에서 유목하던 작은 부족이었으나, 위구르 제국의 붕괴 이후 바이칼호 남방의 오논강과 케룰렌강 유역으로 이동하였으며 이후 요와 금의 지배를 받게 되었다. 당시 몽골 초원에는 타타르족, 옹구트족, 케레이트족, 메르키트족, 오이라트족 등 여러 유목 부족이 서로 패권을 다투고 있었으며, 강력한 통일 제국이 등장하지 못하고

---

[62] 스기야마 마사아키 著, 임대희 등 譯, 『몽골세계제국』, 서울: 신서원, 1999, pp.59~60.

부족 간의 전쟁이 지속되었다.

여진족이 세운 금(金)의 몽골 유목민들이 하나로 통합되는 것을 원하지 않았기 때문에 '근교원공(近交遠攻)'전략을 펼쳐 초원을 분열시키고 통제하려 했다. 금은 특정 부족을 지원하여 다른 부족과 대립하게 만들거나 직접 원정을 감행하는 방식으로 몽골을 약화시키려 했으며, 특히 타타르 부족과 연합하여 초원 내부를 제압하고자 했다. 이로 인해 몽골 초원은 지속적인 전쟁과 혼란 속에서 강력한 지도자를 배출하지 못했고, 씨족 단위의 사회구조(Ulus)가 점차 해체되기 시작했다.

지속적인 부족 간 갈등과 전쟁 속에서 사회적 계층이 분화되고 빈부격차가 심화되면서, 몽골 내부에서는 강력한 지도력을 통한 '통합'에 대한 열망이 커져 갔다. 씨족과 부족 단위의 방어 기능이 약화되면서 혈연관계보다 신의를 바탕으로 한 새로운 결속 구조가 형성되었으며, 이러한 변화는 훗날 칭기스칸이 세력을 확장하는 데 중요한 요소로 작용하였다. 칭기스칸, 즉 테무진은 이러한 변화 속에서 '누쿠르(Nökör)'라 불리는 충성스러운 동지 집단을 구축하며 세력을 키워 나갔다. 누쿠르는 혈연을 초월한 강한 신뢰와 충성을 바탕으로 결속된 집단으로, 칭기스칸의 정복과 초원 통합 과정에서 핵심적인 역할을 하였다.

1185년, 칭기스칸은 보르지기트(孛兒只斤) 부족의 칸으로 즉위하며 몽골족 내에서 정치적 입지를 다지기 시작했다. 이는 케레이트족의 옹 칸(汪汗), 자무카(札木合)와 대등한 위치에서 몽골 초원의 지배권을 놓고 경쟁할 수 있음을 보여주는 사건이었다. 그러나 자무카는 칭기스칸의 즉위를 인정하지 않았고, 결국 양측은 전쟁으로 치닫게 되었다. 1187년 달란발주르 전투에서 자무카의 군대가 승리하였지만, 전투 이후 그가 포로가 된 병사들을 잔인하게 처형하자 그의 수하들이 등을 돌리고 칭기스칸에게 합류하는 계기가 되었다. 이를 계기로 칭기스칸의 영향력은 급속도로 확장되었으며, 이후 몽골 초원의 패권을 차지하는 결정적인 전환점을 맞이하게 되었다.

이러한 과정을 거쳐 칭기스칸은 초원의 분열을 극복하고 몽골을 통일하는 기반을 마련하였으며, 이후 세계 역사상 유례없는 대제국을 건설하는 길을 열게 되었다.

칭기스칸, 즉 테무진은 자신의 세력을 강화한 후 몽골 내부의 여러 부족들을 차례로 격파하며 통합을 이루어나갔다. 그는 옹 칸과 연합하여 금을 도와 타타르족을 정벌하는 데 성공하였으며, 이후 옹 칸이 세력을 회복할 수 있도록 지원하고 '카라툰 맹약'이라 불리는 군사적 부자(父子) 동맹을 체결하였다. 이를 통해 테무진은 옹 칸과의 관계에서 주도권을 쥐게 되었고, 자무카와 연합하여 타타르족의 잔존 세력을 공격하였다.

1200년, 테무진은 험난한 지형과 타타르족의 강한 저항 속에서도 이들을 패배시키고 초원에서의 영향력을 확대하였다. 반면 자무카는 몽골 내 반(反)테무진 세력과 연합하여 그를 공격하였지만 실패하였다. 한편, 테무진의 도움으로 세력을 회복한 옹 칸은 그를 경계하기 시작하였고, 혼인 동맹을 제안한 테무진의 의도를 의심하며 자무카와 손을 잡았다. 그러나 결국 테무진과의 전투에서 패배하였고, 테무진은 타타르에 이어 케레이트 부족까지 흡수하면서 초원 동부의 패자로 떠올랐다. 이후 그는 나이만족과 메르키트족까지 정복하며 몽골 초원을 완전히 통합하는 데 성공하였고, 1206년 쿠릴타이에서 대칸으로 추대되며 '칭기스칸(成吉思汗)'이라는 칭호를 받게 되었다.

몽골제국을 창건한 칭기스칸의 첫 번째 목표는 국가의 기반을 단단히 하고, 다양한 민족으로 구성된 제국의 통합을 이루는 것이었다. 이를 위해 그는 군사 제도를 개편하여 95개의 천호(千戶) 조직을 만들었으며, 출신과 신분을 가리지 않고 능력과 공로를 기준으로 지휘관을 임명하였다. 또한, 귀족들의 권한을 대폭 축소하고 군주의 권위를 강화하는 한편, 중앙 집권 체제를 정비하였다. 이후, 자신의 일족에게 영지를 분배하였으며, 중앙에는 자신과 막내 톨루이를 배치하고, 좌우에는 다른 일족 왕가를 두어 권력을 분산시키는 방식으로 국가 체제를 확립하였다.

이처럼 분열된 몽골을 하나로 통합한 칭기스칸은 내부 안정이 이루어지자 본격적으로 대외 정복에 나섰다. 그의 첫 번째 대외 정복 목표는 중국 북부를 지배하던 금이었다. 그러나 그는 직접적인 공격 대신, 우회 전략을 선택하여 서쪽과 동쪽에서 금을 포위하는 방식으로 공략하였다. 이를 위해 금과 인접한 서하(西夏)를 먼저 복속시키고자 하였으며, 3차례에 걸친 공격을 통해 몽골군의 공성 능력을 시험하였다. 몽골군은 요새와 성벽을 효과적으로 공략하는 데 어려움을 겪었으나, 결국 1207년 서하는 몽골의 종주권을 인정하고 금으로 향하는 길을 열어주었다.

이후 칭기스칸은 금에 대한 본격적인 공략에 나서며, 조공을 거부하고 1211년 쿠릴타이를 열어 금과의 전쟁을 선포하였다. 그해 몽골군은 대청산을 넘어 무주(撫州)를 점령하며 금의 수도 중도(中都, 현 베이징)로 진격해 갔다. 1211년부터 1215년까지 이어진 전쟁에서 칭기스칸은 몽골 본토에 최소한의 병력만 남기고 대부분의 군대를 남몽골 초원에 집중시켰다. 그는 거란계 유목군단을 포섭하며 금을 압박하였고, 1211년 8월 오사보(烏沙堡)를 함락한 후, 10월에는 금 황제의 목마장(牧馬場)을 공격하여 40만 마리의 군마를 탈취하였다.

이어 금의 최후 방어선인 거용관(居庸關)을 함락시키고 1212년 중도를 공격하였으며, 이후 야간 기습을 통해 재건된 거용관을 다시 점령하였다. 그러나 몽골군도 상당한 피해를 입었으며, 공성전 경험 부족으로 인해 쉽사리 중도를 함락시키지 못했다. 또한, 전투 중 칭기스칸이 화살에 맞는 부상을 입어 전황이 불리해지자, 결국 1214년 3월 양측은 화친을 맺게 되었다.[63]

금은 전쟁을 종결하기 위해 '가국공주(岐國公主)'와 금·비단, 동남동녀(童男童女) 500명, 말 3,000필을 조공으로 바쳤고, 이에 칭기스칸은 만족하며 회군하였다.[64] 그러나 금은 몽골군이 철수한 후 불안감을 느끼고 수도를 변경으로 천도하였으며, 이는 사실상 화친을 파기한 것이나 다름없었다. 이를 명분으로 칭기스칸은 즉각 재침공을 감행하였으며, 사무카(三摸合)와 석림명안(石林明安)을 보내 중도를 함락시킴으로써 황하 이북의 영토를 완전히 정복하였다.

이로써 금은 사실상 재기 불능 상태에 빠지게 되었으며, 몽골은 유라시아를 향한 거대한 제국 건설의 첫걸음을 내디딘 셈이었다. 칭기스칸의 성공 요인은 강력한 군사 개혁과 능력 위주의 인재 등용, 귀족 권한 축소 및 군주의 권위 강화, 효율적인 군사 조직(천호제)과 전략적 전술 운용, 우회 공격과 기동력을 활용한 전쟁 방식 등이었다. 칭기스칸은 몽골의 전투력을 극대화하고 조직력을 강화하며, 중앙 집권 체제를 구축하여 몽골제국의 기반을 다졌다. 그러나 이 시점에서 과연 칭기스칸이 처음부터 '세계제국'이라는 명확한 목표를 가졌는지는 신중한 검토가 필요하다. 특히, 몽골이 이후 중국을 정복하고 이를 직접 지배한 방식은 이전의 유목 국가들과는 다

---

[63] 『元史』卷1, 「太祖本紀」 16.
[64] 『元史』卷1, 「太祖本紀」 17.

른 점이 많았으며, 이는 몽골제국이 기존의 유목 국가들과 차별화되는 중요한 특징이었다.[65] 칭기스칸의 금 정벌은 단순한 정복 전쟁을 넘어 몽골이 유라시아 세계로 확장하는 출발점이 되었으며, 이후 몽골제국이 동서양을 아우르는 거대한 제국으로 발전하는 계기가 되었다.

초기 몽골제국의 기반은 유목 경제였으며, 칭기스칸 또한 유목 세계의 군주로서 초원을 중심으로 하는 세계관을 가지고 있었다. 이러한 배경 속에서, 몽골 부족을 통합한 이후 그가 수행한 대외 정책은 주변 영토를 직접 장악하고 통치하는 것이 아니라, 전통적인 유목 관념에 따라 약탈을 통해 전리품을 획득하고 이를 배분하는 방식에 초점을 맞추었다. 이러한 정복 방식으로 인해 도시의 파괴와 인명의 살상이 극심하였고, 이는 몽골제국에 대한 '학살자', '문명의 파괴자'라는 부정적인 인식을 형성하는 계기가 되었다. 특히, 칭기스칸은 서방 원정에서 적을 항복시키기 위한 전략으로 '공포전략'을 적극 활용하였으며, 이는 그의 군사 전략의 중요한 특징 중 하나였다.

그러나 이러한 유목적 세계관을 가졌다고 해서 칭기스칸이 정주국가에 대한 통치 의지를 배제했다고 보기는 어렵다. 예를 들어, 그가 정복한 영토

---

[65] 흔히들 한지 정복과 관련하여 쿠빌라이 시기 이러한 변화가 나타난다는 것이 일반적이다. 그러나 칭기스칸 시기에도 금에 대한 정복, 그의 이후 정복 전쟁과 관련하여, 전형적인 유목국가의 형태가 아닌 다른 예외적인 형태가 나타났다고 보고 있는데, 이와 관련하여, 바필드는 그의 저서에서 이전 북방의 민족들은 중국에 대한 영토 정복과 지배를 고의적으로 거부했다고 보며, 이를 '외부변경전략(Outer Frotier Policy)'이라고 부르고 있다. 그의 주장은 또한 칭기스칸의 금에 대한 정벌 과정에서도 이러한 '외부변경전략'이 나타났다고 보고 있는 것이다. 그러나 이후 금에 대한 정벌과 전쟁의 확장은 1214년 금이 몽골과 맺은 화약을 깨고, 수도를 개봉(開封)으로 옮기면서 칭기스칸의 의도와는 달리 전쟁을 수행하게 되면서 자연스럽게 황하 이분의 영토를 지배하는 형태로 나타나게 되었다고 보는 것이다. Thomas J. Barfield, 윤영인 역, 『위태로운 변경』, 서울: 동북아역사재단, 2009, pp.404~423.

를 배분할 때 그의 부하 쿠투쿠가 '상을 내리시려면 흙벽을 한 도시에서 주시도록 하소서.'라고 요청한 기록이 있다. 여기서 '흙벽을 한 도시'란 장차 정복된 도시와 정착민들의 영토, 즉 중국의 영역을 의미하는 것이었으며, 이는 몽골제국이 점차 정주 지역의 통치로 관심을 확장해 나갔음을 보여주는 단적인 사례라 할 수 있다. 또한, 칭기스칸이 금과의 전쟁에서 화의를 받아들이고 퇴각한 것에 대해 일부 학자들은 몽골의 초원 중심적 세계관에 따른 행동으로 해석하기도 한다. 즉, 몽골이 초원 이외의 지역, 특히 중국과 같은 정주 사회에 대한 직접적인 지배보다는 약탈과 공물을 통해 간접적으로 영향을 미치는 방식을 선호했다는 것이다. 그러나 당시 몽골군의 퇴각은 단순한 세계관의 차이에 따른 것이 아니라, 칭기스칸이 전투 중 화살에 맞아 부상을 입었던 상황과 오랜 공성전으로 인해 몽골 내부의 전력 손실이 컸다는 점도 중요한 요인이었음을 고려해야 한다. 이는 단순한 전략적 후퇴였을 뿐, 몽골이 정주국가의 통치에 관심이 없었다는 것을 의미하지는 않는다.[66]

그렇다면, 칭기스칸은 언제부터 세계제국을 구상하기 시작했을까? 먼저, 칭기스칸은 몽골제국을 성립하기 전부터 자신을 '하늘의 명'을 받은 모든 세상의 군주로 인식하고 있었던 듯하다. 그의 측근들 또한 기회가 있을 때마다 이러한 인식을 표출하였으며, 그는 스스로 '영생의 하늘이 칸에게 명

---

[66] 『聖武親征錄』, 2009, pp.502~503; 라시드 앗딘, 김호동, 『칭기스칸기』, 2003, p.283; 『몽골비사』, 2016, p.252에 따르면, 당시 고기(高琪)가 '몽골의 사람도, 군마도 땅이 맞지 않아 병들었다.'고 하며 전쟁할 것을 제안하자 완안복흥(完顏福興)은 이를 거부하며, 황제 알탄 칸에게 "천지의 기운이 대좌를 교체할 시기에 이르렀습니다. … 이제 우리가 다시 몽골에 제압당하면 우리의 성이 파괴될 것입니다."라 하며 재물을 바치고, 기국공주(岐國公主)를 바치며 화의를 청할 것을 제안한다. 이 대화를 통해 당시 몽골의 상황이 좋지만은 않았음을 알 수 있다. 이에 관해서 김호동, 2013, p.77 참조.

령을 내린다.'라고 선언하며 자신의 행위를 하늘의 뜻으로 정당화하였다.[67] 이러한 '하늘에 대한 숭배'는 단순한 종교적 신념을 넘어, 유목민들의 통합을 이루고 자신의 지배를 정당화하는 중요한 도구였다. 그러나 이 개념은 어디까지나 관념적이고 명분적인 요소였을 뿐, 초기 몽골제국의 정복 방식은 여전히 약탈과 전리품 분배에 초점을 맞춘 유목적 세계관에서 벗어나지 않았다. 그러나 몽골이 정주국을 정복하는 과정에서 초원의 약탈 전쟁이 점차 정주 지역에 대한 영토 확장과 직접적인 지배로 변화하면서, 주변국 복속의 명분으로 '하늘의 명'을 더욱 강조하게 되었다. 즉, 몽골의 전쟁 방식이 기존의 유목적 약탈에서 정복과 지배로 전환되는 과정에서 '세계제국'이라는 개념이 점점 구체화되기 시작한 것이다.

칭기스칸이 세계제국을 구체적으로 인식하게 된 시기는 단순한 초원 지배를 넘어 정주국 정복을 본격화하면서부터라고 볼 수 있다. 이는 단순한 약탈이 아닌 정복과 통치라는 개념이 몽골제국의 전략 속에서 중요한 위치를 차지하게 된 순간을 의미한다.

그는 호레즘 원정을 준비할 당시, 호레즘의 술탄 무함마드 2세가 몽골의 사신을 모욕하고 살해했다는 소식을 듣자, 사흘 밤낮을 신에게 간구하고 '위대한 주님! 투르크와 타작의 창조주여! 이 분란을 일으킨 것은 제가 아닙니다. 당신의 은총으로 제게 복수할 힘을 주소서!'라고 기도했다고 전해진다. 그리고 그는 이 기도에 대한 '응답'을 받았다고 여기며 전쟁 준비를 시작하였다.[68]

또한, 1220년 부하라 점령 후, 그는 부하라의 주민들에게 '너희들은 대역

---

67 『몽골비사』, 앞의 책, 2016, p.241.
68 『칭기스칸기』, p.312.

죄인이다.'라고 선언하며, 자신을 '신이 보낸 심판자', '신의 대리자'라고 칭하였다.[69] 이는 그가 자신의 정복 전쟁을 단순한 약탈이 아닌 신의 명령을 수행하는 신성한 행위로 인식하고 있었음을 보여준다. 1221년 사마르칸트 공격 당시, 그는 부하 토쿠차르에게 도주한 호레즘 군주의 추격을 명하면서 '위대한 신의 힘에 의지하여 그를 손에 넣을 때까지 돌아오지 말아라.'[70] 라고 지시하였다. 이는 그의 정복 활동이 신의 뜻에 따른 것임을 강조하는 표현으로, 대외 정복 전쟁의 이념적 근거로 작동하고 있었음을 알 수 있다. 결국, 호레즘 원정 시기가 되면 '하늘의 대리자'라는 이념이 단순한 명분을 넘어, 실제로 그의 정복 활동을 정당화하는 중요한 요소로 자리 잡았음을 확인할 수 있다. 이를 통해 칭기스칸이 세계제국을 구상하게 된 시기는 정주국 정복이 본격화된 시점이며, 특히 호레즘 원정을 계기로 '신의 대리자'라는 개념이 대외 정복의 핵심 이념으로 자리 잡았다고 볼 수 있다.

호레즘 원정 시기, 칭기스칸이 처음부터 세계제국을 목표로 삼았다고 단정하기는 어렵다. 오히려 그는 대외 원정을 수행하는 과정에서 몽골군의 능력을 새롭게 인식하게 되었고, 복수를 시작으로 계속된 정복과정에서 판도가 점차 넓어지면서, 자연스럽게 세계제국의 구상이 현실화되었다고 볼 수 있다. 몽골 내부를 통합한 칭기스칸은 이후 금과의 전쟁을 통해 몽골군의 전력을 한 단계 높이는 계기를 마련하였다. 본래 금의 주력 병력은 기마병이었으나, 점차 농경민족의 특성이 유목민족의 특성을 대체하면서, 금의 군대에서 기마병의 비율은 전체 병력의 5분의 1로 감소하였다. 이로 인해 금의 군사력은 점점 약화되었으며, 이를 보완하기 위해 금은 요새 방어를

---

[69] 『칭기스칸기』, p.339.
[70] 『칭기스칸기』, p.345; 고명수, 2011, p.240.

중심으로 한 시가(市街) 방어 전략을 채택하여 몽골을 상대하려 했다.

비록 금과의 전쟁에서 몽골은 오랜 시간이 걸렸지만 투항한 금의 장수들을 통해 공성기 제작 기술과 화포 및 화기 사용법을 습득하는 성과를 거두었다. 또한, 호레즘과의 전쟁에서는 기동성과 심리전을 활용하여 여러 도시들을 효과적으로 정복하면서 몽골의 전략을 더욱 발전시킬 수 있었다. 이러한 과정을 거치면서 몽골은 점점 전력을 보강해 나갔으며, 단순한 약탈과 전리품 획득을 넘어 실질적인 영토 확장과 정복이 이루어지기 시작하였다.

결국, 칭기스칸의 세계 정복은 처음부터 명확한 목표로 설정된 것이 아니라, 연이은 정복 과정에서 점진적으로 현실화된 것이라 할 수 있다. 또한, 지속적인 정복을 정당화하기 위해서는 확고한 명분이 필요했고, 이에 따라 '하늘의 대리자'라는 인식이 더욱 강조되었다. 이는 단순한 이념적 요소를 넘어, 몽골의 대외 원정을 정당화하고 유목민과 정주민을 하나로 묶는 정치적·종교적 도구로 작용하였다. 1226년, 호레즘 원정 시 조군(助軍)에 참여하지 않은 서하(西夏)에 대한 원정, 그리고 카를룩 군주인 아르슬란 칸 및 위구르의 이두쿠트에게 입조(入朝)를 명한 것 역시 이러한 이념적 변화의 표출이라 할 수 있다.

결국, 칭기스칸은 자신의 사상을 이용하여 점차 세계제국이라는 목표를 구체화하였으며, 정주 지역에 대한 직접적인 지배 체계를 확립해 나갔다. 그의 정주 지배 의지는 1215년 금(金)의 수도 중도(中都, 현 베이징)를 점령한 이후 더욱 명확해졌다. 이때 그는 쿠투쿠(Qutuqu)를 '황하 이북 철문 이남 천하 도달루화적(黃河以北 鐵門以南天下都達魯花赤)'으로 임명하였는데, 이는 칭기스칸이 쿠투쿠를 통해 황하 이북의 영토를 직접 통치하려는 의도를 드러낸 것이라 볼 수 있다.⁷¹ 또한, 칭기스칸은 호레즘 원정을 시작하면서 부하라와 사마르칸트를 점령하였으며, 1220년에는 야율아해(耶律阿海)를 다루가치(達魯花赤, 지방행정관)로 임명하였다. 당시 몽골은 북중부 지역과 중앙아시아에서 원정을 마친 후에도 지속적으로 다루가치를 임명하였으며, 이는 칭기스칸이 정주 지역을 단순한 약탈의 대상이 아니라, 직접적인 통치와 행정 지배의 영역으로 인식하기 시작했음을 보여준다. 따라서, 몽골제국의 확장은 단순한 군사적 정복을 넘어, 정주 지역에 대한 체계적인 지배 구조를 구축하면서 세계제국으로의 길을 열어나간 과정이었다.⁷²

칭기스칸 시기부터 시작된 세계제국을 향한 걸음은 이후 그의 후손들에게도 계승되었다. 특히 그의 아들인 우구데이(Ögedei) 시기에는 몽골의 서방 확장이 본격적으로 이루어졌다. 우구데이는 서방 원정군의 총사령관으로 바투를 임명하고 유럽으로의 대규모 정복 전쟁을 개시하였다. 몽골군은 1241년까지 헝가리와 폴란드를 포함한 동유럽 지역을 휩쓸었으나, 원정 도중 우구데이가 갑작스럽게 사망하면서 진격이 중단되었다. 이러한 몽골군의 서방원정은 유럽인들에게 강한 공포감을 심어주었으며,⁷³ 당시 로마 교황 이노센트 4세(Innocent IV)는 몽골제국의 정세를 파악하기 위해 프란체스코회 수도사 요한네스 데 플라노 카르피니(John of Plano de Carpini)를 몽골로 파견하였다. 카르피니는 몽골 제국의 실태를 조사하고 귀국 후 『몽골인의

---

71 여기서 '철문'은 거용관(居庸關)을 지칭한다고 한다. 『元史』 卷120, 「札八兒火者傳」, p.2961; 張金銑, 「窩闊台"畫境"十道考」, 『中國歷史地理論叢』 21-3, 2006, p.139.
72 Buell, Paul D. "Sino-Khitan Administration in Mongol Bukhara", *Journal of Asian History*, Wiesbaden, 2, 1979, pp.121~151; 김호동, 2013, p.82 참조.
73 루시(러시아)의 『노브고로드 연대기』에서 몽골의 침략에 대해 언급하면서 몽골을 '타르타르'라고 부르고 있다. '타르타르'는 라틴어로 명계(冥界)를 의미하기 때문에 이로 인해 더 큰 공포를 야기시켰다고 한다. 『몽골세계제국』, pp.98~99.

역사(*Historia Mongalorum*)』라는 보고서를 작성하였는데,[74] 이 기록을 통해 당시 몽골제국이 자신들을 '하늘의 대리자'로 인식하고 있었음을 확인할 수 있다. 구육(Güyük) 칸이 로마 교황에게 보낸 서한을 살펴보면, 몽골제국의 세계제국에 관한 사상을 살펴볼 수 있다.

> 영원한 하늘의 힘에 의해, 모든 백성의 바다와 같은 칸의 명령이다. … 신의 힘으로, 해가 뜨는 곳에서부터 해가 지는 곳까지 모든 땅은 우리에게 주어졌다. 우리가 그 땅을 장악하였다. … 만약 신의 명령을 따르지 않고 명령을 거역한다면 우리는 당신을 적으로 간주할 것이다. 이렇게 우리는 당신에게 알린다. 만약 이에 반하는 행위를 한다면, 우리가 어찌할 것인가는 오직 신만이 아실 것이다.[75]

이 편지의 처음 세 문장은 몽골제국에서 의례적으로 사용하던 정형구로, 이는 칭기스칸 시기부터 등장했던 '텡그리(Tengri, 위대한 하늘)'에 대한 숭배 의식이 지속되고 있음을 보여준다. 칭기스칸 역시 '하늘의 명'을 받아 군주로 군림한다고 주장하였으며, 그의 후손들 또한 이를 계승하여 국가 운영과 정복의 정당성을 확보하는데 활용하였다. 우구데이 칸도 대화를 할 때마다 늘 '영원한 텡그리의 힘으로'라는 문구를 말의 앞머리에 붙이며 신의

---

[74] 『몽골인의 역사』와 관련하여 Christopher Dawson(edited and with an Introduction), 1955, *the Mongol Mission: Narratives and Letters of the Franciscan Missionaries in Mongolia and China in the Thirteenth and Fourteenth Centuries*, London and New York: Sheed and Ward의 라틴어 번역본이 있다. 또한, 조용석, 「수도사 카르피니(Carpini)의 『몽골인의 역사』(Ystoria Mongolorum) 연구 -몽골 방문의 목적 및 저술의도 연구-」, 『교회사학』 19, 2021, pp.129~155에서 위의 라틴어 번역본을 근거로 책의 구성과 내용을 정리하여 번역해 놓았다.

[75] Dawson, 1955, pp.85~86; 김장구, 「플라노 드 카르피니의 『몽골인의 역사』에 보이는 몽골사 인식」, 『동국사학』 49, 2010, p.96.

권위를 강조했다고 한다.[76]

서한의 본문에서는 '해가 뜨는 곳부터 해가 지는 곳까지 모든 땅은 몽골에게 주어졌으며, 이를 장악해야 한다'고 선언하는데, 이는 몽골제국이 '세계제국'을 표방하고 있었음을 단적으로 보여주는 대목이다. 또한, 구육 칸이 로마 교황에게 직접 와서 조근(朝覲)할 것을 명한 것은 당시 몽골 군주가 외국 군주들에게 복속의 표시로 친조를 요구했음을 의미한다.[77]

또한, 『몽골인의 역사』에서 칭기스칸이 만든 법령 중 '그들이 전 세계를 정복하기 위해서는, 모두 살육당할 시간이 다가오기 전까지 적들이 먼저 복속을 청하지 않는 한 다른 어떤 나라와도 평화적인 관계를 맺을 수 없다.'[78]라는 기록이 나온다. 이는 몽골이 '세계제국'을 목표로 했음을 보여주는 중요한 부분이다. 이처럼, 이후의 칸들은 칭기스칸의 원칙을 계승하면서도 정주 국가에 대한 전통적인 유목국가의 대응 방식이 적절하지 않음을 깨닫게 되었다. 이에 따라 몽골은 정복지에 대한 체계적인 지배와 관리를 시작했으며, 정복된 모든 국가를 잠재적인 몽골제국의 일원으로 간주하기 시작했다.

몽골제국의 권력 중심은 뭉케시기에 이르러서는 특히 권력의 중심이 우구데이 가문에서 툴루이 가문으로 넘어오면서 서방으로 향하던 관심이 동방으로 선회하게 된다. 그는 칭기스칸 시기의 영광을 기억하며 되살리려 했고, 몽골의 전통성을 살리는 바탕 위에 제국을 정비하려고 했다. 그는 바투로 하여금 킵차크한국의 독자적 경영에 대해 어느 정도 묵인하면서 권력

---

[76] 『몽골세계제국』, p.107.
[77] 고명수, 앞의 논문, 2011, p.3.
[78] 김장구, 앞의 논문, p.81.

을 분할했고, 그 외 지역에 대해서는 중앙에서 재무와 징세 담당자를 새로이 임명했다. 중앙정부에 주로 몽골인과 위구르인을 포진시키고, 점령지에는 몽골군 책임 아래 그 지역 출신 관료들을 기용하여 세수 기반을 마련하면서 재정을 정상화시켰다.

이러한 제국 정비와 함께 그는 이전 칸들과는 다르게 동방에 대한 정복전쟁을 시작하게 된다. 아마도 이후 서방 원정을 바투에게 맡겼기 때문에 본인은 동방에 더 주력하려고 했던 것이 아닐까 싶다. 이렇게 동방에 대한 관심과 전쟁은 뭉케 시기부터 시작하게 되었고, 이후 쿠빌라이 시기에는 관심이 더욱 확장되어 남해제국으로 내려오게 된 것이다. 또한 쿠빌라이는 그들에게도 이전과 마찬가지로 자신이 '하늘의 대리자'라는 가치관을 강요하면서, 남해제국으로의 해외무역 루트를 확보하고자 했다.[79] 또한 남송 병합 과정에서도 동일한 전쟁의 면모를 보였는데, 포위전을 통해 손상 없이 점령지를 취하거나, 점령군의 살상, 파괴를 금하는 방책으로 경제기반을 보존시켰다. 이것은 강남의 경제기반을 유지하려는 조치로서, 계승이 아닌 방법으로 칸에 등극한 쿠빌라이가 자신의 세력 기반을 더욱 공고히 하고 거대한 관료, 군사 조직을 효율적으로 운영하기 위한 재원을 확보하기 위함이라고 볼 수 있다.

그렇다면 몽골제국이 형성되어가는 동안 베트남은 이를 어떻게 인식하고 있었을까? 베트남과 중국의 관계를 고려할 때, 중국의 왕조 교체기나 외침, 내부 불안 등으로 인한 혼란은 베트남에게 상대적인 안정을 의미했으며, 이러한 시기에 베트남은 실리를 추구하고자 했다. 당시 베트남은 중국

---

[79] 고명수, 앞의 논문, 2011, pp.244~245.

과 지속적으로 조공·책봉 관계를 유지하며 동아시아 정세의 변화를 파악하고 있었는데, 1127년 금이 개봉(開封)을 공격하며 북송(北宋)이 멸망하고 흠종(欽宗)의 동생 강왕(康王) 조구(趙構)가 송 고종(高宗)으로 즉위하면서 남송(南宋)이 시작되었으며, 이에 대한 기록이『全書』에도 전해지고 있다.[80] 이후 베트남은 남송에 지속적으로 조공을 바치며 금과 대립하는 남송과 우호적인 관계를 맺으려 했고, 이에 따라 송은 이전에 베트남을 '교지군왕(交趾郡王)'으로 봉하던 관행을 바꾸어, '남평왕(南平王)'으로 진봉(進封)하고 사후에는 '남월왕(南越王)'으로 추봉(追封)하는 기존의 삼단계 추존법 대신, 리 영종(李英宗) 시기 '안남국왕(安南國王)'이라는 봉호를 내리고 인장을 하사하여 베트남을 독립국으로 인정하는 상징적인 조치를 취했으며, 이는 베트남사에서 중요한 의미를 갖는다. 이후에도 송은 리 고종(李高宗)에 대해 "이미 안락한 국가로 봉작을 받고 세습을 하였으니 진정한 왕으로서 명을 받은 것이므로 어찌 차례로 승급할 필요가 있겠는가?"[81]라며 특별한 예우를 보이며 그를 '안남국왕'에 봉하고, 조공품도 10분의 1만 받는 등 베트남에 대해 우호적인 태도를 유지했으나, 한편으로는 이러한 변화가 당시 송 측이 베트남에 자국의 정세를 알리지 않으려는 의도에서 비롯된 것이기도 했다. 이에 따라, 조공을 통해 경제적 이득을 취하고 송의 정세를 파악하려는 베트남의

---

80 당시 광원주의 소추장인 막현(幕賢)이 반란을 일으키고 송의 옹주로 도망하자 이들을 잡아 베트남으로 보내 처벌하게 했다. 이에 1126년 윤11월, '견령서(遣令書) 엄상(嚴常)과 어고서가(御庫書家) 서연(徐延)을 사신으로 보내 이에 감사하여 코끼리 10마리와 금은(金銀), 서사(犀兕, 코뿔소 뿔) 등을 소에 보낸다. 계부에 이르러 경략사를 만나나 "황제가 올해 동경과 호남 등지의 병마를 모아 금을 토벌하러 가니 언제 돌아오실지 확실하지 않다."라고 하며 예물을 가지고 돌아가라고 하자 이에 엄상과 서연은 돌아갔다. 이 해에, 금의 점우와 점간이 송의 변경을 포위하고, 송 황제 휘종과 흠종을 잡아 북쪽으로 데려가니 송에 대란이 일어났다'라고『全書』에 전말이 기록되어 있다.

81 『宋史』卷488,「交趾傳」, 淳熙 3年.

요청을 불허하거나,82 조공 사절이 행재(行在, 왕이 거처하는 곳)에 방문하는 것을 허락하지 않는 등의 대응을 보이기도 했으며, 실질적으로 양국의 관계는 1212년 이후 리 왕조가 혼란에 빠지면서 베트남이 송에 더 이상 사표(謝表)를 올리지 않으며 중단되었으나,83 1226년 쩐 왕조(陳朝)가 들어서면서 송과 베트남은 이전과 동일한 관계를 유지하게 되었다.

쩐 왕조 시기에도 베트남은 남송과 지속적인 조공·책봉 관계를 유지하려 했으며, 남송이 멸망할 때까지 총 12차례 사절을 파견하였다. 그러나 1273년을 끝으로 양국의 관계는 단절되었으며, 쩐 태종과 성종 시기를 거치는 동안 4년마다 1공(四年一貢)의 조공 체제가 유지되면서 다양한 외교적 역할을 수행하였다. 그러나 쩐 왕조 시기 파견된 사절단은 남송의 수도 임안(臨安, 현재의 항저우)까지 도달하지 못했으며, 양국의 접경 지역에서 남송 지방 관료에게 조공품과 국서를 전달한 후 이를 조정에 보내는 '계수교할(界首交割)' 방식이 유지되었다. 이러한 조공 방식은 리 왕조 시기에도 유사하게 나타났으며, 1156년과 1173년 단 두 차례만 사절단이 직접 임안까지 도달하여 조공품을 전달하였을 뿐이었다. 베트남 사절단이 수도에 직접 도착하지 못하게 된 것은 당시 남송 내부의 정세와 밀접한 관련이 있었다.

1234년, 남송이 몽골과 연합하여 금을 멸망시킨 후, 북송 시기의 영토를 수복하기 위해 화북 지역을 공격하였으나, 이후 몽골과 남송의 연맹이 결렬되면서 두 나라는 대립 국면에 접어들었다. 1241년 우구데이의 사망으로 몽골군이 잠시 후퇴하면서, 남송은 방어선을 구축하고 몽골과의 전쟁에 대비하였으나, 뭉케와 쿠빌라이 시기까지 이어진 전쟁은 남송을 더욱 위협하

---

82 河原正博,「李朝と宋との關係(1009-1225)」, pp.71~72.
83 『宋史』卷488,「交趾傳」, 嘉定 5年.

였다. 이때에도 베트남과 남송 사이의 방물 조공 방식은 여전히 '계수교할' 형식을 유지하고 있었는데, 이는 남송의 대외 교섭 정책 변화와 불안정한 내부 정세를 반영한 조치라고 볼 수 있다.[84]

앞서 언급했듯이, 쩐 태종이 즉위한 지 5년 후인 1229년, 남송 측으로부터 '안남국왕'으로 봉해졌다.[85] 그러나 이에 대해 『綱目』과 『宋史』에서는 1236년의 일로 기록하고 있다. 앞서 서술했듯이, 중국이 베트남의 군주를 '안남국왕'으로 책봉한 것은 금과의 지속적인 대립 속에서 베트남에 대해 유화적인 태도를 취할 수밖에 없었기 때문이라 볼 수 있으며, 금 멸망 이후 남송과 몽골 간의 긴박한 대립이 지속된 것도 영향을 미쳤을 것이다. 남송이 쩐 태종 치세 동안 여러 차례 그에게 서로 다른 칭호를 부여한 것은 1229년 거절 이후, 1235년 베트남이 다시 사절단을 파견하여 조공을 바치며 책봉을 거듭 요청한 점도 작용했을 것이다. 그러나 그보다 더 큰 이유는 당시 몽골의 남송 정벌로 인해 남송이 직면한 위기와 불안이었을 가능성이 크다. 또한, 남송이 몇 차례에 걸쳐 태종의 직위를 추존한 것 역시 이러한 맥락에서 이루어진 조치로 이해된다. 이러한 상황 속에서 베트남 또한 남송의 정세를 주시하며, 동시에 몽골의 부상과 이에 따른 동아시아 정세 변화를 인식했을 것이다.

1237년 남송과 몽골의 전투가 시작되었으나 이에 대한 베트남 측 기록은 전해지지 않는다. 이는 당시 베트남 내부 정세가 대단히 긴박했기 때문으로 보인다. 이 시기, 쩐 태종은 리 왕조의 마지막 여황제이자 황후였던 찌

84　1242년, 친위장군 진규경에게 군사를 거느리고 북변을 진수하고, 憑祥路 지역을 공략하게 하니 비로소 송과 通好가 가능했다고 하고 있다. 『全書』, 壬寅 十一年 宋淳祐 二年.
85　『全書』, 己丑 五年 宋紹定 二年 元太宗窩闊台 元年.

에우타인(昭聖) 황후를 폐하고, 그녀의 언니이자, 자신의 형인 쩐리에우(陳柳)의 부인인 투언티엔(順天) 공주를 황후로 맞이하였다. 이에 반발한 쩐리에우가 반란을 일으키면서 베트남 내부가 혼란스러워졌으며, 이후 쩐리에우를 제거하려던 쩐투도와 태종 사이에 반목이 발생하였다. 당시 베트남 조정에 있어 가장 시급한 과제는 내부 정세의 안정이었을 것이다. 그러나 반란이 진압된 이후 1240년 『全書』에 따르면, "양강을 지키는 신하가 북인으로 인해 부락이 약탈을 당하고 있다고 고하자, 부이컴(裵欽, Bùi Khâm)에게 명해 북으로 가 억울함을 고하게 했다."[86]는 기록이 남아 있다. 이듬해인 1241년에는 '북방의 만이(蠻夷)가 변경을 노략질하자, 장수 팜낀언(范敬恩, Phạm Kính Ân)에게 이를 토벌하라 명하니, 이를 평정하고 돌아왔다.'[87]는 기록이 전해진다. 이 기록은 당시 남송이 몽골과의 전투로 인해 변경에 대한 통제가 소홀해지면서 변경 지역의 소수 민족이 활발히 준동하였음을 보여준다. 베트남 북방 변경이 소수 민족의 습격을 받자, 쩐 왕조는 변경의 안정을 위해 즉각 군대를 파견하였다. 또한, 쩐 왕조가 변경 지역에 군대를 파견하고 이를 공략한 것은 단순한 국경 방어를 넘어, 중국 내부의 정세를 탐지하려

---

86 『全書』, 庚子 九年 宋嘉熙 四年 冬 十月.
87 『全書』의 기록에 따르면, 태종이 직접 송의 육로를 통해 영안채(永安寨)와 영평채(永平寨)를 정벌하고, 흠주와 염주에 이르러 스스로를 제랑(齊郎)이라 칭하고 경내에 배를 버리고 금봉(金鳳), 일광(日光), 월광(月光) 등의 배를 타고 가니 주민들이 그가 황제임을 알지 못하고 모두 놀랐다. 곧 그가 황제임을 알고, 쇠사슬로 묶어 수로를 막으니 태종이 이에 돌아가나 그 철 닻 수십을 뽑아 오게 명했다고 한다. 이에 대해 응오티씨(吳時仕)는 태종이 매우 성급하고, 나이가 아직 어려, 혈기왕성하다고 하며 남송이 아무런 해도 입히지 않았는데, 태종이 그저 남송의 산수가 보고 싶어 평복을 하고 간 것은 매우 위험하며 돌아온 것만도 다행이라고 하며 이백(李白)의 「고어과하읍(枯魚過河泣)」에서 백룡이 평상복 즉 물고기가 되어 내려왔다가 예차(豫且)에게 화를 입은 이야기를 빌어 비난하고 있다. 『大越史記前編』, 2011, NXB.VHTT, p.400; 『全書』, 辛丑 十年 宋淳祐 元年 冬 十月.

는 목적도 포함된 조치였을 것이다. 더불어, 1242년 남송이 베트남에 '수의(守義)' 칭호를 부여한 것 역시, 남송이 몽골과의 대치 속에서 베트남을 회유하여 협력을 이끌어내려 했던 시도로 해석할 수 있다.

1230년대 이후, 몽골의 대외 공격은 한동안 소강 국면에 접어들었다. 이는 남송이 몽골의 공격을 효과적으로 방어했을 뿐만 아니라, 몽골 내부에서도 외정을 지속하기 어려운 상황이 발생했기 때문이었다. 특히, 제2대 칸 우구데이(Ögedei) 사망 후, 계승을 둘러싸고 내부 분란이 지속되면서 몽골은 대외 정복에 집중할 수 없었다. 그러나 이에 대한 기록은 베트남의 사료에는 등장하지 않는다. 몽골과 베트남의 직접적인 접촉은 1253년 몽골이 대리국(大理國)을 정복하면서 시작되었다. 몽골은 대리를 복속시킨 후, 남쪽을 거쳐 남송을 공략하는 방침을 세웠으며, 이 과정에서 베트남에게 군대 이동을 위한 경로 제공을 요청하였다. 그러나 베트남이 이를 거절하면서 양국 관계가 본격적으로 시작되었다. 몽골, 즉 元측 사료에서도 베트남과의 관계는 이 시기의 접촉과 협상에서부터 시작된 것으로 기록되고 있다.

1253년 몽골의 대리국 정복 직후, 몽골과 베트남 사이에서 전쟁이 발생했으며, 이후 양국이 조공 관계를 맺으면서 남송 측은 베트남에 대한 경각심을 가지게 되었다. 당시 남송은 베트남 쩐 왕조가 몽골과 연합하여 남송을 공격할 가능성을 우려하였다. 그러나 베트남의 입장은 다소 달랐다. 베트남은 몽골과 직접 대치하는 상황을 최대한 피하고자 했으며 남송이 몽골과 장기간 대립함으로써 베트남이 몽골과의 전쟁을 대비할 시간을 벌 수 있기를 원했다. 이러한 이유로 인해, 몽골이 베트남을 침공한 이후, 베트남과 남송의 외교적 교류는 이전과는 다른 양상을 보이게 되었다.

앞서 언급했듯이, 베트남은 중국과 조공·책봉 관계를 맺고 이를 통해 중국 내부 정세를 탐지해 왔다. 몽골이 13세기 초 세계제국으로 성장하는 과정 역시 베트남은 남송을 통해 인지했을 것이다. 그러나 베트남이 몽골을 직접적으로 언급하기 시작한 것은 1257년, 몽골의 장군 우량카다이(兀良合台)가 남송을 정벌하기 위해 베트남에 사신을 파견한 때부터였다. 그 이전까지 베트남 사료에는 몽골에 대한 기록은 전무하다. 이러한 기록 부재의 원인은 베트남의 사료 자체가 많지 않은 점도 영향을 미쳤겠지만, 전통 시대의 사서가 주변국에 대해 기술할 경우 조공-책봉관계의 국가 또는 지리적으로 인접한 국가를 중심으로 서술하는 경향에서 기인한 것이라 여겨진다. 몽골은 남송을 사이에 두고 떨어져 있는 존재이고, 따라서 베트남의 관심이나 기록의 대상이 되지 않았을 가능성이 크다. 그러나 베트남은 중국의 정세 변화에 늘 촉각을 곤두세우고 있었으며, 남송을 통해 몽골의 위세를 충분히 인지하고 있었을 것이다. 다만, 남송이 여전히 건재했던 시점에서는 베트남 입장에서 몽골의 위협이 상대적으로 긴박하게 다가오지는 않았을 것이다. 더구나 당시 베트남 내부 정세 또한 리(李) 왕조에서 쩐(陳) 왕조로의 권력 교체가 이루어진 지 얼마 지나지 않은 시점이었으며, 내부의 빠른 안정과 군사력 확충이 무엇보다 중요한 과제였다.

그렇다면, 몽골이 남송을 본격적으로 정벌하는 과정에서 베트남 쩐 왕조는 몽골을 어떻게 인식하고 대응했을까? 베트남 역사에서 몽골에 대한 기록이 본격적으로 등장하기 시작한 계기는 몽골의 제1차 베트남 침공이었다. 이후 베트남과 몽골은 이전과는 다른 형태의 관계를 맺게 되었으며, 이는 베트남의 대외 정책에도 큰 영향을 미치게 된다. 다음 장에서는 베트남-몽골 전쟁이 어떤 배경에서 발생하였으며, 전쟁의 진행 과정과 결과가 어떠했는지, 그리고 이 전쟁이 양국 관계에 미친 영향을 살펴보고자 한다.

III장. 뭉케 시기 베트남-몽골 전쟁과 상호 교섭

1. 1차 침략의 배경과 전개

뭉케는 칭기스칸의 막내아들인 톨루이의 장남으로, 그의 즉위로 인해 몽골제국 대칸의 권력이 우구데이 가문에서 톨루이 가문으로 넘어가게 되었다. 칭기스칸 사후, 제2대 칸으로 우구데이가 즉위하면서, 원래 몽골리아 지역을 분봉받았던 톨루이 가문은 이를 우구데이에게 양보하게 되었다. 대신 톨루이 가문은 칭기스칸 말년에 하북성의 8만 호를 분봉받았으며, 우구데이 칸 시기에 서역 부하라와 이후 하남성, 섬서성의 4만 호 등을 하사받았다. 이들 지역은 모두 한지와 서역으로 구성된 정주 지역이었으며, 결과적으로 톨루이 가문은 북방 초원의 영지를 갖지 못하게 되었다. 그러나 이로 인해 오히려 톨루이 가문 내에서 정주 지역에 대한 관심과 이해가 증대되었으며, 이러한 경향은 그의 자손인 뭉케, 쿠빌라이, 훌레구, 아릭부케 등에게도 계승되었다.

1241년 우구데이가 사망한 후, 그의 아들 구육(Güyük)은 1246년 쿠릴타이에서 대칸으로 선출되었다. 그러나 이 과정에서 조치 가문의 대표 격인 바투가 구육의 지위를 반대하며, 툴루이 가문의 뭉케를 지지하였다. 1248년 구육이 갑작스럽게 사망하면서 대칸의 자리가 공석이 되었으며, 이후 바투의 강력한 지지를 바탕으로 1251년 뭉케가 대칸에 즉위하게 되었다. 뭉케의 즉위에 대해 우구데이 가문과 차가다이 가문은 반대하였으며, 이들은 쿠릴타이가 중앙아시아에서 개최되었다는 점을 들어 뭉케의 즉위를 인정하지 않았다. 그러나 뭉케는 즉위 한 달 만에 반대 세력을 숙청하였고, 가혹한 보복을 단행하면서 대칸의 권위를 강화하는데 집중하였다. 이와 동시에, 중앙정부 인사를 새롭게 구성하고, 화북(華北), 중앙아시아, 이란 등 3대 속령의 재무 및 조세 담당 관리를 임명하면서 제국 전체의 행정 및 세수 체계를 정비해 나갔다. 이를 기반으로 제국 전역에서 인구조사와 세수 재조사를 실시하며 중앙의 통제력을 강화하였다. 또한, 동생인 쿠빌라이에게 동방 경략을 위임하고, 셋째 훌레구에게 '이란의 땅'으로부터 서쪽 모든 영토의 경략을 맡김으로써 동·서 양면작전을 추진하였다.[1]

뭉케가 남송 정복에 관심을 두게 된 것은 그가 대칸에 즉위하기 전, 남송이 하남 지방의 영녕(永寧)을 공격했던 사건과 관련이 있었다. 그러나 직접 남방을 공격하는 것은 많은 어려움이 있었기 때문에, 그는 우선 서쪽을 통해 남송을 공략하는 전략을 구상하게 되었다. 이처럼, 뭉케는 칭기스칸이 몽골제국을 세계제국으로 확장한 것을 계승하여 '세계정복'이라는 과업을 수행하려 하였다.

뭉케 시기는 남방 정복을 실현하기 위해 동남아로의 진출로를 확보하는

---

[1] 스기야마 마사아키, 1999, 『몽골세계제국』, pp.91~93.

한편, 남송 병합을 추진한 시기였다. 이러한 맥락에서, 남송과 인접해 있으며 동시에 동남아 진출의 교두보 역할을 할 수 있는 베트남의 지정학적 위치는 대단히 중요했다. 또한, 우구데이 가문과의 대칸위 계승 과정에서 북방 초원의 영지를 넘겨주었던 톨루이 가문은, 이로 인해 한지, 서역과 같은 정주 사회와 그 주민들에 대한 관심과 이해를 높이게 되었다.

뭉케는 즉위 후, 금(金)의 행정 체제를 답습하여 국가 재정, 카안 직속 재정, 제사, 역참 등을 담당할 관청을 신설하면서 남방 정주 지역의 속령을 중앙정부 직속으로 편입하는 일원적 지배 체제를 구축하려 했다. 이를 위해 그는 쿠빌라이를 '막남한지 대총독(漠南漢地大總督)'에 임명하였으며, 이를 통해 쿠빌라이는 이후 한지에 주둔한 몽골군 및 한인 군벌의 모든 세력을 통솔할 수 있는 권한을 부여받았다. 이 조치는 운남(雲南) 지역의 경략과 함께, 보다 큰 목표였던 남송 공략을 위한 전략적 기반이 되었다.

그러나 뭉케 시기 진행된 훌레구의 서방 원정과 쿠빌라이가 이끄는 동방 경략은 뭉케와 쿠빌라이 사이의 갈등이 심화되면서 변화가 발생하게 되었다. 뭉케가 계획한 동·서양으로의 원정 가운데, 원래 쿠빌라이에게 위임했던 동방 원정에 뭉케 자신이 직접 개입한 것이다. 당시 쿠빌라이는 뭉케로부터 동방 경략을 위임받아 '막남한지대총독'의 직위에 올랐으며, 1251년 8월 임지인 금련천 초원에 부임하였다. 그는 이곳에서 남송 정벌을 준비하는 한편, 직접적인 남송 공략에 앞서 운남과 대리를 먼저 경략할 계획을 세웠다. 이는 남송의 서쪽, 남쪽을 차단하여 고립시키려는 전략의 일환이었으며, 이 과정에서 베트남에 대한 공략 역시 논의되기 시작하였다.

쿠빌라이는 자신의 임지 주둔 전에도 한지에 있는 몽골군과 한인 군벌들을 통솔하였으며, 한인 지식인들과 각별한 신뢰 관계를 맺고 있었다. 그가 한지로 부임하여 군정과 민정을 통할하는 것 또한, 그들과의 신뢰 및 지원에 바탕을 두고 있었다. 그는 하남과 섬서 지역에 군량 보급을 위한 둔전을 설치하여 자급자족이 가능하게 했다.² 또한, 개봉(開封)에 경략사(經略使)를 두어 둔전을 감독하게 하면서 한지 내에 자신의 세력 기반을 구축하고자 했다.³ 그는 금련천(金蓮川)에 이르러 성에서 거주하였다. 이러한 행위 역시 그가 이미 한지에 대한 충분한 이해를 지니고 있었기 때문에 가능한 것이었다.⁴ 또한 쿠빌라이는 한인 유병충, 허형, 요추 등을 중용하였으며, 한지에 대한 통치는 중국의 전통적인 법과 제도의 틀 속에서 이루어져야 한다는 인식을 지니고 있었다.

당시 화북 일대의 한지는 금과 남송 간의 전투로 인해 황폐화되어 있었다. 몽골이 화북을 거쳐 강남 지역으로 진격하려 할 경우, 장강(長江)이라는 자연 지리적 장애물이 존재할 뿐만 아니라, 보급 문제에서도 큰 제약을 받을 수밖에 없는 상황이었다.⁵ 이러한 상황에서 쿠빌라이는 남송을 정면으로 공격하기보다는, 1253년 운남 원정을 통해 남송의 서쪽과 남쪽을 차단한 뒤, 북·남·서 삼면에서 포위하여 공격하는 전략을 채택하였다. 이를 위해 쿠빌라이는 자신의 오르도(宮殿)인 '금련천'으로 돌아와 개평부(開平府)라는 도성을 건설하였다. 그러나 이를 안 뭉케는 쿠빌라이의 한지 장악력이 지나치게 높아지는 것을 경계하며, 그의 관할영지에 관한 감사를 실시하여 쿠빌라이의 측근이었던 한인 관료들을 제거하였다. 이어, 1256년, 뭉

---

2 『元史』, pp. 3712~3713; 『쿠빌라이칸』, p.56.
3 『元史』 卷166, p.48.
4 오타기 마쓰오, 『대원제국』, p.105.
5 『몽골세계제국』, pp.111~112.

케는 동방 경략에 직접 참여하겠다는 결정을 내렸다.

이러한 몽골의 남송 경략 과정에서 베트남과의 관계가 시작되었다. 1252년 7월, 뭉케는 쿠빌라이에게 대리국 정벌을 명령하였으며, 쿠빌라이는 1253년이 되어서야 몽골군을 이끌고 운남 대리로 향하였다.[6] 쿠빌라이는 이번 원정을 통해 자신의 능력을 입증하기 위한 철저한 준비를 했다. 사실, 그는 이전까지 전쟁에서 주요한 공훈을 세운 적이 없었으며, 그의 초기 행적에 대한 기록이 많지 않은 것도 이 때문이었다. 형 뭉케는 아버지 톨루이를 따라 원정에 참여했던 경험이 있었던 반면, 쿠빌라이는 그러한 경험이 부족했다. 따라서 이번 원정은 그의 리더십을 보여줄 절호의 기회였다.

1253년 9월 쿠빌라이는 10만의 군대를 이끌고, 현 감숙성 지역의 소관(蕭關)을 출발하여 육반산(六盤山)을 지나, 섬서성 서북쪽의 임조(臨洮)에 병력을 집결시킨 후, 사천(四川)을 거쳐 대리로 진격했다.[7] 이때, 뭉케는 편의도총수(便宜都總帥) 왕덕신(汪德臣)에게 명하여 쿠빌라이를 지원하게 하였으며, 몽골의 명장 수베에테이(速不台)의 아들인 우량카다이(兀良合台)도 원정에 참여하였다. 우량카다이는 대대로 공신 집안 출신으로, 뭉케의 칸 즉위에도 혁혁한 공을 세운 인물이었다. 쿠빌라이는 대리국(大理國)에 세 차례 사신을 보내어 복속을 요구하였으나, 당시 대리국의 왕인 단흥지(段興智)는 당시 재상 고태상(高泰祥)의 조언에 따라 이를 거부하고, 몽골 사신을 살해하였다. 이에 따라 몽골군은 본격적인 공격을 개시하였다. 1253년 9월, 쿠빌라이는 중앙에서 만타성(滿陀城, 현 사천성 북쪽)을 지나 대도하(大渡河)를 건너 남하하여 대리를 공격하였다. 우량카다이는 서남 원정군을 지휘하여 아바초원(阿

---

6 『元史』卷3, 本紀3, 「憲宗」, 憲宗 二年 壬子 七月.
7 『元史』卷3, 本紀3, 「憲宗」, 憲宗 三年 癸醜 八月.

壩草原)인 안당로(晏當路)를 따라 진군하였고, 몽골의 종왕들도 동쪽에서 무주(茂州)와 회천(會川)에 도달하여 대리군과 대치하였다.[8]

쿠빌라이는 양측에서 압박하여 대리를 포위하였고, 상당한 접전 끝에 부하 장수 바얀(伯顔)의 기지로, 양가죽 자루를 이용한 뗏목을 만들어 강을 건너는 전략을 구사하였다.[9] 결국 대리국은 몽골군에 함락되었고, 재상 고태상이 도주하자 몽골에 항복하였다.

칭기스칸 시기에는 항복하지 않는 적들에 대해 몰살 정책을 펼쳤으나, 쿠빌라이는 당시 요추(姚樞)[10]의 제의를 받아들여 항복을 하는 이들에 대해서는 살려주었다. 그는 고태상과 함께 몽골 사신을 살해하는 데 관여한 이들만 처형하였으며, 대리국의 기본적인 체제를 유지하도록 조치하였다. 이후, 단(段) 왕조의 후계자는 몽골에 의해 선무사(宣撫使)로 임명되었고, 통치는 유시중(劉士忠)에게 맡겨졌다.

이후 쿠빌라이는 다시 자신의 영지로 돌아와, 섬서와 하남 지역까지 지배하에 두었다. 1256년, 그는 자신의 영지 내에 도시를 건립하는데, 처음에는 개평(開平)이라 불렀다가 1263년 상도(上都)로 개칭하였다.[11] 쿠빌라이는 이곳을 중국식 수도를 모델로 삼아 내성과 외성을 쌓았으며, 더위를 피해 여름을 보내는 한편, 대규모 인구가 집중할 수 있을 정도로 도시를 성장시켰다. 그러나 이러한 개평의 건립은 전통적인 가치를 중시하던 몽골 귀족

---

8 현 사천성 무문현(茂汶縣)과 현 사천성 양산이족자치주 회리현(會理縣) 서쪽이다.
9 『元史』, p.59; 夏光南, 『元代雲南史地叢考目錄』, p.107; 呂士朋, 『元代之中越關係』, pp.11~12.
10 요추(姚樞, 1203년~1278년)는 몽골 제국과 원나라 초기의 저명한 학자이자 사상가이다. 그는 주자학(朱子學)을 북방에 전파하고, 몽골 지배자들에게 중국 전통 문화를 소개하는 데 기여한 인물로 평가받는다.
11 『元史』, p.92.

들의 반발을 불러일으켰다. 그들은 쿠빌라이의 친중국적인 태도가 몽골의 전통적 힘을 약화시키고, 결국 중국적 가치관이 몽골인의 삶을 위협할 것이라고 우려하였다. 또한, 쿠빌라이가 중국의 법령을 기반으로 영지를 통치하며 몽골의 전통적인 사회 질서를 훼손하고 있다고 강하게 비판했다.

　이러한 비판에 동요한 뭉케 역시 쿠빌라이에 대한 의심을 키웠다. 1257년, 그는 아랍단아(阿藍答兒)와 유태평(劉太平)을 쿠빌라이의 영지에 파견하여 세무 조사를 실시하게 하였다.[12] 이로 인해 쿠빌라이는 자신과 친분이 있던 많은 한인 관료들을 잃게 되었고, 주요 직책을 박탈당하는 위기를 맞았다. 이를 통해 쿠빌라이는 뭉케와 그의 조정이 단순히 자신의 친중국적인 정책을 문제 삼는 것뿐만 아니라, 대리 원정의 성공과 함께 급부상한 자신의 입지를 경계하고 있다는 것을 인식하게 되었다.

　특히 뭉케는 쿠빌라이가 개평을 제국의 또 다른 수도처럼 발전시키고 있다는 사실에 불만을 품었을 것으로 보인다. 몽골의 전통적 수도인 카라코룸(Хархорум)과 비견될 정도로 성장하는 개평의 위상은 뭉케에게 위협적인 요소로 작용했을 것이다. 또한, 쿠빌라이의 정치적 입지가 강화되고, 나아가 중국계 세력을 적극적으로 통합해 나가는 모습을 보면서 더욱 경계를 강화했을 것이다. 이에 따라 뭉케는 세무 조사를 빌미로 쿠빌라이의 세력을 약화시키려 했고, 급기야 그를 남송 정벌군에서 배제시키기는 조치까지 취했다. 그러나 쿠빌라이는 참모들의 조언을 받아들여 직접 뭉케를 찾아가 형제 간의 정을 호소하였고, 결국 뭉케가 연회를 베풀며 갈등을 해소하였다. 하지만 이 사건을 통해 쿠빌라이는 뭉케와의 관계가 이전과는 같지 않

12　『元史』, p.3713; 田村實造,「アリブカの亂について」, pp.4~7.

으며, 자신의 권력 유지를 위해서는 더욱 신중한 정치적 행보가 필요하다는 사실을 깨닫게 되었을 것이다.

쿠빌라이가 뭉케와 갈등을 빚고 있는 동안, 우량카다이는 여전히 운남지역에 머무르며 주변 소수 종족들을 토벌하고 있었다. 그는 적독가국(赤禿哥國, 현 귀주 서부), 라라사(羅羅斯)[13]를 차례로 정복하고 백만(白蠻)족 수령 세좌보(細嵯甫)를 생포하였다. 이후에도 지속적으로 서남부 지역을 제압한 우량카다이는 1256년에는 마호강(馬湖江)에서 송의 장수가 이끄는 3만 명의 송군과 전투를 벌였고, 이를 패퇴시킨 후 선박 200척을 탈취하였다.

그러나 이러한 몽골의 남방 공략 움직임에 대해 베트남 측 사료인 『全書』에는 별다른 언급이 없다. 다만 같은 시기 베트남에서 무성왕(武成王) 쩐조안(陳尹, Trần Doãn)이 가솔을 이끌고 남송으로 망명하려다 남송 사명부(思明府) 토관(土官)인 황병(黃炳)에게 붙잡혀 돌아온 사건이 기록되어 있다.[14] 이에 대해 쩐 왕조는 황병에게 금과 비단을 하사하였으며, 이듬해 황병은 자신의 딸을 후궁으로 바쳤다고 한다.[15] 이러한 정황을 통해 베트남 조정은 몽

---

13 현 사천 서창(西昌)지구 및 양산이족자치주(凉山彝族自治州)와 파려국(波麗國, 현 元江일대)이다.

14 무성왕 윤(尹)은 쩐 태종의 형 쩐리에우(陳柳)의 아들이다. 그는 쩐리에우와 투언티엔 공주 사이에서 태어났다. 그의 부친 리에우가 부인을 동생에게 빼앗긴 후 반란을 일으켰으나 진압되었다. 이후, 그는 조정에 나아가지 않고 태종과 반목하며 지냈다. 게다가 모친인 투언티엔황후가 사망하면서, 본인도 또한 정치적 입지를 잃고 세력을 유지할 수 없자 남송으로 망명을 시도하였던 것이다. 『全書』, 丙辰 六年 宋寶祐 四年 秋 七月.

15 응오티씨(吳時仕, Ngo Thi Sĩ)는 이에 대해 "황병은 송이 곧 멸망할 것을 알았기에 가솔들을 데리고 우리에게 와 안분지족의 삶을 살았으나 이는 결코 충성스러웠다 할 수 없다. 게다가 적을 피해 왔으나 그들이 다시 남방을 공격하니 결국 황병은 피해갈 수가 없었던 것이다. 쩐익딱(陳益稷)과 레딱(黎㣮) 또한, 쩐 왕조가 멸망할 것이라 여겨 즉시 가솔을 데리고 원에 귀화하고 쩐의 영토가 정복되기를 바랐지만 쩐 왕조는 결코 멸망하지 않았고, 그들은 적에게 모욕을 당하고, 왕과 국가를 배신했으니 무슨 이익이 있

골이 남송을 향해 적극적으로 공세를 준비하고 있음을 비교적 명확하게 인지하게 되었을 것이다.

이렇듯, 1257년 몽골의 남송 침략이 본격화되면서 베트남과의 접촉도 시작되었다. 당시 몽골의 계획은 네 갈래의 방향으로 남송을 공격하는 것이었으며, 그중 하나가 운남과 베트남 지역을 경유하여 광서지역을 장악한 다음 호남성 악주(鄂州)까지 진격하는 경로였다. 이 과정에서 몽골은 베트남을 군대 이동의 경유지로서 활용하려 했으며,[16] 이에 따라 베트남에 사신을 보내 남송 공격을 위한 통로 제공을 요구하였다. 그러나 베트남은 남송이 멸망할 경우, 몽골과 직접 대치하는 상황이 발생할 것이라 예상하였고, 이에 따라 몽골의 요구를 거절한 것은 물론, 사신까지 억류하였다. 이렇게 하여 양측의 접촉은 곧 갈등으로 이어졌고, 전쟁으로 확대되기에 이르렀다.

1257년 8월, 귀화채주(歸化寨主) 하쿠엇(何屈, Hà Khuất)이 몽골 사신이 역참을 통해 도착했음을 보고하였다.[17] 이에, 쩐 왕조는 즉각 몽골의 요구를 거절하는 한편, 흥도왕(興道王) 쩐꾸옥뚜언(陳國峻, Trần Quốc Tuấn)을 육군과 수군의 총지휘관으로 임명하여 변경 수비를 담당하도록 하였다. 그는 즉시 전투에 필요한 무기를 정비하고 방어 태세를 갖추며, 향후 발생할 몽골과의 전쟁에 대비하였다.

우량카다이가 운남에 출병할 당시 전체 병력은 약 3만 명이었으나, 기후에 적응하지 못한 병사들이 대거 사망하면서, 이후 악주에서 쿠빌라이

없는가? 황병은 그래도 두 마음은 가지고 있었다."라고 하며 황병의 귀화 사건을 이후 1285년 元에 투항하고 귀화하는 쩐익딱(陳益稷, Trần Ích Tắc)과 비교하면서 비판하고 있다. 『大越史前編書』, 2011, NXB. Văn hóa Thông tin, p.412.

16　山本達郎, 앞의 책, 1975, p.84.
17　『全書』, 丁巳 十年 宋寶祐 五年 秋 八月.

의 군대와 합류할 때는 채 5,000명에도 미치지 못했다. 이에 우량카다이는 몽골군 이외에도 대리 정벌 과정에서 확보한 2만 명의 백족(白族) 병력을 추가하여 베트남 원정을 개시하였다.[18] 그는 먼저 사신 두 명을 베트남에 파견하여 투항을 권유하였으나, 사신이 돌아오지 않자 결국 진격을 개시하였다.

우량카다이는 차크차크두(徹徹都)를 파견하여 2,000여 명의 병력으로 베트남을 선제 공격하도록 하였다. 이후 몽골군은 두 개의 방향으로 나뉘어 진군하였으며, 운남 남동부의 개원(開遠)에서 합류하게 되었다. 이후 본진은 우량카다이가 직접 지휘하였으며, 선봉은 차크차크두, 후위는 우량카다이의 아들 아주(阿朮)가 맡아 베트남을 향해 진군하였다.[19]

12월 12일 평원현(平原縣, 현 베트남 빈푹성)에서 몽골과 베트남군이 첫 접전을 벌였다. 베트남군은 몽골군이 강을 건너지 못하도록 부교(浮橋)를 끊어 버리는 전략을 사용했으나, 몽골군은 도하에 성공하며 베트남을 압박하기 시작하였다. 그러나 이때 차크차크두(徹徹都)는 후군을 기다려 협공하라는 우량카다이의 명을 어기고 섣불리 공격을 감행하였다. 이러한 무리한 공격은 베트남군의 역습을 초래하였고, 결국 몽골군의 베트남 지휘부 포획 작전은 실패하고 말았다. 이에 격노한 우량카다이는 차크차크두를 처벌하려

---

18 이때 2만의 병사는 대리의 군사로, 뭉케시기 쿠빌라이에 의한 대리 원정이 있었다. 이후 大理國의 왕인 단흥지(段興智)는 입관하여 금부(金符)를 하사받았다. 그가 뭉케에게 자신이 주변의 여러 부락을 평정하고 복속 시키겠다고 하자 뭉케는 크게 기뻐하며 그에게 마가라차(摩訶羅嵯)의 이름을 하사하고, 백만(白蠻) 등 여러 부족을 규합하게 했다. 그는 내정을 아우인 신저일(信苴日)에게 맡기고 계부인 신저복(信苴福)과 함께 출정하여 우량카다이의 군에 들어가고 이후 교지에 대한 공격을 행했다. 『元史』 卷166, 「信苴日傳」.

19 『元史』 卷209, 「安南傳」, 憲宗 三年 癸丑.

했으며, 그는 이에 충격을 받아 음독 자살하였다.[20]

　12월 15일, 몽골군은 쩐 왕조의 수도 탕롱(昇龍, Thăng Long, 오늘날 하노이)성을 함락하였으며, 이곳에서 억류된 몽골 사신을 발견하였다. 하지만 사신 중 한명이 사망하자 우량카다이는 분노하여 도시를 초토화하였다. 이처럼 베트남 공략은 예상보다 쉽게 성공하였으나, 몽골군은 남방 기후에 적응하지 못하고 열병과 질병에 시달렸다. 결국, 9일 만인 12월 24일, 몽골군은 운남 곤명(昆明)의 갑적성(甲籍城)으로 퇴각하였다.[21] 몽골군은 고온다습한 남방 기후에 적응하지 못하고 전투 수행에 어려움을 겪었으며, 이후 이러한 양상은 뭉케의 남송 정벌과정에서도 나타났다. 1258년, 뭉케는 남송 정복을 위한 공세를 시작하며 합주(合州) 공략을 준비하였고, 장수들을 모아 연회를 베풀며 전략을 논의하였다. 이때 찰라일(札剌亦兒)부의 토콘(脫歡)은 '남방은 장려(瘴癘: 풍토병)로 공략이 쉽지 않습니다. 차라리 북쪽으로 철수한 후 사신을 보내 다스리는 것이 낫습니다.'라고 하였다. 그러자 아아랄(阿兒剌)부의 팔리적(八裏赤)은 토콘을 '겁쟁이'라 하며 강경하게 전쟁을 지속해야 한다고 주장하였고, 뭉케는 그의 의견을 받아들여 합주 공격을 계속하기로 결정하였다. 그러나 작전이 지지부진하게 진행되어 5~6월이 되자 폭풍우로 인해 진군이 중단되었고, 8월 11일 뭉케가 조어산(釣魚山) 인근에서 사망하고 말았다.[22] 이처럼 남방의 기후와 풍토는 몽골군에게 커다란 장애물로 작용하였으며, 이는 몽골의 베트남 및 남송 원정에서 지속적으로 큰 난관

20　『元史』卷121, 「兀良合台傳」.
21　『全書』에는 우량카다이의 퇴각 상황과 이유에 대해 자세히 나와 있지 않다. 다만, 「安南傳」에 그가 성을 정복하고 9일을 머무르나 기후가 무더워 철수했다고 나오고 있다.
22　『元史』卷3, 本紀,第3, 「憲宗」, p.63. 조어산(釣魚山)은 합주의 방어 거점으로 유명한 곳이다.

이 되었던 요소였다.

이러한 상황에서, 베트남 내부에서도 몽골과의 전투에 대한 의견이 분분하였다. 당시 몽골군은 평려원(平厲源, 오늘날의 빈푹성)을 공격하는 중이었으며,[23] 쩐 태종은 직접 참전하여 몽골군과 전투를 벌이고 있었다. 태종은 물러서지 않고 계속 싸우려 했으나 레푸쩐(黎輔陳, Lê Phụ Trần)은 '지금 폐하는 고주(孤舟, 고립된 상황)의 상황에서 맞서려 하지만 이는 옳지 않습니다.'라며 퇴각하여 후일을 도모할 것을 청하였다. 결국, 태종은 노강구(盧江口, 홍강 유역)로 물러났으며, 이 과정에서 몽골군이 화살을 난사하자, 레푸쩐이 널빤지로 태종을 보호하며 피신을 도왔다.[24] 간신히 도피에 성공한 태종은 신하들과 몽골에 대한 대처 방안을 논의하였다.

태종은 은밀히 배를 타고 태위 쩐녓히에우(陳日皎, Trần Nhật Hiệu)를 만나 앞으로의 대책을 자문하였다. 쩐녓히에우는 아무 말 없이 손가락으로 물을 찍어 뱃전에 '입송(入宋)' 두 글자를 썼다. 즉 그는 태종에게 남송으로 망명하여 투항할 것을 권유한 것이었다. 이러한 그의 태도는 후대 사가들에게 강한 비판을 받았는데, 『全書』의 저자 응오씨리엔(吳士連, Ngô Sĩ Liên)은 논찬에서, '태위 진일교(陳日皎)는 황제의 종친임에도 불구하고, 적이 이르자 겁을 집어먹고 무서워하기만 하였으며, 적을 막을 계책도 내지 못하였다. 게다가 군주에게 송으로 도망하라 이끄니, 저런 자를 어찌 일국의 승상이라 할 수 있겠는가?'라며 신랄하게 비판하고 있다.[25]

반면, 태사 쩐투도(陳守度, Trần Thủ Độ)는 태종이 계책을 묻자, 태종을 안

---

23 『安南志略』卷第四, 「정토운향(征討運餉)」에서는 12월 노원(弩原)에 이르렀다고 나오는데, 여기서 노원은 평려원(平厲源)을 의미한다.
24 『全書』, 丁巳 七年 宋寶祐 五年 十二月 十二日.
25 『全書』, 丁巳 七年 宋寶祐 五年 十二月.

심시키면서, "신의 머리가 아직 땅에 떨어지지 않았으니 폐하는 염려하지 마십시오."라고 답하였다.[26] 비록 쩐투도는 쩐 왕조 초기 국정을 장악하고 태종에게 형수를 취하게 하여 형제 간 반목과 대립을 초래한 인물이었으나, 외부의 적이 침략하여 왕조가 위기에 처했을 때는 누구보다도 결연한 저항 의지를 보였다.

앞서 언급했듯이, 우량카다이군의 철수 이후, 전열을 정비한 쩐 왕조의 군대는 동보두(東步頭, 오늘날 하노이 인근) 전투에서 퇴각하는 몽골군을 기습하여 타격을 가하였고, 이들을 운남 접경 지역인 귀화채(歸化寨)까지 추격하였다. 이때 귀화채주(歸化寨主)가 주변의 병력을 모아 몽골군을 공격하며 큰 피해를 입혔다. 당시 몽골군에는 대리국 정복 이후 새롭게 편입된 소수민족 출신 병사들이 다수 포함되어 있었는데, 이들은 전투보다 약탈에 더 큰 관심을 보이며 군율을 제대로 따르지 않았다. 이에 베트남 사람들은 이들을 가리켜 '불법에 어긋나는 도둑이라는 의미'로 '불적(佛敵)'이라 불렀다.[27] 그러나 『元史』「兀良合台傳」에서는 "교지가 복속을 거부하자 우량카다이가 대군을 이끌고 교지로 진격하였다. 그는 군대의 규율을 엄격히 하고, 백성들의 이익을 침해하지 않았다."라고 기록하고 있다.[28] 이러한 기술의 차이는, 몽골군이 대리국을 정복하는 과정에서 서둘러 편입시킨 소수민족 병사들에서 비롯된 것으로 보인다. 새롭게 편입된 병사들은 우량카다이의 명령을 철저히 따르지 않았고, 기율이 해이한 상태였을 가능성이 크다. 결국, 몽골군 내 병력 구성의 불균형과 내부 기강 문제도 베트남 원정 실패의 한

---

26 『全書』, 丁巳 七年 宋寶祐 五年 十二月.
27 『全書』, 丁巳 七年 宋寶祐 五年 十二月 二十四日; 유인선, 앞의 책, 2012, p.159; 山本達郞, 앞의 책, 1975, p.86
28 『元史』卷121, 「兀良合台傳」.

요인이 되었던 것으로 보인다.

1258년, 쩐 태종은 다시 수도로 돌아왔다. 그러나 베트남에 대한 몽골의 위협이 완전히 사라진 것은 아니었다. 쩐 왕조는 곧바로 남송(南宋)에 사신을 보내 유대를 강화하는 한편, 몽골 측에도 레푸쩐(黎輔陳, Lê Phụ Trần)과 쭈박람(周博覽, Chu Bác Lãm)을 사절로 파견하였다.[29] 우량카다이는 이들을 행재소(行在所)로 보냈으며, 눌랄정(訥剌丁)을 베트남에 파견하였다. 눌랄정은 쩐 왕조에 다음과 같은 몽골의 입장을 전달하였다.

> 이전에 내가 사자를 보내 교류하고자 했으나 너희는 그들을 억류하고 돌려보내지 않았다. 이에 부득이 작년에 군사를 일으켰으며, 그 결과 너희 군주 또한 초야로 도망해야 했다. 이후 재차 두 명의 사신을 보냈으나 너희는 또다시 그들을 붙잡아 돌려보냈다. 이제 특별히 다시 한 번 사신을 보내 타이르니, 너희가 진실로 내부를 바란다면 군주가 친히 와서 복속토록 하라. 만약 이번에도 뉘우치지 않겠다면 분명한 입장을 밝혀라.[30]

---

29 우량카다이의 군이 물러간 후, 태종은 그 공에 따라 상을 주었는데, 려보진(黎輔陳)에게 어사대부의 직위와 함께 소성(昭聖)공주를 보내고 있다. 여기서 소성공주는 리(李) 혜종의 딸이자 마지막 여왕이었던 소황(昭皇)이며, 태종의 황후였던 소성황후이다. 『元史』「安南傳」에서 려보진을 진광병(陳光昺, 태종이 상황이 된 후 元에 사용한 이름)의 사위라고 기록하고 있지만 이는 옳지 않다. 이에 대해 응오씨리엔(吳士連)은 '쩐 왕조의 군신은 부부의 인륜을 저버리니 이를 통해 알 수 있다.'라고 하며 통렬하게 비판하고 있다. 『全書』, 戊午 八年 三月以後 聖宗紹隆 元年 宋寶祐 五年 春 正月.

30 『全書』에는 이러한 사신 파견에 대한 기록과 관련하여 당시 원의 사신이 와서 한 조공과 관련한 요구에 대해 조정에서 논의를 했고, 3년 1공 할 것으로 정하고 려보진과 주박람을 사절로 몽골 측에 보낸 것으로 나오고 있다. 그러나 몽골측 사신에 대해 어떠한 처우를 했다는 내용은 나오고 있지 않다. 『全書』, 戊午 八年 三月以後 聖宗紹隆 元年 宋寶祐 五年 正月. 이에 반해 『元史』「安南傳」에서는 '우량카다이가 물러나고 사신을 보내 복속을 명했으나 태종이 수도가 황폐화된 것을 보고 두 사신을 포박한 채 돌려보냈다'라고 기록되어 있다. 『元史』 卷209, 「安南傳」, 憲宗 7年(1257).

이에 쩐 왕조는 복속을 표명하며 '지침을 내려주면 자제를 인질로 보내겠습니다.'라고 답하였다. 이로써, 베트남과 몽골 사이의 공식적인 통호가 이루어지게 되었다.

양국 관계가 어느 정도 정리된 후 태종은 황위를 아들인 성종(聖宗)에게 물려주고 태상황(太上皇)이 되었다. 그러나 이후 『元史』「安南傳」에는 "헌종 8년 무오 2월에 진일훤(陳日烜)은 나라를 맏아들 광병(光昺)에게 물려주고 소융(昭隆)이라 개원하였다."라고 기록되어 있다.[31] 여기서 '광병'은 원에서 태종을 지칭한 이름이다. 태종이 태상황이 된 것은 베트남의 '태상황 제도'에 따른 것이었다.

다만, 베트남 쩐 왕조가 남송과의 외교에서 여전히 태종의 이름인 '일훤 (혹은 일경[日煚])'을 사용하고 있던 점을 고려할 때,[32] '광병(光昺)'이라는 이름은 몽골에 특별히 사용한 명칭이었을 가능성이 크다. 이는 당시 몽골과 남송이 여전히 전쟁 중이라는 정세를 감안한 조치로 해석할 수 있다. 즉, 베트남은 남송과의 관계를 지속하는 동시에, 몽골과의 관계에서도 유리한 입지를 확보하기 위해 서로 다른 명칭을 사용했던 것이다. 또한, 쿠빌라이 시기에 들어서면서 베트남과 몽골의 관계가 새롭게 전개될 것을 고려할 때, 쩐 왕조는 이전에 몽골과 직접적으로 전쟁을 치른 군주가 아닌 새로운 군주를 내세우는 방식을 통해 양국 관계를 재정립하려 했던 것으로 보인다. 이는 베트남이 몽골과의 외교적 긴장을 완화하고, 보다 안정적인 관계를 구축하

31　『元史』卷209,「安南傳」, 憲宗 8年, 寶祐 6年.
32　『宋史』「交趾傳」에서는 景定 3년(1262) 쩐 태종에게 '검교태사안남국대왕(檢校太師安南國大王)', 성종에게 '안남국왕(安南國王)'의 칭호를 내린 것은 송 측에서 쩐 왕조의 승계에 대한 인식이 있던 것으로 보인다. 그러나 이때 송 측과는 쩐 태종과 성종의 본래 이름으로 교류를 했던 것으로 보인다.

기 위한 전략적 선택이었을 것이다.³³

이후 우량카다이는 1259년 악주 전투에 참가하기 위해 홍강을 따라 통킹 평야를 지나친 다음 랑썬(諒山, Lạng Sơn)지역을 거쳐 북상한다. 『全書』의 기록에 따르면, 몽골군이 베트남 경내로 진입하자 종친과 왕후들이 백성을 보호하는 모습이 나타났다고 하지만, 별다른 전쟁의 움직임은 없었던 것으로 보인다.³⁴ 결국 몽골군은 계획대로 네 방향에서 남송을 공략하는 전략을 실행에 옮겼다. 그러나 남송과의 전쟁이 진행되던 중 뭉케가 급작스럽게 사망하면서, 몽골 내부에서는 후계자 문제로 혼란이 발생하였다. 이후 1264년까지 쿠빌라이와 동생 아릭부케 사이에 내전이 벌어졌으며, 결국 한지의 인적·물적 자원을 장악하고 있던 쿠빌라이가 승리하게 된다.

지금까지 뭉케 시기 베트남과 몽골의 전쟁을 둘러싼 배경과 전개 과정을 살펴보았다. 사실 몽골과 베트남 사이에는 남송과의 전쟁을 위한 통로 제공 문제를 제외하면 특별한 외교적 교류가 나타나지 않았다. 그러나 칭기스칸 시기부터 베트남은 이미 몽골의 동태를 예의주시하고 있었을 가능성이 크다. 그렇기 때문에 몽골과의 직접적인 충돌을 대비하여 '강무당(講武堂)'을 설치하고, 무기 점검과 군사력 증강을 도모하는 등의 준비를 했던 것으로 판단된다. 몽골과의 제1차 전쟁이 종료된 후, 양국은 3년 1공(三年一貢)의 조공 관계를 맺었다. 하지만 얼마 지나지 않아 뭉케가 사망하면서 실질적인 양국

---

33 山本達郎, 앞의 책, 1975, p.86.
34 『全書』에서는 이 일과 관련하여, 영자국모(靈慈國母) 쩐씨의 홍서에 대해 응오씨리엔의 논찬을 통해 이야기하고 있다. 그녀는 리(李) 혜종의 황후로 이후 쩐투도와 혼인한다. 응오씨리엔은 그녀의 혼인 관계에 대해 비판하지만, 그녀가 안생왕 쩐리에우와 태종 사이 간극을 살펴 다시 형제 사이를 화목하게 했으며, 몽골의 군사가 우회하여 침입하자, 그녀가 궁인들과 여러 장수의 처자들을 모으고 그들을 보호하여 군의 사기를 높인 것에 대해 크게 치하하고 있다. 『全書』, 己未 紹隆二年 宋開慶 元年 春 正月.

관계는 쿠빌라이가 즉위한 이후 새롭게 정립되는 양상을 보이게 된다.

특히, 뭉케 시기 베트남에 요구되었던 '친조(親朝)'는 칭기스칸 시기부터 몽골이 정복지에 적용했던 정책 중 하나였다. 이외에도 대략 5~6가지의 요구 사항이 함께 제시되었는데, 쿠빌라이 즉위 이후 이를 '육사(六事)'로 체계화하여 베트남에 전달하였다. 다음 절에서는 제1차 전쟁이 종료된 이후 쿠빌라이와 베트남이 새로운 관계를 어떻게 구축해 나갔는지를 살펴보고, 몽골이 요구한 '육사'에 대한 베트남의 대응을 면밀히 알아보고자 한다.

2. 몽골의 '육사' 요구와 베트남의 대응

뭉케 시기 몽골과 베트남 간의 전쟁은 우량카다이가 베트남 수도에서 9일 만에 철수한 후, 양국 간 통교가 이루어지면서 일단락되었다. 앞서 살펴보았듯이, 1258년 쩐(陳, Trần) 태종은 사절을 우량카다이에게 보내 3년 1공의 조공 관계를 맺고 화약을 체결할 것을 요청하였다.[35] 이에 몽골은 눌랄정(訥剌丁)을 베트남으로 파견하여 과거 사건을 책망하면서 쩐 왕조 측에 '친조(親朝)'를 요구하였다. 여기서 '친조'와 '자제입질(子弟入質)'은 몽골이 이전부터 정복 전쟁을 앞두고 상대방에게 요구하던 사항이었다. 베트남에 대한 몽골의 '육사(六事)' 요구는 바로 이러한 배경에서 비롯되었다. 이른바 '육사'란, 몽골이 복속한 국가에 대해 요구한 6가지 이행 사항으로, 이는 몽골이 정복한 지역을 통제하기 위한 정책이었다. 이러한 요구는 쿠빌라이 시기

---

[35] 당시 레푸쩐과 쭈박람(周博覽, Chu Bác Lãm)을 사절로 보낸다. 『全書』, 戊午 八年 三月以後 聖宗紹隆 元年, 宋寶祐 六年 正月.

이전부터 나타났으며, 정복지에 대한 몽골의 지배 방식으로 볼 수 있다. 다만, 요구의 구체적인 내용과 정도는 시기와 국가별로 차이가 있다. 그러나 '육사'라는 명칭이 직접 사용된 사례는 고려[36]와 안남(베트남), 두 국가에서만 확인된다. 따라서 고려와 몽골 관계를 분석하는 것은 베트남 쩐 왕조에 대한 '육사' 요구를 이해하는 데 중요한 시사점을 제공할 것이다.

고려의 경우, 베트남과는 달리 몽골과의 관계가 비교적 이른 시점부터 시작되었다. 고려와 몽골의 공식적인 접촉은 1219년 강동성 전투를 계기로 '형제맹약'[37]을 맺으면서 시작되었으며, 이후 쿠빌라이가 즉위하기 전까지 여러 요인들로 인해 몽골과 다양한 관계를 맺어갔다. 이 과정에서 몽골은 고려에 대해 다양한 정책을 시행하고 여러 가지 요구를 제시하였다.

앞서 살펴본 것처럼, 몽골은 철저한 복속을 추구하며 불복하는 국가에 대해서는 무력을 동원하여 응징하였다. 몽골이 각국에 요구한 조건을 살펴보면, 군주의 친조(親朝), 납공(納貢), 납질(納質), 조군(助軍) 등이 포함되었다. 이러한 사항들은 일괄적으로 제시된 것이 아니라 상황에 따라 다르게 요구되었으며, 조건에도 상당한 편차가 있었다. 그러나 기본적인 요구 사항은 이 범위를 벗어나지 않았다.

---

[36] 『高麗史』 卷24 고종40년 8월 "몽골에서 사신을 보내 육사로 (고려)왕을 책망했다."라는 내용에 대해 고병익은 '六事'를 정복지에 대한 몽골의 요구 조건으로 보고 있다. 고병익, 『東亞交涉史의 硏究』, p.179.

[37] 이와 관련하여, 『高麗史』 「金就礪傳」과 『高麗史節要』와 함께 오늘날 다수의 연구자들은 양국간의 '형제맹약'을 국가간의 관계로 파악하고 있다. 대표적으로는 이익주, 「1219년(高宗 6) 고려 몽골 '兄弟盟約'再論」, 『東方學志』 175, 2016 참조. 그러나 고명수는 「몽골-고려 형제맹약 재검토」에서 이 관계는 양국 간의 지휘관들 사이에서 맺어진 사적 관계이며, 단지 두 국가 사이에서 맺어진 첫 군사동맹이라는 의의를 갖는 것으로 전통적인 유목 사회 구성원 사이에서 맺어지는 '안다(Anda)'의 성격을 갖고 있는 것으로 보고 있다.

고려의 경우도, 1219년 화친을 맺은 이후, 몽골은 고려에 대해 친조와 정기적인 공납을 요구하였다. 하지만 다른 국가들에 비해 고려에 대한 요구 조건은 상대적으로 적었으며, 특히 고려가 친조를 거부하자 몽골이 이를 다시 강요하지 않은 것도 이례적이다. 이는 당시 칭기스칸의 호레즘 정벌을 추진하면서 몽골의 관심이 서방으로 집중되었기 때문으로 보인다. 이로 인해 동방에 대한 관심이 일시적으로 약화되면서, 고려에 대한 강력한 요구도 보류되었을 가능성이 크다. 그러나 칭기스칸의 서방 정벌이 일단락되자 상황은 급변하였다. 몽골은 이전과는 달리 고려에 대해 납질, 조군, 그리고 다루가치(達魯花赤)의 설치를 함께 요구하기 시작했다.[38] 이후 고려가 강화도로 천도하고 몽골과 지속적으로 대치하면서, 몽골의 요구 사항은 점차 가중되었다. 이 시기에 몽골은 고려에 대해 친조(親朝), 납질(納質), 조군(助軍), 호구 보고, 다루가치 및 역참(驛站) 설치 등을 포함하는, 이른바 '육사'라고 불리는 사항들을 요구하였다.[39]

---

[38] 이러한 요구 사항의 형태가 칭기스칸 시기부터 정해졌다고 하지만, 실질적으로 몽골이 요구했던 것은 '친조, 납공, 납질, 조군'의 형태였다. 이것이 이후 우구데이 시기 호구조사, 다루가치, 역참 설치 등으로 나타나고 있다.

[39] 『高麗史』 고종 40년(1253) 8월의 기록에 '몽골 원수 야굴(也窟)이 사신을 보내 (고려) 왕에게 조서를 전했으며, 그 내용에서 '육사'를 들어 왕을 책망하였다.'라는 기록이 있다. 이는 '육사'에 대한 최초의 기록으로 그 의미에 대해 연구자들 사이 다양한 견해가 존재한다. 고병익과 고명수는 이 기록에서 언급된 '六事'를 몽골이 정복지에 요구한 사항으로 해석한다. 즉 몽골이 고려에 대해 요구했던 조공, 납질, 군역 제공 등의 구체적인 조건을 의미한다고 보는 것이다. 반면, 최윤정은 '육사'를 몽골이 고려를 책망하는 여섯 가지 항목으로 해석한다. 1233년 몽골이 고려 고종에게 보내는 조서에서 언급된 '육사'는 기존의 오죄(五罪, ① 조근(朝覲)하지 않은 것, ② 사신을 활로 쏘아 돌려보낸 것, ③ 저고여의 살해에 관해 확실히 규명하지 않고 책임을 전가한 것, ④ 강화도로 천도한 것, ⑤ 호구 조사 요구에 대해 이행하지 않은 것)에 하나가 추가된 '六罪'의 의미라고 주장한다.

몽골이 베트남에 요구한 여섯 가지 요구를 살펴보면, ① 군주의 친조, ② 자제의 입질, ③ 호구 보고, ④ 군역 제공, ⑤ 수납(輸納: 조공), ⑥ 다루가치 설치 등이다.⁴⁰ 그러나 쿠빌라이 즉위 후(1260) 바로 베트남에 대해 육사를 요구한 것은 아니었다. 몽골의 대칸이 된 쿠빌라이는 예부랑중(禮部郞中) 맹갑(孟甲)과 원외랑(員外郞) 이문준(李文峻)을 사절로 보내 쩐 왕조 측에 다음과 같은 내용의 조서를 전달하였다.

> 우리 선조는 무공으로 나라를 세운 이래, 文德은 아직 완수하지 못했다. 짐은 이런 대업을 계승하여 낡은 것을 새롭게 고치고, 만방을 초무하여 평안하게 하고자 한다. … (중략) … 대리의 수신 안무 聶陌丁(「安南傳」에는 聶只陌丁으로 나와 있다)이 역참을 통해 상표한 내용을 보니 너희 나라가 義를 흠모하는 마음이 지극하여 귀순하고자 하는 뜻을 지니고 있다고 한다. 卿이 이미 전부터 臣屬하여, 멀리서 방물을 조공한 것도 짐은 알고 있다. 그래서 조서를 내려 禮部郞中 孟甲을 안남선유사(安南宣諭使)로, 員外郞 李文峻을 부사(副使)로 삼아 이를 통보한다. 너희 나라의 관료 및 사서(士庶)는 의관과 예악, 풍속 등 모든 일을 '본국구례(本國舊例)'에 따르도록 하라. 이를 변경할 필요 없다. 하물며 高麗國도 사신을 보내 와서 청하여 이미 조서를 내려 같은 예(例)를 따르게 하였다. 또한 雲南 등 여러 변경의 장수에게 명하여, 군사를 마음대로 일으켜 변경을 침략하거나 백성들을 소란스럽게 하지 못하도록 하였다. 경의 나라의 관료와 백성들은 마땅히 예전처럼 평안하게 다스리도록 하라.⁴¹

위의 조서에서 보이듯, 베트남에 대해 '본국구례(本國舊例)'를 유지하도록

---

40 『元史』卷209, 「安南傳」, 至元 三年.
41 『安南志略』卷第二 大元詔制, p.46.

허용한 것은, 이전 고려가 이에 대해 먼저 요청하였기 때문으로 보인다. 고려는 원종 원년(1260) 8월, 몽골에 복속하는 조건으로 '의관을 본국의 풍속에 따르고, 이를 모두 바꾸지 않는다.'라고 요청하였고,[42] 몽골이 이를 승인한 바 있다. 몽골은 베트남에 대해서도 고려와 마찬가지로 '불개토풍(不改土風)'의 원칙을 적용한 것이다. 또한, 조서에는 이전 베트남 측이 약속한 '자제입질'과 관련하여, '교지(交趾)가 자제를 파견하여 오면 잘 돌보아 더위와 추위로 고생하지 않도록 하고 무거운 부담을 주어 괴롭히지 말라.'[43]라고 답하고 있다. 그러나 『全書』1261년 6월 기록을 보면, 맹갑과 이문준의 내유에 대한 기록과 본국구례(本國舊例)를 허용한다는 내용은 기록되어 있지만, 자제입질과 관련된 언급은 등장하지 않는다. 이는 『安南志略』의 기록에서도 동일하게 나타나는 현상이다. 따라서 몽골이 베트남에 자제입질을 공식적으로 요구하였는지, 혹은 베트남 측에서 이를 실제로 이행하였는지에 대해서는 명확한 기록이 남아 있지 않다.[44]

주지하다시피 쿠빌라이는 즉위 후 베트남에 곧바로 강압적인 육사 요구를 제시하지 않았다. 이는 베트남이 이미 몽골에 '신속(臣屬)'한 상태임을 인

---

[42] 이때 고려는 본국지속(本國之俗) 이외에도 사신을 보내는 것 외에는 금하는 것과 출륙환도와 관련하여 고려의 상황에 따라 진행할 것, 국경지대에 있는 몽골군을 철수시킬 것, 다루가치 패로합반아(孛魯合反兒), 발돌로(拔覩魯)를 소환할 것, 몽골에 있는 고려인 10인의 소재를 밝힐 것을 요청한다. 이에 대해 쿠빌라이는 모두 수용하는 유화적인 정책을 유지하는데, 이것은 당시 뭉케의 급작스러운 사망 이후 아릭부케와의 전투에서 쿠빌라이는, 주도권이나 정통성의 측면에서 뒤지고 있었고, 이런 상황에서 고려의 태자였던 왕전(王典)이 자신을 만나러 오고 예물을 바친 사건은 자신의 정통성과 정당성을 높이는 데 좋은 계기였다. 『高麗史』卷25, 元宗 元年 八月 戊申.

[43] 宋代에는 베트남을 '交趾', 元代에는 주로 '安南'이라 적었으나 가끔 혼재되어 사용되기도 한다. 『元史』卷209,「安南傳」, 中統 元年.

[44] 『全書』, 辛酉 四年 宋景定 二年, 元中統 二年 夏 六月.

정하고 있었기 때문에, 우선적으로 유화적인 태도를 취했던 것으로 볼 수 있다.[45] 그러나 가장 큰 이유는 당시 쿠빌라이가 급작스러운 뭉케의 사망과 함께, 아릭부케와의 계승 전쟁을 치르고 있었기 때문이었다. 즉, 자신의 칸 위가 완전히 안정될 때까지 대외적으로 갈등을 최소화하고 주변국을 회유하려는 전략을 취했던 것이다. 그리하여 베트남에 대해서도 자국의 전통적인 관습을 유지하도록 허용하는 한편, 변경에서의 소요를 막고 안정적인 관계를 유지하려고 했다. 조서에는 명시되지 않았지만 자제의 파견 시 그들을 잘 보살피라는 지시 또한 이러한 회유책의 일환으로 볼 수 있다. 즉 쿠빌라이는 당시 국내외적인 정치적 제약으로 인해 베트남에 대한 압박도 일시적으로 유예한 것으로 해석할 수 있다.

이후에도 쿠빌라이는 베트남에 대해 강압적인 태도를 보이지 않았다. 1261년 베트남 측에서는 통시대부(通侍大夫) 쩐풍꽁(陳奉公, Trần Phụng Công), 원외랑(員外郎) 응우옌탐(阮琛, Nguyễn Thám)과 응우옌지엔(阮演, Nguyễn Diễn)을 사절로 파견하며 3년 1공을 청하였다. 이에 대해 쿠빌라이는 쩐 성종을 '안남국왕'으로 책봉한다. 『全書』에 따르면, 같은 해 몽골 사신 맹갑, 이문준이 베트남에 파견되었으며, 베트남 측 사신 쩐풍꽁이 원에 파견되었다고 기록되어 있다. 또한, 몽골이 베트남 군주를 책봉하며 서금(西錦) 3필, 금숙금(金熟錦) 6필을 하사하였다고 적고 있다. 그러나 『元史』「安南傳」에서는 책봉은 전해(1260)에 이루어졌으며, 하사품 지급은 1262년에 이루어졌다고 기록하고 있다. 이와 관련하여 「高麗傳」에도 1262년 8월, 고려에 대해 유사한

45 　『高麗史』卷25, 元宗 元年 4월 丙午條에서 쿠빌라이가 당시 서경(西京)에 머무르고 있는 왕전에게 그를 왕으로 임명하는 영지(슈旨)를 내리며 '지금 넓은 천하에 아직 신복(臣服)하지 않은 국가는 너희와 송뿐이다.'라고 한 점에서도 확인 할 수 있다.

물품을 하사했다는 기록이 남아 있다.

1262년 몽골은 베트남에 대해 다양한 요구를 제시하였다. 우선, 유학자(儒士), 의사(醫人), 점술가(陰陽卜筮)와 함께 수공업 장인 3명을 징발할 것을 요구하였으며, 조공 품목으로 소합유(蘇合油), 광향(光香), 금, 은, 주사(朱砂), 침향(沈香), 단향(檀香), 서각(犀角: 코뿔소 뿔), 대모(玳瑁: 바다거북의 등딱지), 진주, 상아, 면, 백자 등을 바치도록 하였다. 그리고 눌랄정을 다루가치로 임명하여 그가 호부를 차고 베트남에 가도록 명하였다.⁴⁶ 『全書』에서 그해 겨울인 11월, 원의 사신 마합부(馬合部) 등 10인이 베트남을 방문하여 경하례(慶賀禮)를 논의했다는 기록이 등장한다.

이후 1266년, 쩐 왕조는 즈엉안즈엉(楊安養, Dương An Dưỡng)을 사신으로 파견하여 표를 바쳤다. 이때 베트남은 수공업 장인의 징발 면제를 요청하였으며, 이는 몽골의 요구에 즉각 응하지 않고 보류를 요청한 것으로 볼 수 있다. 또한, 3년 1공과 관련하여 1263년 "전전지휘사(殿前指揮使) 팜끄디어(范巨地, Phạm Cự Địa), 쩐끼에우(陳喬, Trần Kiều)가 원에 사신으로 가자, 원 황제가 은혜롭게도 3년 1공을 허하였다."라고 기록하고 있다.⁴⁷ 그러나 「安南傳」의 기록에서는 동년 "원외랑(員外郞) 양안의(楊安養), 내령(內令) 무복환(武復桓), 서사(書舍) 완구(阮求), 중익랑(中翼郞) 범거(範擧)가 원에 사신으로 가 표를 바치며, '은혜'에 감사했다."라는 기록이 남아 있다.⁴⁸

쩐 왕조는 지속적으로 몽골에 사신을 파견하며 조공 관계를 유지하려 하였으며, 1261년 몽골이 '안남국왕' 책봉을 내린 이후 양국 관계는 큰 분쟁

---

46   『元史』卷209,「安南傳」, 中統 3年.
47   『全書』, 癸亥 六年 宋景定 四年 元中統 四年 春 正月.
48   『元史』卷209,「安南傳」, 元中統 四年.

없이 유지되었다. 다만 조공 관계의 의례와 절차가 체계적으로 확립된 것은 아니었으며, '조공무역' 형태도 나타나지 않았다. 특히 전통적인 중국 왕조와의 조공관계에서는 '회사(回賜)'가 있었으나, 몽골과 베트남 간에는 이러한 제도가 존재하지 않았다. 이 점에서 일부 연구자들은 몽골과 베트남의 관계가 전통적인 조공·책봉 관계와 다르다고 해석하고 있다.[49] 그러나 몽골이 베트남에 요구한 공물의 형태를 보면, 베트남이 과거 남송에 진상했던 품목들과 거의 동일하다.[50] 이를 고려할 때, 쿠빌라이는 즉위 이후 남송과의 전쟁을 앞두고 베트남과의 관계를 원만하게 유지하기 위해 남송과 베트남 간 외교 방식을 참고하여 그대로 준용했을 가능성이 높다.

그러나 이러한 몽골의 유화적인 태도에도 불구하고,『全書』1262년 3월 기록에 따르면, 쩐 왕조는 전쟁 물자와 전선을 점검하고 수전 진법을 훈련하였다. 같은 해 9월에는 사면령을 발표하되, 몽골과의 전쟁 당시 항복했던 이들은 사면에서 제외하였다.[51] 또한, 의복과 제례에서 중국의 복식과 풍습을 배제하는 조치를 취하는 등 몽골과의 관계에서 독자적인 정체성을 유지하려 하였다. 1253년 설치된 강무당을 통해 군사력을 정비하며 몽골과의 전쟁에 대비하는 움직임을 보였다. 즉 쩐 왕조는 겉으로는 몽골과 우호적인 외교 관계를 유지하는 것처럼 보였으나, 내부적으로는 철저한 군사적 대비와 반몽골 정서를 기반으로 한 강경한 정책을 시행하고 있었던 것이다.

베트남의 예상대로, 몽골의 통치가 점차 안정되어 감에 따라 베트남에 대한 요구도 점점 강해지고 따르기 어려운 수준으로 변화하기 시작했다.

---

49 高榮盛,『元代海外貿易研究』, 成都: 四川人民出版社, 1998, pp.113~114; 고명수,「즉위 초 쿠빌라이의 고려 정책」,『東洋史學研究』, 第141 輯2, 2017, p.26.
50 森平雅彦,「事元期高麗における在來王朝體制の保全問題」, p.136.
51 『全書』, 壬戌 五年 宋景定 三年, 元中統 三年 秋 九月.

1262년, 몽골은 눌랄정(訥剌丁)을 다루가치(達魯花赤)로 임명하고, 그에게 베트남과의 왕래를 위한 '호부'를 지급한다. 다루가치의 설치는 몽골이 베트남을 속지로 인식했음을 의미하며 이는 눌랄정의 파견과 함께 보낸 조서에서도 확인할 수 있다. 몽골은 조서에서 쩐 왕조에 대해, '경은 이미 귀순하여 신하가 되었으니'[52]라고 언급하며 베트남의 종속적 지위를 명확히 하였다. 다루가치로 임명된 눌랄정은 앞서 우량카다이가 보냈던 인물과 동일인물로 보인다. 다루가치(達魯花赤)는 원래 몽골이 정복한 지역에 파견한 행정 및 군사 감찰관을 의미하는데, 이는 몽골이 점령지를 통제하는 방식 중 하나였다. 한편, 쿠빌라이는 1263년 송 왕조 시기 창설된 '추밀원'을 부활시켜 모든 군사업무를 다루가치에 위임하였다. 이로 인해 기존에 독립적인 권한을 행사하던 몽골 사령관들의 반발이 발생하였으나, 쿠빌라이는 이를 일부 수용하여 그들에게 일정 권한을 재분배하는 방식으로 조정하였다. 그러나 기본적으로 쿠빌라이는 추밀원을 중심으로 권력을 집중시키고자 했다.

쿠빌라이 관할 군대 내 몽골군은 주로 기마병으로 구성되었으며, 한족으로 구성된 부대는 대부분 보병이었다. 70세 이하의 성인 남성이 징집 대상이었으며, 한인들은 군호로 편성되어 몽골군에 군사와 군수품을 제공하는 역할을 담당하였다. 몽골은 군사들에게 복무의 대가로 토지를 수여하였으며 비상시에는 이들이 징집되어 군사 원정에 동원되었다. 군량미는 군사들이 직접 부담해야 했기 때문에, 군호는 육체적·재정적 부담이 막대한 계층이 되었다. 이로 인해 몽골 제국 내에서 각종 부정부패가 발생하고, 하부조직에 대한 수탈이 만연하는 결과를 초래하였다. 한편, 추밀원은 수도 인

---

[52] 『元史』 券209, 「安南傳」, 中統 3年.

근 지역의 군정을 통제하였으며, 기타 지역의 군정은 대체로 자치적인 형태로 운영되었다. 몽골은 투항하여 속령이 된 정주지역의 국가에 대해서는, 공부(貢賦: 조공과 세금) 및 군사 협력 등의 의무를 따르는 한, 해당 지역의 통치를 토착 유력자에게 위임하고 직접적인 간섭은 최소화하는 정책을 유지했다. 그러나 이러한 자치적 운영이 원활히 유지되도록 감찰하고, 몽골의 지배력이 실질적으로 작동하도록 감독할 관리자의 역할이 필요했다. 이를 위해 다루가치를 각 지역에 파견한 것이다. 그들의 역할은 국가마다 세부적으로 차이가 있었을 것으로 보이지만, 기본적으로 호구 조사, 병력의 징발, 역참의 설치, 조세 징수, 중앙정부로의 공납 수송 등이었다. 이처럼 다루가치는 몽골이 정복한 지역을 간접적으로 통제하는 핵심적인 역할을 수행하였으며, 정복지의 정치·경제적 통제를 위한 중요한 기구로 기능하였다.

1265년, 몽골은 다루가치의 설치와 함께 원(元)의 정삭(正朔)을 따르도록 강요하였다. 이와 함께 '육사'라는 강력한 요구도 뒤따랐다.[53] 그러나 이에 대한 베트남 측 기록은 다소 상이하다. 『全書』에서는 눌랄정의 임명은 언급되지 않고, 1266년 눌랄정이 방문했을 때 "나는 예전 사신으로 파견되어 통호를 위해 보내져 솔선수범했다."라고 발언한 기록만 남아 있다.[54] 또한, 1265년 원의 정삭을 따르도록 강요하자, 베트남은 이듬해 즈엉안즈엉(楊安養, Dương An Dưỡng)을 사신으로 파견하였다. 이때 공납 문제, 학자와 수공업자 징발 면제를 요청하였으며, 특히 눌랄정을 다루가치로 임명해 줄 것에

---

53 고려는 1264년 대사성 한취(韓就)가 전년 10월 신년 하례를 위해 원에 왔다 돌아오면서 서역 비단 1필과 역서(曆書) 1권을 받아왔다. 이 역서는 중통 5년(1264)의 역서로 이것은 고려에게도 원의 정삭을 따르도록 지시한 것이다. 『高麗史』 卷26, 元宗 4年 10月.

54 『全書』, 丙寅 九年 宋咸淳 二年, 元至元 三年 二月.

대해 요청하고 있다.[55] 일부 몽골의 요구를 수용하는 모습이지만 공물 요구에 대해서는 거절의 의사를 표명하였다. 이는 베트남이 여전히 남송의 존재를 고려하며 몽골에 대한 종속을 거부하고, 외교적으로 균형을 유지하려 했던 전략적 대응으로 해석할 수 있다.

1264년, 쿠빌라이가 아릭부케와의 대립을 종식하면서 몽골 제국의 내부 권력 다툼이 정리되었다. 이후 쿠빌라이는 더욱 강한 압박을 고려와 베트남에 가하기 시작하였다. 고려의 경우, 베트남보다 더욱 강한 요구를 받았다. 1263년, 쿠빌라이는 고려에 요구한 '치우(置郵: 역참 설치), 적민(籍民: 호적), 출사(出師: 군사 출병), 윤량(輪糧: 군수물자 보급)' 등의 요구를 하였으나, 고려는 즉각적으로 이행하지 않았다. 이에 쿠빌라이는 노하여 회답 조서를 보내지 않는 방식으로 고려를 압박하였다.[56]

이듬해 아릭부케와의 전쟁이 마무리되면서 쿠빌라이는 고려 원종에게 '친조'를 요구하였다. 이는 몽골의 고려에 대해 1219년 이후 지속적으로 요구

---

55 『元史』 卷 209, 「安南傳」, 至元 三年 ; 『全書』에는 양안양(楊安養)과 함께 무환(武桓)도 함께 보낸 것으로 나오고 있다.

56 쿠빌라이는 1262년 조서에서 원종에게 어려운 때에 경계를 넘어 귀부하니 특별히 새롭게 책봉한 후 옛 봉토로 귀국시켰다고 하며, 그동안 고려가 요청한 것들을 들어주었음에도 이행하지 않고 속이고 있다 하며 '사소한 것도 어기는데 국가 간의 큰 문제에서 신의를 어찌 보장하겠는가?'라고 꾸짖고 있다. 또한, '무릇, 신부(新附)한 국가에 대해 조종(祖宗)이 이미 정한 바가 있으니 반드시 납질하고, 적민을 편찬하고, 치우(置郵)와 출사를 하며, 군량을 전하고, 조군을 대비하는 것이다. 지금 일찍이 납질을 한 것 외에는 이행한 것이 없다.'라고 하며 반드시 이를 이행할 것을 촉구하고 있다. 아울러 조공에 관해서도 '처음 마음처럼 전례에 따라 바쳐 영원히 관계를 돈독하게 하자.'고 하고 있다. 이때 쿠빌라이가 고려에 요구한 것은 대부분 '六事'의 요구 사항과 같은 것으로 당시 내부 정세가 안정되어 가던 쿠빌라이가 대외정책과 관련하여 점차 '복속국에 대해 조종이 정한 규칙'에 따라 고려에 대한 강압적인 요구를 시작한 것이다. 『高麗史』 卷26, 元宗 3年 12月.

했던 복속의 상징적 행위로서, 원종이 이를 이행함으로써 고려는 몽골에 대한 완전한 복속 상태에 들어갔다.⁵⁷ 고려가 친조를 받아들이면서 이제, 쿠빌라이의 압박은 베트남으로 향하게 되었다. 이는 곧 베트남에게도 더 강한 요구 사항과 압박이 가해질 것을 의미했다. 즉, 1264년 이후의 몽골은 남송 정벌을 본격화하기 위해, 기존의 동남아시아 정책을 재정비하며 베트남에 대한 통제를 강화하려 했던 것으로 볼 수 있다. 이를 통해 베트남은 점점 더 몽골의 요구를 직접적으로 맞닥뜨려야 하는 상황에 놓이게 되었다.

이후 쿠빌라이가 남송에 대한 전쟁을 재개하면서, 베트남에 대한 압박도 본격화되기 시작했다. 특히 1267년에는 몽골이 베트남에 대해 '육사'를 공식적으로 요구하였다. 이는 앞서 살펴본 바와 같이, 첫째, 군장의 친조(親朝), 둘째, 자제를 인질로 보낼 것, 셋째, 백성의 호적을 작성하여 보고할 것, 넷째, 군역을 제공할 것, 다섯째, 세부(稅賦)를 공출할 것, 여섯째, 다루가치를 파견하여 베트남을 통치하는 것 등이었다.⁵⁸ 이러한 요구는 몽골(원)에 대한 강력한 복속을 의미하는 것으로, 베트남 측으로서는 받아들이기 힘든 부분이었다. 또한, 『元史』「安南傳」에 따르면, 같은 해 11월 원(元) 세조(世

---

57 쿠빌라이는 '朝覲은 제후가 지켜야 할 규범이다. 내가 국가의 대업을 계승한 지 5년이 되었지만 전쟁을 치르느라 그럴 겨를이 없었다. 마침 서북지역의 제왕들이 무리를 거느리고 귀부하니 올해 조회에는 王公과 여러 제후를 上都에 모으기로 하였다. 그러니 경도 마땅히 역마를 타고 와 나를 알현하는 예를 거행하되 지체하지 말라.'라고 하고 있다. 이제 내부 안정을 찾고 모이는 자리에서 오래도록 고려가 이행하지 않은 친조에 대해 재차 요구하면서 이를 통해 자신의 정통성을 확보하려는 의도로 볼 수 있다. 『高麗史』卷26, 元宗 5年 5月.

58 四年九月, 使還, 答詔許之, 仍賜光昺玉帶・金繒・藥餌・鞍轡等物. 未幾, 復下詔諭以六事: 一, 君長親朝; 二, 子弟入質; 三, 編民數; 四, 出軍役; 五, 輸納稅賦; 六, 仍置達魯花赤統治之. 『元史』卷209, 「安南傳」과 『元史』卷6, 本紀6「世祖(三)」에도 '六事'에 대한 내용과 함께 동일한 내용이 나오고 있다.

祖) 쿠빌라이는 황자 후게치(忽哥赤)를 운남왕(雲南王)으로 봉하고 대리(大理), 선천(鄯闡), 교지(交趾) 등의 지역을 관할하도록 조치했다.[59] 그러나 『元史』 「世祖本紀」에서는 대리, 선천에 대한 내용은 있지만, 교지 즉 베트남에 대한 언급은 등장하지 않는다.[60] 이는 당시 남송이 여전히 존속하고 있었으며, 베트남과 몽골의 관계가 운남을 거쳐 이루어지고 있었기 때문으로 보인다. 몽골은 운남을 거점으로 남방으로의 진출을 모색하고 있었으며, 그 영향으로 동남아시아에 위치한 타이족 등의 민족이 대거 동요하였다. 이러한 변화는 베트남 남부 지역인 점성(占城)과 진랍(眞臘)에도 미쳤다. 게다가 주변국들의 잦은 침략으로 인해 베트남 내부에서도 이에 대한 대응이 필요했다. 이에 베트남은 원에 사신을 보내 주변 정세의 안정을 도모할 것을 요청하였다. 그러나 이 과정에서 원은 오히려 베트남에 대한 압박을 강화하려는 의도를 보였으며, 그 일환으로 1267년 황자 후게치(忽哥赤)를 운남으로 파견하였던 것으로 보인다.

또한, 1266년 『全書』에는 "동해에서 수군이 변경을 순찰하던 중 오뢰산(烏雷山)에 이르러 원이 침략하려는 시기를 알 수 있었다."[61]라는 기록이 등장한다. 이는 베트남이 원의 후게치(忽哥赤) 임명을 단순한 운남 지역 통치 조치가 아니라, 베트남 침공을 위한 사전 정지 작업으로 이해하고 있었음을 보여준다. 후게치(忽哥赤)가 운남왕으로 파견된 표면적인 이유는 동남아시아 일대의 정세 동요를 수습하고 지역을 안정시키기 위한 것이었다. 그

---

59 『元史』卷209, 「安南傳」에 '安南是月, 詔封皇子爲雲南王, 往鎭大理, 鄯闡, 交趾諸國.'이라 나오고 있다.
60 『元史』卷6, 本紀6, 「世祖(三)」에 '庚戌, 遣雲南王忽哥赤鎭大理, 鄯闡, 茶罕章, 赤禿哥兒, 金齒等處, 詔撫諭吏民.'이라 나오며, 베트남에 대한 언급이 나오고 있지 않다.
61 『全書』, 丙寅 九年 宋咸淳 二年, 元至元 三年 二月.

러나 동시에 그는 베트남 침공을 위한 기반을 다지는 역할도 담당하고 있었다. 베트남 측은 이에 몽골의 침공 가능성을 염두에 두고 군대를 정비하는 한편, 종실 자제들 가운데 무예에 뛰어나고 병법에 능통한 인물을 선발하여 군대 지휘를 맡겼다. 그러나 당시 베트남은 공식적으로 원의 요구에 대해 강하게 반발하지는 않았다. 1267년 "즈엉안즈엉(楊安養)이 원에서 돌아와 원 황제의 회답 예물을 가져왔다."[62]라는 기록이 있을 뿐, 원의 압박에 대한 구체적인 대응 조치는 언급되지 않고 있다. 이는 당시 베트남이 외교적으로 신중한 태도를 유지하면서도 내부적으로는 몽골의 침공에 대비하고 있었음을 시사한다.

1268년, 눌랄정을 대신해 후룬하야(忽隆海牙)가 다루가치로 임명되고, 장정진(張庭珍)이 부다루가치로 임명되었다. 이후 원은 회골(回鶻) 상인의 징발을 요구하는 조서를 내렸다.[63] 『全書』의 기록에 따르면, 1269년 12월 "후룬하야가 와서 변경의 일을 타일렀다."라고 언급되어 있다. 같은 달, 베트남은 사신으로 레다(黎陀, Lê Đà)와 딘꿍비엔(丁拱垣, Đinh Củng Viên)을 원에 파견하였다.[64] 『全書』에서는 이 사절의 목적에 대해 구체적으로 서술하고 있지 않으나 『元史』「安南傳」의 기록을 통해 추론해 보면, 당시 베트남 사절단은 원이 요구한 회흘(回鶻) 상인이 이미 사망했다고 보고한 것으로 보인다. 또한, 원의 요구를 직접 거절하는 대신 코끼리를 진헌하겠다고 제안함으로써 원의 요청을 우회적으로 거부하려는 의도를 보였다.[65] 그러자 원의 중서

---

62 『全書』, 丁卯 十年 宋咸淳 三年, 元至元 四年 秋 八月.
63 『元史』卷209,「安南傳」, 至元 5年.
64 『全書』, 己巳十二年宋咸淳 五年, 元至元 六年十二月.
65 『元史』卷 209,「安南傳」, 至元 6年; 『安南志略』卷14,「陳氏遣使」에는 1268년 대부(大夫) 범애(范崖)와 주람(周覽)이 파견되어 조공을 바친 일이 기록되어 있다.

성은 "진광병이 왕인의 예를 갖추지 않았다.'며 강한 불만을 표하며 '신중히 처신하라.'고 경고하였다.[66]

『元史』「장정진전(張庭珍傳)」에 따르면, 1269년 11월 후룬하야(忽隆海牙)를 대신하여 장정진(張庭珍)이 다루가치로 임명되어 베트남에 파견되었다.[67] 그는 베트남 측이 선 채로 조서를 받는 것에 대해 강하게 견책하였으며, 베트남이 여전히 남송과 결탁하고 있는 것에 대해서도 문제를 제기하였다. 당시 원의 100만 대군이 양양을 포위하고 있으며 곧 남송을 멸망시킬 것이라 위협하면서, 베트남이 원과의 관계를 분명히 할 것을 압박하였다.

이에 대해 쩐 왕조는 베트남 군주와 원의 사신 간 의례 문제를 언급하며, 조열대부와 왕 사이의 의례가 동등해야 한다고 반박하였다. 또한, 운남왕 토콘(脫歡)도 조정의 사신을 대할 때 동일한 의례를 취한다고 주장하였다. 이에 장정진은 "운남왕은 천자의 아들이다. 만이의 국가(邦)에 왕호를 주는 것과는 다르다."라고 일축하며, "천자는 자신을 '안남의 장(長)'으로 임명한 것이니 그 지위가 너보다 위에 있다."[68]라며 윽박질렀다. 이러한 장정진의 강경한 태도로 인해 베트남과 원이 무력 충돌 직전까지 가는 긴박한 상황이 조성되었다고 한다. 이와 같은 논쟁과 갈등은 『元史』「安南傳」과 『全書』에는 기록되어 있지 않으나, 1271년 「安南傳」의 기록에서 쩐 성종(진광병, 陳光昺)이 원에 보낸 답서가 등장한다. 답서에는 "사자가 왕인 및 그들 자신이 의례상 평등하다 주장하였다."[69]는 언급이 있어, 이전에 베트남을 방문한

---

66 『元史』卷 209,「安南傳」, 至元 8年.
67 『元史』卷167,「張庭珍傳」, 至元 5年.
68 『元史』卷167,「張庭珍傳」, 至元 5年.
69 답서에, '우리는 천조를 받들어 王爵을 받았으니 어찌 王人이 아닙니까?'라고 하며 이전 장정진과의 갈등에 대한 내용이 나오고 있다. 『元史』卷209,「安南傳」, 至元 8年

원의 사신들과 이 문제를 둘러싼 논의가 진행되었음을 알 수 있다.

또한, 베트남은 원의 조서를 정전(正殿)에서 봉인한 뒤 별실로 옮기는 관례에 대해 해명하면서, 이는 이전에 쿠빌라이가 허용한 '본국구례(本國舊例)'를 준용한 것이며, 자국의 전통적 관습구속(舊俗)에 따른 것이라 반박하였다. 더불어 유생, 의사, 장인의 징발 요구에 대해 레다(黎陀)가 듣지 못했다며, 이미 1263년 면제 받은 바 있음을 이유로 거절하였다.[70]

이처럼 당시 베트남의 태도는 몽골의 기본적인 요구에 대해서는 수용하되, 부당한 요구에 대해서는 최대한 거절한다는 것이었다. 특히 '친조'에 대해서는 끝까지 거절하는 모습을 보였다. 1271년『全書』에서는 '몽골이 국호를 대원(大元)으로 하고 황제의 친조를 요구하였으나, 병으로 인해 실행하지 않았다.'[71]라고 기록하고 있다. 이는 베트남이 건강상의 이유를 핑계로 몽골의 친조 요구를 거절하였음을 보여준다. 또한, 1275년에는 다루가치의 폐단에 대해 언급하며, 이를 폐지하고 대신 인진사(引進使)로 대체해 줄 것을 요청하였다. 이는 다루가치를 통한 직접적인 통치를 견제하고 보다 완화된 형태의 관리를 도입하려는 시도로 해석된다.

이듬해인 1276년 4월, 쿠빌라이가 강남을 평정 후, 하산하야(合撒兒海牙)를 보내 조민(調民), 조병(助兵) 등 육사를 다시 요구하였으나, 쩐 왕조가 이를 거절하였다고 기록하고 있다.[72] 이는 베트남이 여전히 원의 복속을 거부하고 있음을 보여주는 중요한 사례이다.

(1271).
70 『元史』卷209, 「安南傳」, 至元 8年(1271)에는 레중타(黎仲它, Lê Trọng Đà)로 나와 있다.
71 『全書』, 庚午 十三年 宋咸淳 六年, 元至元 七年 三月.
72 『全書』, 丙子 四年 宋德祐 二年, 元至元 十三年 夏 四月.

'친조' 요구 거절 이후, 몽골의 베트남에 대한 요구는 더욱 강경해졌다. 1273년, 원은 이원(李元)을 다루가치, 하산하야(合撒兒海牙)를 부다루가치로 임명하고, 재차 이전부터 논의되던 '왕인(王人)'과 '구속(舊俗)'에 대해 언급하며 경고하였다.[73] 이는 베트남이 조공 관계를 유지하면서도 실질적으로 몽골의 요구를 거부하고 있음을 원이 인지하고 있었음을 보여준다.

또한, 1275년 쩐 왕조는 원에 사신을 보내 다루가치 폐지를 공식적으로 요청하였다. 이때 베트남 측은 다음과 같이 호소하였다.

> 대국에 항복하여 복속한 지 10여 년이 지났으며 3년에 1번 조공을 바치나 사신이 해마다 오니 왕래가 힘들어 하루도 쉬지를 못합니다. 또한, 천조가 보낸 다루가치는 신의 영역에 힘들게 이르러 빈손으로 돌아가겠습니까? 하물며 그 수행인들도 힘에 기대어 소국을 능멸합니다."[74]

쩐 왕조는 다루가치의 설치가 부당하다는 점을 강조하며, "다루가치는 변경 만인의 소국에 두는 것인데, 신(베트남)은 이미 왕에 봉해진 제후국(藩屛)임에도 불구하고 다루가치를 두어 감독하니, 이는 다른 제후국의 웃음거리가 되지 않겠습니까?"라고 주장하며, 자신은 이미 원으로부터 왕작을 받

---

[73] 이때 중서성은 베트남이 조령을 받을 때 절을 하지 않는 것, 연회에서 사자보다 윗자리에 앉는 것과 관련하여 이전 '왕인'의 문제를 다시 언급하고 있다. 여기서 '왕인'에 대해 '제후의 위'에 있으며, 여기서의 왕인은 제후국의 군주가 아닌 천자의 사신을 가리킨다고 보고 있다. 때문에 왕작을 받은 제후와 왕인은 다른 것이며, 더욱이 왕인은 왕명을 받드는 자로, 그보다 더 위에 속한다고 하는 것이다. 또한, '구속(舊俗)'에 대해서 이전 조서에서 언급한 것은 수많은 나라가 있고 각각 풍토가 다르니 갑작스레 바꾸지 말고 불편한 점은 본국의 풍습을 따르라는 것이지만 어찌 천자의 조서에 절하지 않는 것을 예의라 하며 따르고 있는가라고 질책하고 있다. 『元史』卷209,「安南傳」, 至元 10年.

[74] 『元史』卷209,「安南傳」, 至元 12年.

은 국가이므로 다루가치의 감독을 받는 것은 옳지 않다고 재차 폐지를 요청하였다. 그러나 원은 이에 대해 응답하지 않고, 오히려 더욱 강하게 압박하였다. 원은 하산하야를 보내, 이전에 베트남이 보내온 조공품이 쓸모없는 것이라 지적하며, '육사'의 철저한 이행을 요구하였다. 특히 자제입질에 대한 강한 압박이 이루어졌다.

베트남은 몽골의 계속된 압박을 거절하면서도, 몽골이 남송 정벌을 마무리한 후 곧바로 베트남을 공격할 가능성이 높다고 인식하고 있었다. 실제로 1274년 『全書』에서는 몽골의 지속적인 남송 침략으로 인해 많은 송인(宋人)이 베트남으로 망명하고 있다고 기록되어 있다.[75] 이듬해에는 '원인(元人)이 변경을 돌아다니며 지세를 살피고 있다.'[76]는 역참의 보고가 들어왔다. 1276년, 몽골이 남송 정벌을 마무리하자, 베트남은 이에 대한 대응책을 강화하였다. 베트남 조정은 다오테꽝(陶世光, Đào Thế Quang)을 용주(龍州)로 파견하여 약을 사는 것처럼 가장하며 원의 동향을 탐색하도록 지시하였다.[77] 이 시기 베트남의 빈번한 사신 파견은 단순한 외교 목적이 아니라, 몽골의 내부 정세를 탐지하기 위한 전략적인 움직임이었다.

몽골은 남송 정벌이 마무리된 1276년부터 남방에 대한 통제력을 강화하기 시작했으며, 베트남에 대한 정책도 강경하게 선회하였다. 이에 따라 몽

---

[75] 망명자에 대한 세부적인 내용은 나오지 않지만 대략 몽골의 침략이 잦아지면서 재물과 가솔들을 실은 배 30여척이 라갈원(蘿葛原)을 표류하다 12월, 베트남의 수도에 이르렀다고 한다. 이에 그들을 가방(街坊)에 거하게 하니 스스로를 회계(回鷄)라고 불렀다고 한다. 대저 베트남이 송을 회국이라 불렀는데 이들이 송에서 나는 비단과 약재 등의 물품을 저자에서 팔았기 때문에 그렇게 칭한 것이다. 『全書』, 甲戌 二年 宋咸淳 十年, 元至元 十一年 冬 十月.

[76] 『全書』, 乙亥 三年 宋恭帝顯德祐 元年, 元至元 十二年 冬 十一月.

[77] 『全書』, 丙子 四年 宋德祐 二年, 五月以後 宋端宗景炎 元年, 元至元 十三年 春 二月.

골은 '육사'의 이행을 더욱 강력히 요구했다. 특히 1277년 쩐 태종의 사망 이후, 몽골은 이를 기회로 삼아 더욱 강력하게 개입하였다. 1278년 8월, 원 세조 쿠빌라이는 예부상서 시춘(柴椿)을 사신으로 파견하였으며, 이와 함께 베트남 사신 레칵푹(黎克復, Lê Khắc Phục)도 송환하였다. 예부상서를 직접 파견한 것은 몽골이 베트남 문제를 중요한 외교 사안으로 간주하고 있었음을 보여준다.

시춘은 강릉에서 옹주(邕州)를 경유하여 베트남으로 들어가는 새로운 이동 경로를 선택하였다. 기존에는 운남을 경유하던 방식이었으나, 몽골이 남송의 대부분을 점령하면서 이제는 광서(廣西)성이 베트남과의 접경지로 변모하였기 때문이다. 이에 대해 쩐 왕조는 기존의 운남 경로를 이용해달라고 요청하였으나, 시춘은 이를 거부하고 국경(界首)에서의 영접을 요구하며 고압적인 태도를 보였다.

1278년 12월, 베트남에 도착한 시춘은 쩐 성종(陳聖宗)과 회견하며 '육사(六事)'의 이행을 강력하게 요구하였다. 그는 특히 베트남이 직접 몽골에 와서 조공하지 않은 점을 문제 삼으며 '친조(親朝)'를 거부한 것에 대해 책망하였다. 또한, 몽골 황제에게 책봉을 요청하지 않고 독자적으로 왕호를 사용한 점을 비판하며 '왕(王)' 칭호 문제를 제기하였다. 더 나아가, 몽골이 남송을 멸망시킨 이후에도 베트남이 송과 긴밀한 관계를 유지한 점을 들어 '남송과의 내통 의혹'까지 제기하였다. 특히, 시춘은 몽골이 베트남을 철저히 복속시키려는 의지를 드러내며 고압적인 태도를 취했다. 그는 연회 장소 문제까지 개입하여, 성종이 주최한 연향(宴享)의 장소를 문제 삼고 집현전(集賢殿)에서 연회를 개최하도록 강요하였다. 또한, 베트남 측의 어떠한 설명도 일절 받아들이지 않으며 "조서(詔旨) 이외의 일은 듣지 않겠다. 우리가 이곳에 온 것은 물건을 취하려 함이 아니다."⁷⁸라며 이전보다 더욱 강력하게 베트남에 '친조'를 요구하고 있다. 시춘이 귀국할 때, 베트남에서 파견한 사신 찐딘또안(鄭廷瓚, Trịnh Đình Toản)⁷⁹을 옹주에 머물러 대기하게 한 후, 이후 구금하니 이는 베트남에 대한 압박을 강화하려는 의도로 보인다.

이에 대해, 『全書』에서는 '원의 황제가 태종의 붕어 소식을 듣고 우리를 도모하고자 시춘을 파견하였다. 이때 사신 려극복은 귀국하는 길에 송을 침공하던 원의 군대를 만나 호광(湖廣)을 경유하여 돌아오게 되었다. 그러다 시춘을 만나 함께 왔다. 쩐(陳) 황제가 멋대로 재위에 오른 것에 대해 책망하며 입조할 것을 명하였다. 황제가 이를 듣지 않고 찐딘또안(鄭廷瓚, Trịnh Đình Toản)과 도꾸옥께(杜國計, Đỗ Quốc Kế)를 원에 파견하였으나, 원에서는 찐딘또안을 구류하고 돌려보내지 않았다.'⁸⁰라고 기록하고 있다. 이처럼 강경해지는 몽골의 태도를 인지하고 있었으며, 가능한 원과의 직접적인 충돌을 피하려고 했다. 이에 따라, 쩐 성종은 다음과 같은 내용으로 입조를 거부하는 뜻을 밝혔다.

> 소신은 본디 체질이 연약하여 먼 길을 오가는 동안 병을 얻어 덧없이 죽을까 두렵습니다. 그렇게 되면 폐하께 슬픔을 안겨드릴 뿐만 아니라, 천조(天朝)에도 아무런 도움이 되지 않을 것입니다. 바라건대 폐하께서 작은 우리나라가 멀리 떨어져 있음을 헤아려 주십시오. 그리하여 신으로 하여금 환과고독(鰥寡孤獨)과 함께 생명을 보전하여 끝까지 폐하를 섬길 수 있도록 허락해 주십시오. 이것이야말로 소신에게 지극한 행복이 될 것이며, 작

---

78 『元史』 卷209, 「安南傳」, 至元 十五年.
79 『元史』 卷209, 「安南傳」에는 鄭國瓚으로 나와 있는데, 鄭廷瓚이 옳다.
80 『全書』, 戊寅 六年 宋景炎 三年, 五月以後 帝昺祥興 元年, 元至元 十五年 冬 十月.

은 우리나라의 백성들에게도 큰 복이 될 것입니다.[81]

시춘이 떠나자, 쩐 조정은 즉시 사신을 파견하여 친조 거부에 대한 사과의 서신을 전달하였다. 또한, 이전까지 진상을 거부하던 코끼리를 보내는 등 원의 요구를 일부 수용하는 태도를 보이며 갈등을 완화하려 하였다.

당시 원 조정 내부에서는 "베트남이 교묘한 언변으로 시간을 끌며 황제의 성지를 받들지 않으니 군대를 파견하여 그 죄를 물어야 한다."[82]는 강경한 의견도 제기되었다. 그러나 쿠빌라이는 즉각적인 군사 행동보다는 사신을 소환하여 수도 대도(大都)에서 자신을 알현하도록 하였다. 같은 해 11월, 쩐딘또안(鄭廷瓚)을 회동관(會同館)에 머물게 하면서도, 시춘 등 사절을 다시 베트남에 파견하여 재차 친조를 요구하였다. 만약 직접 입조가 어렵다면, 금인(金人)과 함께 현사(賢士: 현인), 방기(方技: 전문기술자), 자녀(子女: 귀족가의 자제), 공장(工匠: 수공업자)을 각각 2명씩 공출하라고 요구한 것이다. 이에 베트남은 원의 강압적인 태도에 대응하면서도 7월 코끼리를 진공하였고, 12월에 약재를 공납하는 등 유화적인 태도를 취하였다.

1279년은 남송과의 마지막 전투가 종료된 해였다. 아마도 몽골은 남송과의 최후 결전을 앞두고 베트남에 대한 압박을 일시적으로 완화한 것으로 보인다. 이를 파악한 베트남도 두 차례에 걸쳐 조공을 바치는 모습을 보이며 몽골과의 마찰을 줄이려 했다. 이는 단순한 공물 진상이 아니라, 사절을 파견하여 몽골의 내정을 탐지하고 동시에 강경한 태도를 완화시키려는 외교적 시도로 해석될 수 있다.

---

81 『元史』 卷209, 「安南傳」, 至元 十五年.
82 『元史』 卷209, 「安南傳」, 至元 十六年.

그러나 이러한 베트남의 노력에도 불구하고 결국 원(元)은 베트남의 사정을 무시하는 조치를 취하고 있었다. 1281년 쩐 왕조는 계속된 '친조' 요구에 대응하기 위해 종숙 쩐지아이(陳遺愛, Trần Di Ái)를 사신으로 파견한다.[83] 쩐 왕조가 이전까지 '친조'를 거부했던 점을 고려할 때, 종실(宗室)인 쩐지아이의 파견은 기존과 다른 조치였다. 이는 쩐 왕조가 더 이상 쿠빌라이의 '친조' 요구를 무시하기 어려운 상황에 처했음을 의미한다.

특히 1279년 남송이 몰락하면서 몽골의 압박이 심화되었으며, 1280년 8월에는 충렬왕(忠烈王)[84]의 친조를 수행하면서 고려가 몽골에 대한 종속적 관계를 더욱 공고히 하는 모습을 보였다. 이러한 정세 변화 속에서 쩐 왕조는 단순한 사신 파견만으로는 원의 압력을 완화하는 것이 어렵다고 판단했을 것이다.

베트남 사료에는 이러한 결정의 배경이 구체적으로 기록되어 있지 않지만 주변 정세의 변화가 쩐 왕조에 강한 압박으로 작용했음은 분명하다. 따라서 쩐 왕조는 종실인 쩐지아이를 파견함으로써, '친조' 요구에 대한 형식적 수용을 통해 몽골과의 마찰을 줄이고, 원과의 관계를 보다 안정적으로 유지하려 했던 것으로 보인다.[85]

---

83 『全書』에는 쩐지아이를 종숙이라 하고 있지만, 그는 쩐 태종의 동생이자, 성종의 숙부, 인종에게는 종조부가 된다. 『全書』, 辛巳 三年 元至元 十八年 春 正月.

84 고려 25대 왕으로 본명은 왕요(王睶)이며, 그의 부친이 원종(元宗)이다. 1274년 원 세조 쿠빌라이의 딸 제국대장공주(齊國大長公主)와 혼인하며 고려는 '부마국'이 된다.

85 이러한 종실의 정사(正使) 파견과 관련하여, 고려의 경우에도 종실이 파견된 경우가 대략 20여 건이 있으며, 대략 원종 시기가 8건으로 나오고 있다. 이러한 양상은 몽골 이전에는 보이지 않던 것이다. 이러한 종실 파견은 몽골과의 관계에서 사행의 격을 높이고 또한, 고려의 대외관계의 경험에서 몽골과의 관계 형성과 유지에서 수장 개인과 가문 간에 직접적인 관계라는 요소를 절충시킨 것이라고 볼 수 있다. 이와 관련하여, 이명미, 「元宗代 고려 측 對몽골 정례적·의례적 사행 양상과 그 배경 -1273(元宗 14)

그러나 원은 오히려 쩐지아이(陳遺愛)를 '안남국왕'으로 봉하고 함께 파견된 레묵(黎目, Lê Mục)과 레뚜언(黎筍, Lê Tuân)을 각각 한림학사(翰林學士)와 상서(尙書)로 임명하였다. 『元史』「安南傳」과 베트남에 보내는 국서 등을 살펴보면, 쩐 왕조의 군주를 '세자(世子)'로 지칭하고 있는 것은, 곧 원이 쩐 왕조의 왕을 정식 군주로 인정하지 않음을 의미한다. 또한, 같은 해 안남선위사(安南宣慰使)를 설치하고, 부얀투무르(卜顔鐵木兒)를 참지정사 겸 행선위사도원수(行宣慰使都元帥)로 임명하였다.[86] 이는 쩐 왕조를 인정하지 않고 베트남의 영토를 직접 지배하려는 의도를 보여주는 조치였다.

이에 쩐 왕조는 원에서 시춘(柴椿)을 파견하며 함께 쩐지아이(陳遺愛, Trần Di Ái)를 보내자 그와 원의 관직을 받은 두 사신은 도형에 처하였다. 그러나 시종일관 고압적인 태도를 취하며 베트남의 왕권을 무시하는 시춘에 대해서는 서사(犀兜: 물소뿔), 금은기, 향약 등의 물품을 진상하며 우호 관계를 유지하려 하였다. 이는 남송 멸망 이후, 기존의 수서양단(首鼠兩端)의 태도를 버리고 원과의 화친을 적극적으로 추진하려는 전략적 변화였다.

그러나 원은 남송을 평정한 상태였으며, 베트남에 대한 더욱 강경한 태도를 보이기 시작했다. 그 결과, 쩐지아이를 '안남국왕'으로 봉하고 '안남선위사'를 설치하는 등의 조치를 단행한 것이다. 또한, 1279년 베트남 정벌을 위한 전선(戰船) 건조와, 1281년 쩐지아이 호송을 위한 군대가 '신부군(新附軍)'으로 명명된 사실에서도, 원이 베트남을 침략하려는 의도가 명확히 드러난다. 그러나 베트남 원정은 즉각 이루어지지 않았으며, 이는 같은 시기 일본과 점성 정벌이 먼저 진행되었기 때문이었다. 결국 원의 베트남 원정

고려 측 賀册封使行 사례를 중심으로-」, 『한국문화』 69, 2015 참고.

86 『元史』 卷209, 「安南傳」, 至元 十八年.

은 몇 년 후에야 현실화되었다.

지금까지 뭉케 시기 베트남-몽골 전쟁 이후 양국 관계의 변천 과정을 살펴보았다. 뭉케의 급작스러운 사망과 함께 즉위한 쿠빌라이는 남송 정벌이 진척됨에 따라 베트남에 대한 대응 방식도 변화시켜 나갔다. 특히 '육사'로 불리는 몽골의 요구 사항이 점차 강압적으로 변해갔으며, 그중에서도 '친조(親朝)'의 이행을 강요하였다. 이후 양국의 교섭은 이 '육사'를 둘러싸고 진행되었다. 남송 평정이 완료된 후, 몽골은 베트남에 대한 더욱 강력한 압박 정책을 펼쳤지만, 베트남은 남송이 멸망하자 오히려 원에 우호적인 태도를 취하며 무력 충돌을 피하려는 전략을 보였다. 이에 몽골 역시 당장 베트남을 정복할 필요성을 느끼지 않았고, 대신 일본 원정(1281년)과 점성(占城, 참파) 공략을 우선 진행하였다.

그러나 점성 원정이 결국 베트남 침공의 단초가 되었다. 몽골의 제2차 베트남 침략은 이러한 배경 속에서 전개되었으며, 다음 장에서는 몽골의 두 번째 베트남 원정의 배경과 전개 과정을 고찰하고자 한다.

IV장. 쿠빌라이의 남해 경략과 베트남-몽골 전쟁의 개시

1. 제2차 침략의 배경과 전개

몽골 제국은 자신들의 권위와 지배 이념을 하늘에서 구했으며, '하늘의 대리자'라는 인식을 주변국 정벌의 명분으로 삼았다. 그러나 몽골 제국 성립 초기에는 이러한 사상이 대외 정복의 주요 동력으로 확립되지 못했다. 따라서 몽골은 '하늘의 대리자'라는 개념과 함께, '적대 행위에 대한 복수'라는 현실적인 명분을 병행하여 활용했다. 하지만 강력한 군사력을 바탕으로 점차 이 사상이 가장 중요한 원동력으로 자리 잡게 되었고, '모든 세상을 지배하라'는 사명감 아래 세계 정복에 착수하게 된다.[1] 이러한 사상은 칭기스 칸 이후 그의 후손들에게도 계승되었다. 카르피니는 자신의 기록에서, 당시 몽골이 세계 정복을 계획하며 서유럽과의 전쟁을 준비하고 있었으며, 그 이유가 '그들이 몽골에 복종하지 않았기 때문'이라고 서술했다. 이는 몽

---

1 『칭기스칸기』, p.312; 고명수, 앞의 논문, 2011, p.47.

골이 '하늘의 대리자'라는 인식과 세계관을 이미 강하게 지니고 있었음을 보여준다.[2] 이후 구육 칸이 로마 교황에게 '모든 지상을 지배하겠다'고 선언한 서신에서도 이러한 사상을 확인할 수 있다. 또한 몽골은 세계 정복을 추진하면서 외국 군주들에게 친조(親朝)를 요구하는 방식을 통해 완전한 복속을 강요했다.

쿠빌라이는 이러한 관념을 계승하여, 남송을 병합한 이후 베트남뿐만 아니라 동남아 및 인도양 해역의 여러 국가들에 대한 적극적인 공세에 나섰다. 그는 남송 병합 이전부터 이미 남해제국들의 존재를 인지하고 있었던 것으로 보인다. 『元史』「世祖本紀」에 따르면, '1273년, 황제가 최표(崔杓)와 찰술아압실한(紮術阿押失寒)에게 금 10만을 가지고 제왕 아불합(阿不合)과 함께 사자국(獅子國, 현재의 스리랑카)에서 약을 구해오도록 명했다.'는 기록이 있다.[3] 당시 원나라는 해로를 완전히 확보하지 못한 상태였기에, 쿠빌라이는 육로를 통해 훌레구 울루스로 사신을 파견하여 영약을 구해 오도록 했다. 이로 미루어볼 때, 원나라는 남송 병합 이전에도 남해제국들의 존재를 인지하고 교역을 시도했던 것으로 보인다.

남송을 병합한 직후, 쿠빌라이 정부는 남해 해상에 위치한 여러 국가들을 대상으로 초유(招諭)를 시작했다. 이러한 초유의 일차적 목적은 몽골의 고유한 세계관인 '온 세상을 지배하라'는 사명감에 기반한 것이었다. 남송 정복에 이어 남해제국까지 복속시킴으로써 몽골의 위상을 더욱 공고히 하려는 의도가 있었던 것으로 보인다. 아울러 현실적인 목표로, 오랫동안 강

---

[2] Christopher Dawson, *Mission to Asia*, University of Toronto Press, 1980, pp. 43~44; 김장구, 「플라노 드 카르피니의 『몽골인의 역사』에 보이는 몽골사 인식」, 『동국사학』, 49(0), 2010, pp.69~103.

[3] 『元史』卷8, 本紀8, 「世祖(五)」, 正月 庚午.

남 지역과 활발히 무역을 해온 남해제국들과의 관계를 확립하고자 했다. 이는 해외 무역을 확대하려는 쿠빌라이의 정책을 보다 효율적으로 추진하기 위한 전략적 판단으로 볼 수 있다.[4]

쿠빌라이가 남송을 병합한 직후, 본격적으로 남해제국을 대상으로 한 초유(招諭)에 나섰음을 보여주는 기록은 1278년 8월, 그가 행중서성(行中書省)의 소게투(唆都)와 포수경(蒲壽庚)에게 내린 조서에서도 확인할 수 있다. 여기서 그는 다음과 같이 언급했다.

> 동남 도서에 위치한 여러 번국들이 모두 의로움을 흠모하는(慕義) 마음을 가지고 있다. 그러므로 짐의 뜻을 선포하니, 진실로 내조(來朝)한다면 장차 그들을 총애하고 예우할 것이다. 또한, 우리와 왕래하며 교역하려는 자들에게는 각기 원하는 바를 허용할 것이다.[5]

이 조서를 통해 쿠빌라이가 우선적으로 남해제국들에게 '내조(來朝)', 즉 완전한 복종을 요구했으며, 이를 전제로 양국 간 자유로운 교역을 추진하려 했음을 알 수 있다.

쿠빌라이의 적극적인 초유 정책은 성과를 거두어, 이듬해인 1279년 8월 점성(占城)과 마팔아(馬八兒) 등 여러 국가가 원(元)에 사신을 보내 조공을 바쳤다. 이들이 진귀한 물품(珍物)과 상아 및 코뿔소 뿔(象犀) 등을 바치자, 원나라는 이에 대한 보상으로 은전(銀鈔), 의복(衣服), 비단(幣帛), 안장과 고삐(鞍勒), 활과 화살(弓矢), 양과 말(羊馬), 화폐(價鈔) 등을 차등을 두어 지급했다.[6]

---

[4] 고명수, 앞의 논문, 2011, p.245.
[5] 『元史』卷10, 本紀10, 「世祖(七)」, 八月 辛巳.
[6] 『元史』卷10, 本紀10, 「世祖(七)」, 六月 甲辰.

또한, 같은 해 12월에는 추밀원과 한림원의 관료들에게 조서를 내려, 중서성과 소개투와 함께 해외 여러 번국을 초유하는 방안을 논의하도록 하였다. 이후 원나라는 주변 여러 국가의 왕들에게 조서를 보내 초유를 시행하였다.[7]

몽골은 매년 동남아 및 인도양 해역 여러 나라에 사절을 파견하여 초유를 지속적으로 추진했으며, 이에 각국에서도 몽골에 사신을 보내 조공을 바치는 외교적 관계가 형성되었다. 그러나 앞서 언급했듯이, 남해제국에 대한 초유는 단순한 해외 무역 육성이라는 경제적 목적보다는 몽골이 지닌 '하늘의 대리자'라는 세계관에 근거한 것이었다. 이에 따라 몽골은 무엇보다도 완전한 '복속'을 요구했으며, 이는 각국에 보낸 국서에서도 명확하게 드러난다.

면국(緬國, 오늘날의 미얀마)에 대해서도 쿠빌라이는 1273년 2월, 카마랄시리(勘馬剌失里)와 키타이토인(乞觝脫因)을 사절로 파견하였다. 해당 조서의 내용을 살펴보면 다음과 같다.

> 나라가 비록 멀리 떨어져 있더라도 차별 없이 평등하게 대우하며, 모두를 동일하게 아끼노라. 이제 다시 감마랄실리(勘馬剌失里), 예부랑중 걸대탈인(乞觝脫因), 공부랑중 부사 소운실(小云失)을 보내 왕에게 이를 깨우치노라. 성실하게 사대의 예를 다하고, 자제와 고위 신료를 보낸다면, 우리 국가의 도의(道義) 아래 두텁고 영구한 우호를 맺어 평안을 얻을 것이다. 그러나 만약 전쟁이 벌어진다면, 누구에게도 유리한 일이 되지 않을 것이니 왕은 심사숙고하기 바란다.[8]

---

7 이전부터 동남아시아 여러 국가들에 대한 초유가 이루어졌으나 당시 구람(俱藍, 인도 서부) 등의 국가들이 귀부하지 않자 재차 이를 논의하고 있던 것이다. 『元史』 卷10, 本紀10, 「世祖(七)」, 十二月 丙申.

8 『元史』 卷210, 列傳第97, 「緬傳」.

조서에서는 면국이 몽골에 파견한 사절 개박(价博)을 통해 면국 왕이 내조(來朝)의 뜻을 품고 있음을 알게 되었다고 전하며, 자제(子弟) 입질(入質)과 함께 내조를 권유하고 있다.[9] 이는 몽골이 면국을 복속시키려는 의도를 명확히 드러내는 대목으로, 사대(事大) 관계를 확립하고자 한 쿠빌라이의 전략이 반영된 것이라 할 수 있다.

베트남에 대해서도 몽골은 다음과 같이 선포하였다.

> 조종(祖宗)께서 법을 세운 이후로, 무릇 여러 나라들이 귀부(歸附)해 왔다. 스스로 내조(來朝)한 자들은 그 백성들이 예전과 같이 평안하게 살도록 하였으나, 항거하며 복종하지 않은 자들은 모두 멸망하였다.[10]

또한, 1291년 유구(瑠求, 오늘날의 류큐)에 대해서도 다음과 같은 조서를 보냈다.

> 강남을 수복하고 안무한 지 이미 17년이 지났다. 해외의 모든 번국들 가운데 신속히 귀부하지 않은 곳이 없다. 오직 복건(福建) 경계에 가까운 유구만이 한 번도 귀부하지 않았다. 어떤 이들은 즉시 군을 보내야 한다고 청하였으나, 짐은 조종이 세운 법을 고려하여, 본래 내부(內附)하지 않은 국

---

9 至元 8年(1271) 대리 지역과 선천 지역을 관할하는 선위사도원수부에서 걸태탈인(乞觶脫因) 등을 미리 면국에 보내 내부를 청한다. 그러나 면국왕 나라티하파테(那羅諸阿波特, ᠊ᠠᠠᠠᠠᠠᠠᠠᠠᠠᠠᠠ)는 원의 사절을 만나기를 거부하고 이후 개박(价博)을 사절로 보낸 것이다. 여기서 실질적으로 면국왕이 귀부의 뜻이 있었는지는 알 수 없으며, '(개박이) 우리 대국의 사리를 보고 싶어한다'라고 나오는 것을 보아 개박의 원 방문 목적 중 하나는 면국왕의 요청에 따라 원에 있는 사리를 직접 보고자 함이었음을 알 수 있다. 『元史』 卷210, 列傳第97, 「緬傳」.

10 『安南志略』 卷2, 大元詔制 至元 二十八年諭世子陳詔.

가에 대해서는 먼저 사신을 보내 초유(招諭)하고, 만약 내조하면 이전과 마찬가지로 평안케 하였으나, 그렇지 않으면 반드시 정복하였다.[11]

이처럼 몽골은 주변국들에게 먼저 완전한 복속을 요구한 점이 주목된다. 동남아 및 남해 국가들과의 관계에서도 '하늘의 대리자'라는 몽골의 정통성과 권위를 인정하는 것이 필수적인 선결 조건이었으며, 철저한 복속이 이루어지지 않으면, 무력 정복을 감행할 것임을 명확히 했다.

이러한 '하늘의 대리자'라는 인식의 연장선에서 쿠빌라이는 베트남에 대해 완전한 복속의 상징적 표현인 '친조(親朝)'의 이행을 요구하였다. 그러나 베트남이 이를 거부하자 점차 강압적인 태도를 보이기 시작했다. 쩐 왕조 역시 남송 멸망 후, 이전까지 유지하던 수서양단(首鼠兩端)의 태도를 버리고 원(元)에 대해 보다 적극적으로 화친하려는 정책을 추진하였다. 비록 친조 요구에는 응하지 않았으나, 왕자이자 종실인 쩐지아이(陳遺愛, Trần Di Ái)를 사신으로 파견하는 등 몽골에 우호적인 태도를 보이려 했다. 그러나 쿠빌라이는 이를 받아들이지 않았다.

오히려 1281년, 원(元)은 베트남 측이 보낸 종실을 '안남국왕(安南國王)'에 봉하면서도 이를 강압적인 방식으로 활용하였다. 특히, 그를 베트남으로 호송하기 위해 편성된 군대를 '신부군(新附軍)'이라 명명한 점, 그리고 원의 사신 시춘(柴椿)의 태도 등을 고려할 때, 이는 단순한 외교적 승인 이상의 정벌 의도가 내포되어 있었음을 보여준다. 즉, 원은 베트남을 사실상 정복 대상으로 간주하고 있었던 것이다. 이에 대한 구체적인 내용은 이후 다시 설명하겠다.

---

11 『元史』卷210, 列傳第97,「瑠求傳」.

이렇듯 몽골은 베트남에 대한 강력한 압박을 지속하며 출병 의도를 드러냈다. 그러나 실제 베트남 원정은 즉각 이루어지지 않았고, 1285년에 이르러서야 성사되었다. 이는 남송 멸망 이후 베트남이 보다 유연한 외교 전략을 펼친 영향이 컸던 것으로 보인다. 또한, 당시 몽골이 베트남 정벌보다 일본과 점성(占城) 원정을 우선시했던 점도 주요한 요인이었다.

쿠빌라이는 1274년 고려에 일본 원정을 명하고, 몽골인 킨두(忻都)를 봉주경략사(鳳州經略使)로 임명하여 원정을 총지휘하도록 하였다. 또한, 고려군민총관(高麗君民總管) 홍차구(洪茶丘) 등 여러 장수들과 둔전군(屯田軍), 여진군 등을 합세시켜 총 1만 5천여 명의 병력을 900척의 선박에 태워 일본으로 출정하도록 명령했다. 이때 고려인 김방경(金方慶)도 동남도도독사(東南道都督使)로 임명되어 고려군을 통솔하였다.[12]

그러나 군사적으로 우세했던 몽골군은 예기치 못한 기후적 요인으로 인해 큰 타격을 입었다. 강한 바람과 높은 파도로 인해 상당수의 배가 난파되고 좌초되면서, 결국 일본 원정은 실패로 돌아갔다. 당시 불어 닥친 강풍은 늦가을(晩秋)부터 초겨울(初冬) 사이 일본 근해에서 자주 발생하는 대형 태풍 중 하나였다. 이 태풍으로 인해 몽골군의 주요 선박인 천료주(千料舟), 발도로경질주(拔都魯輕疾舟), 금수소주(汲水小舟)[13] 등이 침몰하고 말았다. 특히, 몽골 측의 요구로 불과 6개월 만에 900척의 배를 급조하는 과정에서 조제람

---

12 흠도(忻都, 또는 홀돈[忽敦])는 지원 8년(1271)에 이미 고려에 와서 진도의 삼별초의 난을 김방경과 함께 평정하였다. 이후 지원 10년에 그는 정온(鄭溫), 홍다구(洪茶丘)와 함께 탐라로 가서 재차 삼별초의 난을 진압했다. 『元史』卷210, 列傳第97, 「日本傳」, 至元 11年; 『元史』卷8, 本紀8, 「世祖(五)」, 至元 11年 三月 庚寅; 『高麗史』世家卷第27, 元宗 15年 1月.

13 선박의 종류로 각각 천료(料: 크기와 적재량의 단위)급 대형 선박, 빠른 전투선, 금수용 소형선박을 가리킨다.

조(粗製濫造), 즉 조잡한 제작이 이루어졌던 점도 원정 실패의 원인 중 하나로 작용했을 것이다.[14]

쿠빌라이는 1차 원정 실패 후, 다시 일본 침공을 계획하였다. 1275년, 그는 두세충(杜世忠)을 선유일본사(宣諭日本使)로 임명하고, 고려를 경유하여 일본으로 파견하였다. 그러나 일본 가마쿠라(鎌倉) 막부는 이를 거부했을 뿐만 아니라, 두세충을 비롯한 사신들을 참수하였다. 이후 남송 정벌이 종식되자, 쿠빌라이는 다시 일본 정벌을 시도하였다. 1280년, 그는 정동행성(征東行省)을 설치하고 2차 일본 원정을 감행하였으나, 이번에도 태풍으로 인해 결국 실패로 돌아갔다.

『元史』「日本傳」에는 일본 원정에서 돌아온 우창(于闇)의 술회(述懷)가 실려 있다. 이를 살펴보면, '오랜 (전쟁) 후에 막청(莫靑)과 오만오(吳萬五)가 돌아왔는데, 10만의 무리 중 돌아온 자가 단 세 사람이었다.'[15]라고 기록되어 있다. 이는 다소 과장이 섞였을 가능성이 크지만, 일본 원정이 얼마나 참혹한 실패로 끝났는지를 여실히 보여주는 대목이라 하겠다. 이 패배 이후에도 쿠빌라이는 일본 정벌을 포기하지 않았다. 1283년, 아탑해(阿塔海)를 정동행성의 승상으로, 철리첩목아(徹里帖木兒)를 우승, 유아발도아(劉二拔都兒)를 좌승으로 임명하고 군사를 다시 모집하였다. 이와 함께 배를 건조하며 또다

---

14 이러한 선박 건조 요구와 관련, 至元 11년 1월 원에서는 총관 찰홀(察忽)을 보내 전함 300척의 건조를 전라도와 탐라 두 곳에서 할 것을 명하고 그에게 감독하게 했다. 또한, 이에 필요한 공장, 일꾼과 물자 등을 모두 고려가 부담토록 했다. 이로 인해 당시 고려는 일꾼 30,500명을 징집하여 조선소로 보내 선박 건조를 시작했으나 공사 기한이 촉박하고 양식의 부족으로 큰 어려움이 있었다. 그럼에도 6월 16일(7.21) 대선과 소선 합쳐 900척을 건조했음을 중서성에 알리고 있다. 이때 만든 전선은 변산반도와 나주 천관산 지역의 목재를 활용해 만든 전선, 공격선, 급수선으로 4개월 반 만에 완성한 것이다. 『高麗史』世家卷第27, 元宗 15年.

15 『元史』卷208, 列傳第95, 「日本傳」.

시 일본 정벌을 준비하였다. 그러나 회서선위사(淮西宣慰使) 앙길아(昂吉兒)가 백성들의 피로를 고려하여 전쟁을 중단할 것을 진언[16]하자, 쿠빌라이는 일본 정벌을 일시적으로 유보하였다. 그 대신, 그는 이전부터 미뤄두었던 베트남 정벌에 다시 초점을 맞추기 시작하였다.

베트남에 대한 원정은 일본 원정의 종식과 함께 단행된 것이라 할 수는 없다. 오히려 몽골의 점성에 대한 경략의 연장선이라고 보는 것이 타당하다. 다만 지리적인 위치를 고려했을 때 몽골이 베트남이 아닌 점성 정벌을 우선한 것은 흥미로운 일이다. 이를 이해하기 위해서는 쿠빌라이가 왜 점성을 주목하게 되었는지에 대해 먼저 살펴보아야 하며, 앞서 살펴본 쿠빌라이의 남해 정책을 재검토할 필요가 있다.

당시 남해 무역은 당(唐)대 이후 활성화된 해상 루트를 통해 이루어지고 있었다. 중국의 광주(廣州)와 천주(泉州)에서 출발한 선박들은 베트남 중부의 점성을 경유하여 동남아시아 각지로 나아가는 경로를 취했다. 이러한 무역 네트워크 속에서 통킹만에 위치한 베트남은 10세기 이후 중국 해양 교역의 중심지로 부상하였다. 북송(北宋) 시기에는 광주(廣州) 상인들이 베트남으로 와서 직접 교역을 했으며, 남송(南宋) 시기에는 베트남과 남송을 오가는 선박이 끊이지 않았다고 한다. 송대 동남 연해 지역과 베트남 사이에서는 활발한 무역이 이루어졌다.[17] 특히, 리(李) 영종 시기에는 외국 상인들과의 교류를 더욱 확장하기 위해 번돈(雲屯, Vân Đồn)을 무역항으로 건설하였다.

---

16 『元史』卷208, 列傳第95, 「日本傳」.
17 1079년 북송 신종 시기 베트남과의 전쟁 이후 이전에 행해지던 베트남에 대한 무역 제한이 규모와 빈도 부분에서 확대되었다. 이것은 남송대에서도 이어져 당시 흠주와 염주에서 행해지던 해상 교역뿐만 아니라 옹주 영평채에서 육로를 통한 교역도 이루어지고 있었다.

번돈은 단순한 교역항이 아니라 동·서양 교역뿐만 아니라 동남아 대륙부와 해양부를 연결하는 중요한 거점으로 가능하였다. 자바, 시암(태국) 등의 여러 국가의 상선들이 오늘날의 하롱만에 위치한 이곳으로 모여 교역을 활발히 전개하였다. 또한, 번돈을 통해 바익당(白藤)강을 따라 베트남의 내륙으로 진출하여 견직물, 도자기, 수공업 제품 등이 거래되었다.[18] 홍강 델타의 번돈(雲屯)뿐만 아니라 베트남 중부의 응에안(義安) 역시 상선들이 집결하는 중심지로 기능하였다. 이 두 지역은 남중국과 라오스, 점성, 진랍(眞臘, 캄보디아)을 연결하는 중요한 결절점이었다.

그러나 이처럼 활발한 양상을 보이던 베트남을 통한 해상 교역이 점차 감퇴하는 모습을 보인다. 이에 대해 일본의 학자 모모키 시로(桃木至朗)는 앙코르 왕조가 롭부리(Lopburi)를 거점으로 동남아시아, 인도, 서아시아를 연결하는 타이만(Thai Gulf) 해역으로 진출하면서 남해 교역에 적극적으로 참여한 것을 주요 원인으로 지적하였다. 이로 인해 베트남 남단 항구의 중요성이 감소하는 한편, 점성이 새로운 해상 교역 중심지로 부상하게 된다.[19] 이는 쿠빌라이가 점성을 전략적 목표로 삼은 배경을 설명하는 중요한 요소가 된다.

『安南志略』에서도 '중국의 상선과 바다를 왕래하는 외국 상선들이 모두 이곳(占城)에 모여 급수하니 남방 제일이 되었다.'[20]라고 기록하고 있다. 이는 남송 후반기에 점성과의 무역 비중이 증가하면서 베트남과 점성의 위상

---

[18] Nguyen Van Kim, Nguyen Manh Dung, "Truyền thống và hoạt động thương mai của người Việt -Thực tế lịch sử và nhận thức", Nghiên cứu lịch sử số 8, 2007, p.24; 桃木至朗,『中世大越國家の成立と變容』, p.134.

[19] 桃木至朗,『中世大越國家の成立と變容』, p.143.

[20] 『安南志略』卷第1, 邊境服役.

이 역전되었음을 여실히 보여주는 대목이다.²¹ 쿠빌라이는 중국에서 인도 및 페르시아 만을 경유하여 유럽까지 연결되는 남해 무역로를 장악함으로써 해상제국으로 발돋움하려 했다. 이를 위해 말라카해협을 거쳐 인도양으로 진출하는 노선을 확보하는 것이 필수적이었으며, 안정적인 기항지의 확보 또한 중요한 과제였다.

남송 정벌을 완수한 후, 쿠빌라이는 송의 해상 기술을 흡수하며 자신의 해양 패권 구상을 실현시키려 했다. 이러한 전략 속에서, 지정학적 요충지인 점성(占城)은 반드시 필요했다. 이에 따라 1278년, 점성의 왕 인드라바르만 5세가 원에 귀부하려는 뜻을 밝히자, 쿠빌라이는 좌승 소게투(唆都)에게 호부(虎符)를 내려 그를 점성군왕(占城郡王)에 책봉하게 하였다.²² 이러한 조치는 점성을 원의 해상 전력에 편입시키려는 쿠빌라이의 구상이 반영된 것이며, 이를 통해 원은 남해 무역로 장악을 위한 발판을 마련하고자 하였다.

이와 함께, 쿠빌라이는 고려, 베트남의 사례와 마찬가지로 점성에도 친조(親朝)를 요구하였다. 즉, 1279년 병부시랑(兵部侍郎) 교화적(敎化的), 총관(總管) 맹경원(孟慶元), 만호(萬戶) 손승부(孫勝夫)와 소게투(唆都) 등이 사절로 파견되어 점성 국왕에게 친조를 요구하였다. 이듬해인 1280년, 인드라바르만 5세는 사절을 보내 진공하고 표문을 올려 항복하였다. 이를 통해 양국 간 친조 요구와 논의, 그리고 절충이 긴밀히 진행되었을 것으로 추측할 수 있다. 이에 쿠빌라이는 1282년, 점성국의 군주가 신속(臣屬)의 뜻을 밝힌 것을 계기로 소게투(唆都)에게 점성행성을 설치하도록 하고, 아릭카야(阿里海牙)를 행성의 평장정사(平章政事)로 임명하였다. 이는 단순한 외교적 조치가 아니라,

---

21   조원, 「쿠빌라이 시기 安南과의 외교교섭」, 『東洋史學硏究』 第154輯, 2021, p.109.
22   『元史』 卷210, 列傳第97, 「占城傳」.

몽골이 점성을 실질적으로 지배하려 했음을 의미하며, 점성행성을 기점으로 남해제국으로의 진출 및 무역 루트 장악을 목표로 한 정책이었다.

그러나 이러한 몽골의 군사적·경제적 압박에 대해 새로이 국정을 장악한 점성의 왕자 하리짓(補的)은 강하게 저항했다. 그는 몽골의 군사적 공격에 대해 충분히 방어할 수 있을 것이라 판단했다. 더 나아가, 하리짓은 당시 사신으로서 샴국(暹國, 태국)에 파견되었던 만호(萬戶) 하자지(哈耆只), 천호(千戶) 황보걸(黃普傑)의 배와, 마팔아(馬八兒, 오늘날의 말레이 또는 인도네시아 지역)로 파견되었던 선위사(宣慰使) 우영현(于英賢), 아란(阿蘭) 등의 배가 항해 도중 점성에 잠시 정박하자 이들을 구류해 버렸다.[23] 이에 대해 쿠빌라이는 "연로한 왕(인드라바르만 5세)은 죄가 없다. 명을 거역한 것은 그의 아들과 한 만인의 소행일 뿐이다. 이 두 사람을 잡으면, 조빈(趙彬)의 사례를 따라 백성은 한 사람도 죽이지 않겠다."[24]라고 하며 점성 정벌을 명령하였다. 이는 쿠빌라이가 점성 왕가 내부의 분열을 활용하여 하리짓을 제거하고, 점성을 원의 완전한 지배하에 두려는 전략이었음을 보여준다.

원 조정은 즉시 소게투(唆都)에게 명하여 강회(江淮), 절강(浙江), 복건(福建), 호광(湖廣) 등지에서 군사 5,000명과 선박 100척, 전선 250척을 동원하여 점성 정벌을 감행하도록 하였다.[25] 이에 따라, 소게투가 이끄는 점성행성[26] 군

---

23 『元史』卷210, 列傳第97,「占城傳」.
24 조빈(趙彬)은 북송(北宋)의 장수로, 975년 남당(南唐)을 정벌할 당시 송 태종(宋太宗)의 명을 받아 항복하는 자들에게 최대한 온화한 태도를 보이며, 불필요한 살육을 피하는 방식으로 항복을 유도한 것으로 유명하다. 남당 멸망 후, 송 태종은 남당의 마지막 황제 이욱(李煜)을 포로로 삼았지만, 조빈의 지도하에 백성들에게 큰 피해를 주지 않는 방식으로 점령을 마무리하였다. 즉, 조빈은 '백성을 보호하면서 전쟁을 끝낸 사례'로 평가된다. 『元史』卷210, 列傳第97,「占城傳」.
25 아마 이때 참여한 군사의 대부분이 남송 원정 후 몽골군에 흡수되었던 수군이었을 것

대는 광저우(廣州)를 출발하여 점성항(占城港, 현재 베트남 동남안 꾸이년 지역)에 도착한 후, 해안을 따라 정박하였다. 점성 국왕은 몽골군이 습격하자 신하들과 함께 산악지대로 후퇴하며 목성을 수리하는 한편, 약 2만 명의 병력을 동원하여 전투를 준비하였다. 몽골군이 투항을 권유하자, 하리짓은 '목성을 수리하고, 무기도 준비되었으니 시기를 정해 전쟁을 할 것을 청한다.'[27]라고 응수하며 완강한 항전 의지를 보였다. 이렇게 몽골과 점성 간의 전쟁이 시작되었다.

점성은 내부적으로 몽골과의 전투를 준비하는 동시에, 주변국에 원군을 요청하였다. 그 대상국은 베트남뿐만 아니라 진랍과 자바(闍婆) 등 동남아시아 주요 국가들이었다.[28] 이는 점성이 몽골의 침공을 동남아시아 전체의 위협으로 간주하고, 지역 내 연합을 통한 공동 방어를 모색했던 것으로 볼 수 있다. 남해 무역의 요충지인 점성의 저항은 몽골이 남해로 확장하려는 계획에 있어 중대한 장애물로 작용하였다. 점성은 말라카 해협으로 연결되는 해상 무역로의 핵심 거점이었으며, 몽골이 이를 장악하지 못하면 동남아시아 전역에 대한 지배력 확보도 어렵게 될 상황이었다.

한편, 동남아시아 주변 국가들의 입장에서는 점성이 몽골의 남하를 저지하는 '방패' 역할을 수행하고 있었다. 만약 점성이 무너질 경우, 이후 몽골

이라 여겨진다. 이와 관련하여, 向正樹, 「モンゴル・シーパワーの構造と變遷」를 참고. 『元史』卷12, 本紀第12, 「世祖(九)」, 至元 十九年, 六月 戊戌.

26 至元19年(1279)에 설치되었으며 阿里海牙가 荊湖占城行省平章政事로 임명된다. 이를 통해 당시 쿠빌라이가 점성 공략 후 형호와 점성을 하나로 아우르는 행성기구를 설치하려 했던 것을 알 수 있으며, 점성 다음으로 베트남에 대한 공격을 염두에 두고 있음을 예상할 수 있다.
27 『元史』卷210, 列傳第97, 「占城傳」.
28 『元史』卷210, 列傳第97, 「占城傳」.

의 군사적·경제적 압력이 자신들에게도 확대될 것이라는 점을 인식하고 있었던 것이다. 따라서 동남아시아 여러 국가들은 자국의 안전을 보장하고, 몽골의 남진을 저지하기 위해 점성에 대한 적극적인 지원에 나섰다. 이는 단순한 군사적 원조뿐만 아니라, 정보 공유, 군수 지원, 해상 교역망을 통한 자원 제공 등 다양한 형태로 이루어졌을 가능성이 크다.

결과적으로, 점성의 저항은 단순한 지역적 분쟁이 아니라 몽골의 남해 패권을 둘러싼 동남아시아 전체의 이해관계가 얽힌 중요한 전쟁으로 확대되어 갔다.

인드라바르만 5세와 하리짓 태자의 끈질긴 항전이 계속되자 소게투(唆都)의 몽골군은 점성의 낯선 지형과 기후에 적응하지 못하고 어려움을 겪었다. 이에 따라 소게투는 급히 본국에 원군을 요청하였고, 이에 쿠빌라이는 즉시 원군을 파견하였다. 그러나 이들 원군은 몽골(원)에 대한 충성심이 부족했던 데다 점성으로 향하는 과정에서 대규모 이탈이 발생하면서 흩어지고 말았다. 몽골군은 도주자들을 붙잡고, 새롭게 병력을 징집하려 했으나, 이는 상당한 시간이 소요되는 문제였다. 이러한 상황 속에서 소게투는 일시적으로 베트남과 점성의 국경지대로 이동하여 병력을 재정비하였다. 한편, 수군을 이끌고 점성 원정을 지원하려던 쿠토쿠(忽都虎)는 몽골군과 합류하기 위해 해상에서 항해를 계속했지만, 태풍을 만나 표류하게 되었다. 결국, 쿠토쿠의 수군은 부득이하게 철수하여 중국으로 돌아갈 수밖에 없었다. 이러한 일련의 사태로 인해, 소게투는 한동안 베트남과 점성의 국경 인근에서 병력을 재정비하며 다음 전략을 모색할 수밖에 없었다. 점성 원정은 예상보다 훨씬 난항을 겪게 되었고, 몽골의 군사적 우위가 무력화되는 상황에 놓이게 되었다.

점성(占城)에 대한 몽골(원)의 공략이 난항을 겪으면서, 1283년 원 조정은 새로운 지원군을 파견하기로 결정하였다. 이에 쿠빌라이는 아릭카야(阿里海牙)를 형호점성행성평장정사(荊湖占城行省平章政事)로 임명하고, 한군(漢軍) 7,000명과 신부군(新附軍) 8,000여 명을 이끌고 점성으로 가서 소게투(唆都)의 군대를 지원하도록 하였다. 쿠빌라이가 아릭카야를 형호점성행성의 평장정사로 임명한 것은 단순한 군사적 조치가 아니라, 내륙인 형호행성과 점성행성을 결합하여 정벌의 자원과 병력을 안정적으로 조달하려는 전략적 의도였다. 또한, 육로를 통한 추가 지원 경로 확보를 위해, 형호 지역에서 출발한 군대가 베트남을 경유하여 점성에 도달하는 전략을 추진하였다. 「安南傳」에서는 다음과 같이 기록하고 있다.

> 1283년, 황제가 아릭카야(阿里海牙)를 형호점성행성평장정사(荊湖占城行城平章政事)로 임명하고, 점성을 토벌할 때 교지(交趾, 베트남)에게 이를 위한 군대와 군량미를 준비하도록 하였다.[29]

즉, 쿠빌라이는 점성 원정을 위해 베트남에게 남진(南進)을 위한 통로 제공과 함께, 군대 및 군량미 지원을 요구하였다. 이는 기존의 해상 침공 방식에서 벗어나, 육로와 해상을 병행하는 새로운 전략으로 점성을 공략하려는 시도였다. 결국, 몽골은 형호행성을 거점으로 한 육로 침공과, 소게투가 주도하는 해상 침공을 동시에 추진하며 점성 정복을 위한 대규모 작전에 돌입하였다.

원 측의 점성 토벌 지원 요구에 대해, 쩐 왕조는 중량대부(中郎大夫) 딘칵

29　『元史』卷209, 「安南傳」, 至元 20년 7월.

티에우(丁克紹, Đinh Khắc Thiệu)와 중대부(中大夫) 응우옌다오혹(阮道學, Nguyễn Đạo Học)을 사절로 파견하였다. 이들은 쩐 왕조에 원의 사자로 온 악주(鄂州)의 다루가치 조구(趙翥)와 함께 입조하여 쿠빌라이를 알현하였다. 조구는 쩐 왕조 측에 점성 토벌을 위한 군대 및 군량미 제공을 요구하는 원 황제의 교지를 전달하는 임무를 맡고 있었다. 쩐 왕조는 원 조정의 요구에 대해 다음과 같은 내용으로 된 베트남 황제의 서신을 올렸다.

> 점성이 우리를 섬긴 지 오래되었습니다. 그래서 선왕은 덕으로 그들을 품고자 하였습니다. 고자인 저 역시 부친의 뜻을 따르고 있습니다. 아버지가 천조(天朝, 元)에 귀순한 이후부터 30년 동안 무기를 사용하지 않아, 군졸들이 이미 농민이 되어 버린 지 오래입니다. 이는 첫째, 천조에 대한 공물을 바치기 위함이며, 둘째, 군비를 해제함으로써 마음에 다른 뜻이 없음을 보이기 위함입니다. 바라건대, 황제 폐하께서 이 점을 헤아려 불쌍히 여겨 주시길 바랍니다. 식량 지원과 관련하여, 우리 소국은 지세가 바다를 끼고 있어, 오곡이 풍부하지 않습니다. 더욱이, 대군이 돌아간 후 백성들이 유랑하고, 자연재해까지 겹쳐, 아침에 배부르면, 저녁은 굶어야 할 정도로 식량이 충분하지가 않습니다. 그러나 황제 폐하의 명을 감히 따르지 않을 수 없으니 흠주 경계 지역의 영안주(永安州) 일대에 군량을 집결시켰다가 적절한 시기를 살펴 이를 바치겠습니다.[30]

쩐 왕조는 든든한 방패 역할을 해주었던 남송이 이미 무너진 상황에서 점성까지 원에 의해 점령될 경우, 자신들의 입장이 더욱 불리해질 것임을 잘 알고 있었다. 따라서 원의 지원 요청을 가능한 한 거절하고자 하는 의도를 지니고 있었다. 반면, 점성과의 관계에서는 병력 2만, 배 500척을 보내

---

[30] 『元史』卷209, 「安南傳」, 至元 20年 11月.

는 등 적극적으로 협력 관계를 유지하고자 하였다. 원래 베트남과 점성은 끊임없이 전쟁을 벌이던 사이로, 1252년에는 쩐 태종이 직접 친정하여 점성을 공격한 바 있다. 이후 베트남은 점성과 조공 관계를 맺기도 하였지만, 몽골의 세력이 점점 강대해지며 남방까지 확장되자, 일시적으로 휴전하고 공공의 적에 대응하고자 하였다. 점성에 대한 쩐 왕조의 원조는 앞서 언급했듯이, 점성이 몽골의 침략을 받으면서 진랍(眞臘)과 자바 등의 국가에 원조를 요청한 것에 대한 응답의 형태를 취하고 있었다.

덧붙여, 베트남은 몽골의 지속적인 친조 요구에 대해서도 건강과 상중임을 이유로 다음과 같이 거절하고 있다.

> 고자(孤子)인 저에게 직접 궁궐에 와 폐하의 가르침을 받으라 명하셨습니다. 그러나 제 부친이 살아 계실 때는 천조(天朝, 원)에서 이를 거론하지 않으셨습니다. 이제 부친이 작고하여, 저는 고자로서 복상(服喪) 중이라 아직도 슬픔이 가시지 않아 정상적인 생활을 하지 못하고 있습니다. 더욱이 저는 멀고 궁벽한 곳에서 자라 추위와 더위를 견디지 못하고, 다른 환경에도 익숙하지 않습니다. 험난한 여정을 견디지 못하여 노상에서 갑작스럽게 죽을까 걱정스럽습니다. 게다가, 우리 신하들이 천조와 왕래할 때도 나쁜 기운에 감염되어, 때로는 10명 중 5, 6명이 병들고, 심하면 절반 이상이 사망하는 경우도 있습니다.[31]

이처럼 몽골은 지속적으로 베트남에 대해 '친조'를 요구했으나, 베트남이

---

31 『元史』卷209,「安南傳」. 베트남에서는 元世祖 至元 20년(1283), 원에 사신을 연달아 파견하여 쩐 왕조의 상황을 전하였다. 또한 원 군대의 진군유예(進軍猶豫)를 위해 노력하는 한편, 방어를 위한 준비에도 착수하였다. 이에 대해 『全書』卷5,「陳紀」에, "(紹寶五年) 冬十月, 帝親率王侯, 調水步軍習戰. 進封興道王國峻爲國公, 節制統領天下諸軍, 使擇軍校有將才者, 分統部伍."이라 기술되어 있다.

이에 응하지 않자 이에 대한 응징을 위한 군사적 경략을 준비해 갔다. 그러나 베트남 또한 몽골의 군사 움직임을 예의주시하고 있었다. 1283년 7월, 이전에 원에 사신으로 파견되었던 중품(中品) 호앙부렌(黃於令, Hoàng Vu Lệnh)과 내서가(內書家) 응우옌쯔엉(阮章, Nguyễn Chương)은 원 태자 아합(阿合)과 형호점성행성 아릭카야(阿里海牙)와 접촉하였다. 이 과정에서 원이 각지에서 병력을 동원해 총 50만 대군을 편성하고 있으며, 이를 통해 베트남 침공을 계획하고 있다는 사실을 확인하였다. 『全書』에 따르면, 1282년 8월, "양강수신(諒江守臣) 양위(梁尉)가 보고하길, 우승상 소게투(唆都)가 50만 대군을 이끌고 점성으로 가는 길을 빌려 달라고 요청했으나, 이는 실제로 베트남을 침략하기 위한 것이다."[32]라고 기록되어 있다. 즉, 몽골이 점성 공략을 빌미로 삼아 베트남까지 침공할 의도를 가지고 있음을, 베트남 측도 이미 감지하고 있었다. 남송이 멸망한 이후, 몽골과의 전쟁은 단지 시기의 문제일 뿐이었다.

1281년, 원의 '친조' 요구에 대한 대응으로 쩐 왕조는 종실(宗室) 쩐지아이(陳遺愛, Trần Di Ái)를 사절로 파견하였으나, 원 조정은 그를 '안남국왕(安南國王)'으로 책봉하였다. 이에, 베트남은 즉각 반응하여, 함께 파견되었던 사신 레묵(黎目, Lê Mục)과 레뚜언(黎荀, Lê Tuân)이 각각 한림학사(翰林學士)와 중서령(中書令)에 임명되어 시춘(柴椿)과 함께 귀국하자, 곧바로 쩐지아이와 관련된 자들을 처벌하였다. 쩐지아이(陳遺愛)는 천장고갑병(天長犒甲兵), 레묵(黎目)과 레뚜언(黎荀)은 송병(宋兵)으로 강등되니, 이는 도형을 받고 군대 내 하급 계급으로 강등된 것이다.[33] 『全書』에서는 쩐지아이가 '안남국왕'으로 책봉되

---

32 『全書』, 壬午 四年, 元至元 十九年 秋 八月.
33 『全書』, 壬午 四年 元至元 十九年 六月.

자 쩐 왕조에서 그를 '노후(老侯)'로 강등했다고 기록하고 있다.[34] 그가 본래 왕위를 탐했는지는 불분명하지만, 『安南志略』에 따르면, 시춘(柴椿)과 함께 귀국할 당시 몽골의 신부군(新附軍) 1,000명이 그를 호위하였고,[35] 베트남 국경에 이르자 그는 한밤중에 몰래 탈출하여 먼저 베트남으로 들어갔다고 한다.[36] 이를 고려하면, 그는 몽골에 의해 일방적으로 왕에 책봉되었으며, 귀국 후 처벌을 받을 것이 두려워 도주했을 가능성이 크다. 그러나 원의 책봉이 그의 의도와 무관했더라도, 쩐 왕조는 시춘이 귀국하자마자 그에게 무거운 처벌을 가하며 몽골의 개입을 용납하지 않겠다는 입장을 분명히 하였다.

전쟁을 앞두고 쩐 왕조는 다양한 계층의 인사들을 소집하여, 전쟁에 대한 결의를 다지는 한편, 전략을 논의하고 군사 체제를 정비하였다. 쩐 인종은 양위(梁蔚)의 보고를 받은 후 빈탄(平灘, Bình Than, 오늘날의 Hải Hưng성)으로 행차하는 것처럼 위장하여 왕후 및 모든 백관을 소집하였다. 이 자리에서 인종은 원의 침공이 임박하였음을 알리고, 이에 맞설 계책을 논의하며, 각자의 요새를 수비할 것을 명령하였다.[37]

이 과정에서, 원의 1차 침입 당시 공을 세웠던 쩐 성종의 양자인 쩐카인즈(陳慶餘, Trần Khánh Dư)가 부도장군(副都將軍)으로 임명되었다. 그는 원래 한때 실각한 인물이었다. 과거 인혜왕(仁惠王)으로 봉해졌으나, 쩐꾸옥뚜언(陳

---

[34] 『全書』, 辛巳 三年 元至元 十八年 春 正月.
[35] 『元史』卷11, 本紀11「世祖(八)」
[36] 이때의 정황에 대해 『安南志略』 卷3 「大元奉使」에서는, "至元 十八年, 加授柴椿行安南宣慰都元帥, 李振副之, 領兵送遺愛就國. 布延特穆爾爲達魯花赤, 至永界, 國人弗納, 遺愛懼, 夜先逃歸."라 전하고 있다.
[37] 『全書』, 壬午 四年 元至元 十九年 冬 十月.

國峻)의 며느리인 천단공주와의 부적절한 관계로 인해 처벌을 받았고, 쩐 인종은 처음에는 그를 사형에 처하려 했으나, 그의 재주를 아깝게 여겨 찌린(至靈, Chí Linh)38으로 유배하였다. 이후 그는 숯을 팔며 생계를 유지하고 있었는데, 이런 그가 갑자기 군에 복귀하게 된 것이다.

『全書』에 따르면, 빈탄 회의가 열리던 날, 갑자기 조수가 물러가고 바람이 일더니 석탄을 실은 배 한 척이 도착했고, 그 위에 초립을 쓰고 짧은 베옷을 걸친 쩐카인즈가 타고 있었다. 이를 본 성종이 그를 불러 사면하고, '부도장군(副都將軍)'으로 임명하였다. 이는 죄인의 몸이었던 쩐카인즈가 이러한 우연한 상황을 이용하여 전쟁 참여 의사를 밝힌 것이며, 몽골과의 전쟁을 앞둔 쩐 왕조 역시 그를 사면하고 중용한 것으로 보인다. 이후, 홍도왕 쩐꾸옥뚜언(陳國峻)이 국공에 임명되자, 쩐카인즈는 그의 휘하에서 번돈(雲屯, Vân Đồn)을 방어하고, 쩐꾸옥뚜언은 반끼엡(萬劫, Vạn Kiếp)을 방어하는 임무를 맡았다.

같은 해 말, 원군이 국경에 이르자, 상황 성종은 전국의 부로를 지엔홍(延洪)전에 소집하고, 그들과 함께 음식을 나누며 몽골과의 전쟁 전략을 논의하였다. 그가 몽골과의 전투에 대한 의견을 묻자, 모든 부로들이 '싸우자!'라고 한목소리로 외쳤으며, 그 함성이 마치 만 명이 동시에 외치는 것 같았다고 전해진다.39 빈탄(平灘, Bình Than)과 지엔홍(延洪)전에서의 회의에 대해 응오씨리엔(吳士連)은 "성종은 백성들을 살피며 그들을 아끼는 마음을 지니고 있었다. 백성들 역시 회의의 결정 사항을 전해 듣고 감격하여 더욱 분발하려 하였다."40라고 평가하였다. 이처럼, 지엔홍 회의는 단순한 군사 전략

---

38 오늘날 Hải Dương 지역.
39 『全書』, 甲申 六年 元至元 二十一年 秋 八月.

회의가 아니라, 전 국민적 단결을 이루는 중요한 정치적, 군사적 회합이었다. 이를 통해 쩐 왕조는 민중의 각 계층들을 중시하는 태도를 보였으며, 몽골과의 전쟁에서 국민적 역량을 결집하려는 전략적 움직임을 취하였다.

쩐 왕조는 국난 속에서 민중들의 역할이 매우 중요하다고 판단하였으며, 특히 전쟁 상황 중에서 가노(家奴)의 역할이 매우 높이 평가되기도 했다. 몽골과의 전투에서 중요한 역할을 했던 쩐꾸옥뚜언(陳國峻)은 "홍학이 그 어느 새보다 높이 날 수 있는 것은 6개의 날개 깃털 때문이다. 만약 이것이 없다면 다른 새들과 같아질 것이다"라고 말했다.[41] 이러한 발언은 몽골과의 전투에서 자신을 보필한 가노 야상(野象)과 갈교(歇驕)를 칭송하는 것이었다. 그는 그들이 끝까지 자신을 믿고 기다려 무사히 배를 타고 퇴각할 수 있도록 하였던 것을 높이 평가하였다. 또한, 전쟁 수행 과정에서 이러한 가노들뿐만 아니라 지역 주민들 또한 몽골이라는 공동의 적 앞에서 목숨을 걸고 저항하였다.

몽골의 베트남 정벌 의도가 점점 명확해지자, 베트남 역시 이에 대한 대비를 서둘렀으며, 『全書』에 따르면 1283년 10월 황제가 직접 전쟁 준비에 나서 군대를 정비하고 전투 연습을 실시하였고, 이후 쩐꾸옥뚜언을 국공으

---

40 응오씨리엔(吳士連)은 연홍전에서의 행동에 대해 "적이 침략하여 국난이 일어나니 두 황제가 군신과 회의를 함에 어찌 막을 방책이 없어서 부로에게 물었겠는가?"라고 하며 이러한 행위는 다만 사기를 진작시키기 위한 것이라 하고 있다. 『全書』, 甲申 六年 元至元 二十一年 十二月.

41 당시 쩐꾸옥뚜언은 방하(旁河), 다향(茶鄕), 안생(安生), 용안(龍眼) 등에서 모은 군사 20만을 반끼엡((萬劫)에 모으고 이를 통솔하여 몽골의 군대와 대치했다. 이때 가노 중 야상(野象)은 그를 따르고 헐교(歇驕)는 배진(擺津)에서 배를 지키고 있었다. 몽골 군대에 밀려 배를 지키기 어려웠음에도, 헐교는 쩐꾸옥뚜언이 돌아올 것을 믿고 끝까지 기다렸고, 쩐꾸옥뚜언은 산을 따라 퇴각하던 중 배진에 이르러 헐교의 배가 기다리고 있음을 보고 이를 타고 퇴각했던 것이다. 『全書』, 甲申 六年 元至元 二十一年 十二月.

로 삼아 모든 군을 통제하게 하며, 여러 재장(才將)들에게 대오를 정비할 것을 명령하였다.**42** 또한, 앞서 서술한 바와 같이 베트남은 몽골의 점성 정벌을 위한 지원 요청을 거절하고, 오히려 점성 측에 군사와 전선을 지원하였으나, 이 사실이 몽골의 경주안무사(瓊州安撫使) 진중달(陳仲達)에 의해 탐지되었고, 이에 베트남은 즉시 몽골에 다음과 같은 내용의 서신을 보냈다.

"점성은 우리의 내속국입니다. 대군이 토벌함에 마땅히 슬퍼해야 하나 우리는 어떠한 말도 내지 않았습니다. 대저 천명과 인륜은 소국 역시 잘 알고 있습니다. 지금 점성이 반역을 하고 잘못을 고치지 않고 있으니 하늘을 알고 사람을 아는 자라 할 수 없을 것입니다. 하늘을 알고 사람을 아는데 어찌 하늘을 모르고 사람을 모르는 자와 함께 모의하겠습니까? 비록 삼척동자라도 그 잘못됨을 아는데 하물며 우리나라는 어떻겠습니까? 바라건대 행성에서 잘 판단해 주십시오."**43**

하지만 베트남과 몽골 사이의 전쟁은 몽골의 점성에 대한 경략으로 말미암아 촉발되고 만다. 주목할 점은 베트남이 전쟁 과정 중 격렬하게 저항을 하면서도 한편으로 계속 사신을 파견하여 사태의 완화를 도모하려 노력하고 있다는 점이다. 1285년 진남왕(鎭南王) 토콘(脫歡)의 군대가 출병한 당시 몽골은 베트남의 사신에게, "군병을 물리고 길을 열어라. 그 후 진남왕을 맞이하여 함께 점성 토벌을 의논하자."**44**라고 말하고 있다. 만일 이에 응하지 않으면 공격을 강행하겠다고 엄포를 놓고 있다. 이에 대해 베트남은 군

---

42 『全書』, 癸未 五年 元至元 二十年 冬 十月.
43 『元史』卷209, 「安南傳」, 至元 二十一年.
44 『元史』卷209, 「安南傳」, 至元 二十二年.

량을 봉헌하겠다고 청하였고, 몽골도 군량을 준비한 후 친히 진남왕을 영접하라고 하고 있다.

베트남과 몽골 사이의 2차 전쟁은 몽골이 점성을 정벌하는 과정에서 베트남이 군사적 지원과, 군량, 선박 제공을 거부한 것이 직접적인 원인이었다. 그러나 베트남은 몽골이 점성을 정복한 후 결국 자국으로 진군할 것이라는 사실을 잘 알고 있었기 때문에, 몽골의 점성 정벌을 저지할 필요가 있었다. 이에 따라 몽골과의 직접적인 충돌을 피하면서도, 전략적으로 대응하는 방안을 모색하였다.

몽골군이 베트남 영내에 접근하자, 베트남은 몽골의 요구를 일부 수용하는 듯한 태도를 보이며 점성 정벌을 위한 군사와 군량을 지원하겠다고 밝혔다. 이는 몽골과의 관계를 최대한 완화하려는 전략전 유화정책이었다. 하지만 몽골이 지속적으로 요구한 '친조' 요청에 대해서는 끝까지 거부하는 입장을 견지하였다. 몽골군을 이끌던 토콘(脫歡)이 베트남의 국경 지역인 옹주(邕州)에 도착하여, 쩐 왕조에 국왕이 친히 진남왕(鎭南王)을 영접할 것을 요구하였으나, 베트남은 이를 거부하고, 대신 선충대부(善忠大夫) 응우옌득즈(阮德興, Nguyễn Đức Dư)와 조청랑(朝請郎) 응우옌반한(阮文翰, Nguyễn Văn Hān)[45]을 대신 파견하고 있다.

몽골 역시 점성 정벌이 예상보다 순조롭지 않자, 베트남의 협조가 절실

---

[45] 이에 대해 『安南志略』 卷14 陳氏遣使에 이들을 보내 군대를 진남왕에게 군사를 멈출 것을(止師) 청하게 했다고 나오고 있다. 이후 진남왕이 경내로 들어와 노이방(內傍)관을 침범하자 그는 기뻐하며, 조속한 귀부를 청했으나 쩐 왕조에서 이를 받아들이지 않자, 그가 문의후 진수완을 꾀어 가솔을 이끌고 귀부하게 했다고 나오고 있다. 이후 원으로 간 응우옌반한을 중순대부 귀화강로선무사(中順大夫, 歸化江路宣撫使)에 임명하고 있다

해졌고 이에 따라 다소 유화적인 태도를 취하였다.「安南傳」에 따르면, 베트남은 몽골군에게 쿠빌라이가 이전에 보낸 조서 내용을 상기시키며 군대의 퇴각을 요청하였다. 베트남 측은 쿠빌라이가 과거 베트남 영내로 군대를 진군하지 않겠다는 조서를 내려준 바 있다고 주장하며, 현재 몽골군이 옹주까지 진군한 것은 베트남에 큰 위협이 되고 있으니 은혜를 베풀어 군대를 철수해 달라고 요구하였다. 이에 대해 토콘(脫歡)은 "군대를 일으킨 것은 점성 때문이지 안남(安南) 때문이 아니다."[46]라고 응답하며, 베트남이 이번 전쟁의 직접적인 대상이 아님을 강조하였다. 그러나 몽골은 지속적으로 베트남의 복속을 요구하며 정복을 시도하였고, 다만 베트남의 백성들이 전쟁을 피해 유랑하는 상황을 우려하는 베트남의 요청에 따라, 몽골군이 백성을 살해하거나 약탈하지 못하도록 조치하겠다고 언명하고 있다. 이는 베트남 측이 요청한 '백성이 전쟁의 혼란에서 벗어나게 해 달라.'는 요청에 대한[47] 형식적인 대응이었다.

몽골은 베트남의 대응을 주시하며 베트남의 태도에 따라 향후 전략을 수립하려 하였다. 이와 더불어 베트남 역시 전쟁을 피하기 위해 다양한 외교적 시도를 지속하였다. 1284년 11월에는 쩐키엠푸(陳謙甫, Trần Khiêm Phụ)를 원의 형호점성행성(荊湖占城行省)에 파견하여 몽골군의 진격을 늦춰 줄 것을 요청하였다.[48] 또한, 이듬해에는 쩐 성종의 누이인 안뜨(安姿, An ư)공주를 토콘(脫歡)에게 보내 몽골과의 긴장을 완화하고 국난을 지연시키려 하였다고 『全書』는 기록하고 있다.[49]

---

46   『元史』卷209,「安南傳」, 至元 二十二年.
47   『元史』卷209,「安南傳」, 至元 二十二年.
48   『全書』, 甲申 六年 至元 二十一年 冬 十一月. 이때 쩐키엠푸와 함께 쩐낀(陳鈞)이 형호점성행성으로 가는 것으로 『安南志略』에 나오고 있다.

그러나 베트남은 몽골의 위세에 굴복하지 않고, 끝까지 저항 의지를 꺾지 않았다. 1285년, 몽골 장수 우마르(烏馬兒)가 이끄는 군대가 반끼엡(萬劫, Vạn Kiếp)[50]과 파라이(普賴, Phả Lại)산[51]을 공격하자, 이에 맞서 베트남군이 방어에 나섰으나, 몽골군의 압도적인 전력에 밀려 패하여 흩어지게 되었다. 우마르(烏馬兒)의 군대가 이후 자럼(嘉林, Gia Lâm), 부닌(武寧, Vũ Ninh), 동응안(東岸, Đông Ngàn, 오늘날 Bắc Ninh성에 속한 현) 등지를 연이어 공격하던 중, 많은 베트남군을 포로로 잡았는데, 이때 붙잡힌 병사들의 팔에 '살달(殺韃)'이라는 문신이 새겨져 있었다고 한다. 이는 당시 베트남인들이 몽골의 침공에 대해 품고 있던 적개심을 엿볼 수 있게 한다.

이처럼 결연한 항전의 자세를 보이는 한편, 전쟁을 유예하고 몽골군의 허실을 탐지하기 위해 지속적으로 외교적 시도를 감행하였다. 몽골군이 베트남 영내로 진입한 직후에도 지후국수(祗候局首) 도칵쭝(杜克終, Đỗ Khắc Chung)을 사신으로 파견하여 협상을 시도하였다. 그러나 몽골군이 철수를 고려할 의사가 없자, 베트남은 즉각 방어 태세를 갖추고 전쟁을 준비했다. 당시 쩐꾸옥뚜언(陳國峻)은 노이방(內傍, Nội Bàng, 오늘날의 박장[Bắc Giang]성)에서 몽골군과 대치하고 있었다. 이에 몽골군은 군사를 물리고 길을 열라고 요구하였으나, 쩐꾸옥뚜언은 이를 단호히 거부하였다. 이에 몽골군은 6갈래로 나누어 베트남의 군대를 공격하였고, 이에 맞선 베트남군은 1,000여 척의 전선을 반끼엠(萬劫)에 배치하여 결사 항전을 펼쳤다. 그러나 몽골군의 거센 공격을 막아내지 못하고 결국 패퇴하고 말았다.

---

49 『全書』, 乙酉 七年 九月以後 重興 元年, 元至元 二十二年 二月.
50 오늘날의 하이즈엉(Hải Dương)성 찌린(Chí Linh)시 반이엔(Vạn Yên)마을이다.
51 하이즈엉(Hải Dương)성 찌린(Chí Linh)시 파라이(Phả Lại)마을에 있는 산이다.

당시 우마르(烏馬兒)는 베트남군이 새긴 문신으로 인해 대단히 분개하고 있었으며, 이러한 상황에서 쩐 왕조의 사신이 몽골 진영을 통과하여 북으로 향하는 것은 매우 위험한 일이었다. 그러나 사신으로 선발된 도칵쭝(杜克終)은 '신이 비천하고 재주가 없으나 (그럼에도) 가기를 청합니다.'[52]라며, 위험을 감수하고 적진으로 가는 것을 주저하지 않았다. 몽골군의 진영에 도착한 도칵쭝은 우마르를 만나게 되었고, 우마르(烏馬兒)는 그를 심문하며 베트남 군주의 무례함을 지적하고 나섰다. 특히, 베트남 군사들이 새긴 '살달' 문신에 대해 격노하며, 이는 몽골을 모욕하는 행위이자 엄중한 죄에 해당한다고 추궁하였다. 이에 도칵쭝은 팔을 들어보이며, 다음과 같이 응수하였다.

> 집을 지키는 개는 낯선 사람을 보면 짖지만, 이는 주인의 잘못은 아닙니다. (베트남 군사들의) 문신은 충심과 분노의 마음으로 스스로의 몸을 찌른 것입니다. 우리 군주는 이를 알지 못합니다. 하물며 저는 (陳 왕조의) 신하로서 군주의 명을 받드는 사람입니다. 만약 이것이 군주의 명령이었다면, 어찌 제 몸에 없을 수 있겠습니까?[53]

도칵쭝의 담대한 태도와 논리적인 변론에 우마르는 더 이상 강하게 추궁하지 못하고, '대군이 이른 것은 점성을 정벌하기 위해 길을 빌리려고 한 것이다. 너희 군주가 만약 친조를 행하였다면 베트남의 영토는 무사하고 어떠한 침략도 없었을 것이다.'라고 답하였다. 우마르는 이어, 만약 베트남 측이 몽골에 대해 아무런 적대적 의도를 품지 않는다면 조만간 모든 것이 평

52　『全書』, 乙酉 七年 九月以後 重興 元年, 元至元 二十二年 正月 十二日.
53　『全書』, 乙酉 七年 九月以後 重興 元年, 元至元 二十二年 正月 十二日.

안해질 것이라며 그를 돌려보냈다. 그러나 도카쭝이 떠난 후, 우마르(烏馬兒)는 그가 단순한 사신이 아니라 비범한 인물임을 깨닫고 즉시 부하들에게 그를 쫓아가 잡아오라고 지시하였다. 그러나 도카쭝은 이미 몽골 진영을 벗어났으며 끝내 그를 붙잡지 못하였다.[54]

같은 해, 보의왕(保義王) 쩐빈쫑(陳平仲, Trần Bình Trọng)은 다막(拖幙, Đà Mạc)주[55]에서 적군에 생포되었다. 적군에게 붙잡힌 그는 단 한 점의 음식도 입에 대지 않았으며, 적의 회유에도 일절 응하지 않았다. 특히, 몽골측에서 '북쪽의 왕이 되지 않겠는가?'라는 제안을 하자, 그는 격분하며 단호하게 답했다.

"차라리 남쪽의 귀신이 될지언정 북쪽의 왕이 되지 않겠다."[56]

이렇듯 몽골군의 남하는 처음에는 점성 정벌을 목표로 하고 있었다. 그

---

[54] 이때 『大越史記前編』에는 우마르(烏馬兒)가 '왜 대군이 이르렀는데 이를 맞이하지 않고 강하게 저항하는가?'라며 질책하자 두극종은 '그것은 (몽골이) 한신이 연나라를 공략한 계책을 따르고 있지 않기 때문입니다. 군사를 국경에 두고 먼저 서(書)를 보내 회유했다면 어찌 따르지 않았겠습니까? 짐승이 오면 쫓아야 하고, 새가 오면 쫓아야 하거늘 사람이 오면 어찌해야 합니까?'라고 답했다고 한다. 이러한 두극종의 대답에 우마르는 감복하며 그를 회유하며 돌려보내지만 이후 주변의 장수들에게 말하길 '이 사람(극종)은 위험 앞에서도 그 기개가 비범하다. (척구비요[跖狗吠堯]의 고사를 빌어) 자신의 왕을 도척(盜跖)이라 낮추지 않고, 나를 요임금이라 아첨하지 않으면서도 '집의 개는 사람이 오면 문다'라고 하고 있다. 군주의 명예를 실추시키지 않는 실로 훌륭한 웅대였다. 저런 인물이 있으면 장차 도모하기가 쉽지 않다.'라고 하며 그를 죽이려 사람을 보내나 놓치고 마는 것이다. 『大越史記前編』, 乙酉 七年 九月以後 重興 元年, 元至元 二十二年.
[55] 홍강유역의 해변가로, 티엔막(Thiên Mạc), 또는 먼쭈(幔幬, Mạn Trù)주라 불린다. 오늘날의 훙옌(Hưng Yên)성 콰이쩌우(Khoai Châu)현, 자짜익(Dạ Trạch) 마을 해변이다.
[56] 陳平仲은 레(黎)왕조 시기 레환(黎桓)의 후예로, 그의 조부가 태종에게 쩐(陳)씨의 성을 하사받났다. 『全書』, 乙酉 七年 九月以後 重興 元年, 元至元 二十二年 二月.

러나 베트남의 입장에서는 이는 궁극적으로 베트남을 압박하고 정복하려는 전조로 인식될 수밖에 없었다. 이러한 위기감을 인식한 베트남 조정은 몽골의 점성 정벌을 저지하고자 가능한 모든 외교적·군사적 조치를 강구하였다. 몽골이 요구한 통로 제공, 군량미 공급, 병력 지원 등의 요청에 베트남은 철저히 거부하며 최대한의 저항 의지를 보였다. 그러나 이러한 베트남의 태도는 몽골의 불만과 분노를 불러일으켰고, 결국 몽골의 군사 행동이 점성 정벌에서 베트남 직접 공격으로 확대되는 결과를 초래하게 되었다. 베트남이 처음부터 몽골과의 정면 충돌을 원했던 것은 아니었지만, 필연적으로 충돌이 불가피한 상황으로 내몰리고 있었던 것이다.

진남왕(鎭南王) 토콘(脫歡)의 군대가 수도 탕롱으로 진격하였으나 이러한 절박한 상황에서도 쩐 왕조는 몽골과의 충돌을 피하고자 외교적 노력을 계속 시도하였다. 쩐 왕조는 몽골 측에 서신을 보내, 과거 쿠빌라이가 약속한 조칙을 상기시키며 군대의 철수를 요청하였다. 베트남의 서신은 다음과 같은 내용을 담고 있었다.

> 이전의 조칙에 폐하께서는 '우리 군대가 너희 영내로 들어가지 않도록 하겠다.'라고 하신 바 있습니다. 그러나 지금 점성이 신복하였다가 반란을 일으켰다는 이유로 대군을 일으켜, 本國을 경유하면서 백성들에게 심대한 피해를 주고 있습니다. 이는 태자께서 잘못 하신 것이지 우리가 잘못한 것이 아닙니다. 바라건대, 이전의 조칙을 저버리지 마시고 대군을 되돌려 주십시오. 그러면 우리나라에서는 이전보다 더 많은 조공 물품을 갖추어 바치겠습니다.[57]

---

57 『元史』卷209,「安南傳」, 至元 二十二年.

그러나 몽골 측은 이를 단호히 거부하며 베트남 측의 대응을 비판하였다. 몽골군은 이미 여러 차례 지원을 요청했음에도 베트남이 이를 거절하고 오히려 군대를 동원해 몽골군에 피해를 입혔다며, 오히려 잘못은 베트남에 있다고 주장했다. 몽골 측의 답변은 다음과 같았다.

> 세자는 너희 나라가 오래전부터 우리에 귀순했던 사실을 잘 헤아리도록 하라. 또 황제 폐하께서 커다란 자비의 미덕을 지니고 있음을 깊이 생각해야 할 것이다. 즉시 군대를 퇴각시키고 길을 열어라. 또 백성에게 일러 각자 생업에 힘쓰도록 하라. 우리 군대가 지나치는 곳에는 추호도 소란이 없을 것이다. 세자는 나와서 진남왕을 맞아 함께 군사 문제를 의논하도록 하라. 그렇지 않으면, 조정의 대군은 안남 땅에 머물며 새로운 지배 기구를 세울 것(開府)이다.[58]

여기서 '開府'라는 표현은, 몽골이 베트남이 끝내 항복하지 않을 경우, 정복하여 직접 통치할 의도를 갖고 있음을 보여주는 것이다.

결국 베트남의 외교적 노력에도 불구하고 몽골군의 탕롱 입성은 결행되었다. 몽골군은 수도를 점령하는 과정에서 베트남 조정과 군의 내부 상황을 파악할 수 있었다. 이들은 특히 다음과 같은 사실을 탐지하였다. 1) 쩐 왕조가 황제를 칭하고 있다는 것, 2) 성종의 본명이 쩐황(陳晃, Trần Hoảng)이며 원과의 교섭에서는 진일훤이라는 아명을 사용했다는 사실, 3) 이미 성종이 황태자에게 선위를 한 상태이며 새로운 황제는 인종이라는 사실, 4) 베트남이 소보(紹寶)라는 연호를 사용하고 있다는 사실 등을 탐지하게 된다.

---

[58] 여기서 인급힌 안남개부(安南開府)는 베트남을 직접 지배하는 기구를 의미하는 것이라 생각된다.『元史』卷209,「安南傳」, 至元 二十二年.

이와 함께 몽골의 공격에 대해 준비한 상태이며 오래전부터 항전의 의지를 지니고 있었다는 사실도 알게 되었다. 이러한 사실은 궁전 곳곳에 '국내의 郡縣에 알리길, 만일 적이 침입해 오면 마땅히 사력을 다해 싸워야 한다. 힘이 부족하여 적을 당해낼 수 없으면 산간이나 늪지로 도망가되, 절대로 항복해서는 안 된다.'[59]라는 방문에서도 보인다. 이를 통해 몽골 측은 베트남이 표면적으로 몽골과의 관계를 원만히 유지하려 했으나, 실질적으로는 철저히 몽골의 침략에 대비해 왔음을 깨닫게 되었다. 베트남이 보여준 우호적인 태도는 단순한 전술적 시간 벌기였으며, 결국 베트남은 몽골과의 전쟁을 피할 수 없는 상황으로 내몰리게 되었다.

탕롱이 몽골 군대에 의해 점령되자 쩐 왕조 측은 탈출하여 티엔쯔엉(天長, Thiên Trường)[60]과 짱안(長安, Tràng An)[61] 지역으로 후퇴한 후, 반격을 준비하였다. 특히, 쩐꾸옥뚜언 등은 수군 전력을 동원하여 배 천여 척을 반끼엡(萬劫, Vạn Kiếp) 지역에 집결시켰다. 이 지역은 베트남군의 주요 거점으로서, 몽골군에 대한 효과적인 반격을 준비하는 데 중요한 역할을 하였다. 반면, 점성과의 국경 지대에 머물던 교기(咬奇), 소게투(唆都), 당고대(唐古戴) 등의 몽골군 지휘관들은 남하하는 토콘(脫歡)의 군대와 합류하여 베트남군을 협공하려는 태세를 갖추었다.

몽골군이 점차 내지로 진격하면서, 예상치 못한 군수 보급 문제에 직면하게 되었다. 이는 베트남의 전략적 대응과 기후적 요인이 결합된 결과였다. 몽골군이 기존의 속전속결 방식으로 빠르게 점령하는 전략을 사용했지

---

59 『元史』卷209,「安南傳」, 至元 二十二年.
60 남딘(南定, Nam Định)성 동쪽 지역으로, 이곳은 전 왕조 선조의 출신지이다.
61 닌빈(寧平, Ninh Bình)성 남동부 방면 지역이다.

만, 베트남의 게릴라전과 후퇴 전략으로 인해 예상보다 장기전이 불가피해졌다. 몽골군은 베트남 내에 안정적인 보급망을 구축하기 위해, 이방헌(李邦憲), 유세영(劉世英)에게 영평(永平, 중국 광서 지역)에서 베트남까지 이어지는 보급로를 개설하도록 명했다. 이를 위해, 30리(약 12~15km)마다 채(寨)를 하나씩 설치하고, 60리마다 역(驛, 역참)을 하나씩 두어 보급 체계를 강화하였다. 이와 같은 조치는 몽골의 기존 역참제(驛站制)를 베트남 남진 전략에 적용한 것이었다. 록쩌우(綠州, Lộc Châu, 지금의 랑선현 록빈)에서 남하하는 두 개의 주요 경로를 따라 역참을 설치하여 군수 물자의 원활한 공급을 보장하고자 했다. 또한, 몽골군은 역참과 보급소가 있는 지점마다 300명의 병력을 주둔시켜 경비와 순찰을 강화하였다.[62] 이는 베트남군의 기습과 공격을 방지하고, 보급이 안정적으로 이루어질 수 있도록 하기 위한 조치였다.

   그러나 전쟁이 장기화되면서 몽골군은 무더운 베트남 기후와 풍토병의 영향으로 인해 점점 지쳐갔다. 초기에는 강력한 기병 전술을 앞세워 베트남을 압박하던 몽골군이었지만, 전쟁이 길어질수록 지형적 불리함과 보급 문제로 인해 점차 열세에 몰리게 되었다. 베트남군이 승리할 수 있었던 주요 요인 중 하나는 베트남군 내부에 송(宋) 출신 망명자들이 다수 포함되어 있었다는 점이다. 남송이 몽골에 의해 멸망의 위기에 처하자, 상당수의 송나라 출신 병사와 무장들이 베트남으로 유입되었고, 이들은 몽골과의 전투 경험이 풍부하여 실전에서 중요한 역할을 담당하였다.

   또한, 몽골군이 평지에서의 전투에 강점을 보였던 것과 달리, 베트남군은 내지(內地)와 서부 산악지대의 험준한 지형을 활용하여 유리한 전술적 위

---

[62] 『元史』卷209,「安南傳」, 至元 二十二年.

치를 점하였다. 베트남은 기존의 개방된 전장에서 몽골군과 정면으로 맞서는 것이 아니라, 전투를 산악 지역과 늪지대로 유도하여 유격전 형태로 전개해 나갔다. 이러한 전술은 몽골군의 전력을 효과적으로 약화시키는 데 큰 기여를 하였다. 게다가, 베트남의 병력은 시간이 지남에 따라 점점 증가하였으며, 몽골군은 장기전으로 인해 점점 소모되는 양상을 보였다. 결국 보급 문제와 병력 부족, 그리고 예상보다 강한 저항에 직면한 몽골군은 수세에 몰리게 되었다. 특히 베트남의 무더운 기후와 풍토병이 몽골군의 전력 약화에 큰 영향을 미쳤다. 몽골군은 추운 초원 지대에서 성장한 군대였기에, 열대성 기후에 적응하지 못했다. 베트남의 고온다습한 환경에서 말들이 제대로 활동하지 못했고, 전염병이 창궐하여 군사들의 사기가 급격히 저하되었다. 이러한 요인들은 몽골군이 장기적으로 전투를 지속하기 어려운 상황을 만들었으며, 결국 몽골의 제2차 침공도 실패로 돌아가게 되었다.

2. 제2차 침공 이후 양국 관계의 변화

몽골군이 베트남 내지까지 진격하여 승기를 잡는 듯했으나, 전쟁이 장기화되면서 상황이 점차 역전되기 시작하였다. 탕롱(Thăng Long, 현재 하노이)이 몽골군에 점령된 후에도, 쩐(陳, Trần) 왕조 측은 계속해서 저항하며 반격을 시도했다. 이에 몽골군도 탕롱 점령 이후 군대를 파견하여 베트남군을 추격하였으며, 이와 동시에 점성 정벌을 위해 국경에 주둔하던 몽골 부대가 북상하여 남하하던 진남왕(鎭南王) 토콘(脫歡)의 군대와 협공을 취하는 형세를 출현하였다.

몽골군은 1285년 2월경 오리주(烏里州)[63]에서 집결한 후, 북상하여 포정부

(布政府)⁶⁴에 도달하였다. 이후 응에안(乂安, Nghệ An)⁶⁵ 지역에서 베트남군을 격파하고, 타인화(清化, Thanh hóa)로 진격하였다.⁶⁶ 쩐 왕조는 이때 소문왕 (昭文王) 쩐녓주엇(陳日燏, Trần Nhật Duật)에게 응에안을 수비하게 했으나 패하고 말았다. 그 다음에는 창헌후(彰憲侯) 쩐끼엔(陳鍵, Trần Kiện)을 타인화 지역으로 보내지만 마찬가지로 몽골군에 패배를 당하였다. 이후 그는 『安南志略』의 저자인 레딱(黎崱)과 더불어 2월 1일 원군에 항복하게 된다. 점성으로부터 북상한 원군 가운데 당고대(唐古戴)와 교기(咬奇)의 군대는 베트남측 군사를 격파하였는데, 이중 교기가 이끄는 군대가 주력 부대이고, 당고대의 부대는 별동대였던 것으로 보인다. 이 본대가 진조측의 쩐 왕조 소명왕(昭明王) 쩐꽝카이(陳光啓, Trần Quang Khải)가 이끄는 주력 부대를 3월 6일 깨트린 것이다. 이어 이들은 송에서 도망했던 진의중(陳宜中)의 사위와 베트남의 양봉어(梁奉御), 조맹신(趙孟信), 엽랑장(葉郞將) 등 400여 명의 포로를 잡았다고 한다.⁶⁷

탕롱이 점령되자 쩐 왕조의 성종과 인종은 몽골 군대를 피해 도망하였다. 「安南傳」의 기록에 따르면 남하하던 원군은 수륙 양로를 통해 그들을 추격했는데, 우승 관철(寬徹)이 만호 망쿠다이(忙古帶), 발라합달아(孛羅哈答兒)를 이끌고 육로로 진격하고, 좌승 이항(李恒)이 우마르(烏馬兒), 바투(拔都)를 이끌고 수로를 취해, 홍하를 따라 내려가며 그 하구 교해구(膠海口)⁶⁸까지 추

---

63 오늘날의 꽝찌(廣治, Quảng Trị)성이다.
64 꽝빈(廣平, (Quảng Bình)성 북동부
65 오늘날의 응에안(乂安, Nghệ An)과 하띤(河靜, Ha Tĩnh) 두 성을 포함하는 지역.
66 『安南志略』卷第四, 征討運餉, pp. 87~88.
67 『元史』卷209, 「安南傳」, 至元 二十二年.
68 오늘날의 남딘(南定, Nam Định)성 동부 해안에 있는 자오투이(膠水, Giao Thủy)縣 자오하이(膠海, Giao Hải)마을의 하구 일대이다.

격했지만 놓치고 말았다고 한다.[69]『全書』에서는 탕롱에서 탈주한 이후 성종과 인종 부자가 어떠한 활동을 보였는지에 대해 기록하고 있다. 이에 따르면, '몽골군이 침입하자 성종과 인종은 작은 배를 타고 삼치원(三峙源)[70]으로 간 다음 그곳에서 다시 배를 끌어 응옥선(玉山)[71]으로 갔다. 이는 몽골군을 현혹시키기 위한 움직임이었다.'[72]라고 기술되어 있다. 삼치원은 꽝안(廣安, Quảng An)마을의 북동부로 꽝닌성 경계에 가깝다. 그들은 마치 국경지역으로 간 것으로 위장함으로써, 몽골군이 두 황제의 위치를 파악할 수 없게 교란시키려 했던 것으로 보인다. 그런데『安南志略』에 의하면 '3월 9일 임오(壬午), 당고대(唐古戴)와 교기(咬奇)의 전선이 삼치원에서 세자를 포위하고 잡으려 했으나 완강(阮强) 등이 세자와 함께 도망하고, 대신 그 자제들이 포로로 잡혔다.'[73]라고 기록하고 있다. 몽골군은 끝내 두 황제의 행적을 파악할 수 없었던 것이다.

이후 성종과 인종 부자는 삼치원에서 배를 버리고 걸어 수주(水注)[74]에 도달한 다음 다시 배를 타고 남찌에우(南趙, Nam Triêu)강[75]으로 갔다가 다이방(大旁, Đại Bàng)해[76]를 지나 타인화(淸化, Thanh Hoá)지방으로 들어갔다.[77] 몽골

---

69 『元史』卷209,「安南傳」, 至元 二十二年.
70 바째(巴扯, Ba Chẽ)강으로 꽝닌(廣寧, Quảng Ninh)성 바째(巴扯, Ba Chẽ)현에 있다.
71 꽝닌(廣寧, Quảng Ninh)성 반닌(萬寧, Vạn Ninh)주에 있는 해안.
72 『全書』, 乙酉 七年 九月以後 重興 元年 元至元 二十二年二月.
73 『安南志略』卷第四, 征討運餉三月九日壬午.
74 꽝닌성 옌흥(安興,Yên Hưng)현 근교이다.
75 바익당강 부근으로 하이퐁(Hải Phòng) 투이응우옌(水源, Thủy Nguyên)현에서 바다로 나가는 강이다.
76 하이퐁 끼엔안(建安, Kiến An)군에 속하는 반욱(文彧, Văn Úc) 근교 해안이다.
77 『全書』乙酉 七年 九月以後 重興 元年, 元至元 二十二年 三月 甲戌朔.

군은 쩐 왕조 측이 선박과 무기를 버리고 산림으로 숨어 들어가자 1만 척의 선박을 노획하여 좋은 것을 골라 타고 나머지는 불살랐다고 한다. 이후 베트남의 포로를 취조한 끝에, 쩐 왕조의 성종과 인종이 배 4척, 흥도왕 쩐꾸옥뚜언(陳國峻, Trần Quốc Tuấn) 및 그 아들이 3척, 태사 쩐꽝카이(陳光啓, Trần Quang Khải)가 80척을 지니고 있음을 알게 되었다. 덧붙여 이들이 타인화로 도망했다는 사실도 알게 되었다.[78] 이에 우마르(烏馬兒)와 바투(拔都)에게 군사 1,300여 명과 병선 60척을 주어 소게투(唆都)를 돕게 하고, 탕구타이(唐兀䚟)로 하여금 수로를 따라 베트남 세력을 추격토록 하였다. 그는 수군의 경험을 가지고 있었다. 그러나 해로를 통한 수색은 실패하고 성종과 인종 두 부자의 행적은 몽골에게 끝내 탐지되지 못하였다.

이처럼 수도 탕롱이 점령되고 성종과 인종이 피신하자 쩐 왕조 내부에서도 몽골에 투항하려는 인물이 등장하였다. 물론 빈탄과 지엔홍전에서의 회의를 통해 여러 계층 간의 단합을 이루어 냈지만, 쩐 왕조의 모든 구성원이 몽골과의 전쟁에 찬성했던 것은 아니었다. 또한 베트남과 몽골군의 연이은 대치로 향촌 사회는 점점 피폐해져 갔고, 몽골군의 위세에 겁을 먹은 종친들도 나타났다. 이와 관련하여, 『元史』「安南傳」에는 '1284년 8월 진일훤(陳日烜)의 동생 소덕왕(昭德王) 진찬(陳璨)[79]이 형호점성행성에 서신을 보내 항복을 자원했다.'고 기록되어 있다. 여기서 진일훤은 쩐 성종을 지칭하는데, 이는 중국과 외교 관계를 맺는 과정에서 사용된 이름이다. 그의 본명은 쩐황(陳晃, Trần Hoảng)이다.

---

78 『元史』卷209,「安南傳」, 至元 二十二年.
79 성종의 형제 가운데 쩐또안(陳璨, Trần Toản)이라는 인물은 베트남 자국의 역사 기록에서는 등장하지 않는다. 그가 '왕(王)'이라 불리는 것은 황제의 자손임을 뜻하지만, 실제로 성종의 친형제는 아니었을 가능성이 크다.

몽골과의 전쟁이 끝난 후 베트남은 몽골에 귀화하거나 항복했던 인물들을 처벌하였다. 이 기록 가운데 쩐또안(陳瓚, Trần Toản)이란 인물은 등장하지 않는다. 그가 몽골에 투항하였던 때는 쩐꾸옥뚜언(陳國峻)이 원의 침입에 대비하여 동보두에서 대열을 정비하며 방어 태세를 취하던 시기였다.[80] 소덕왕 쩐또안은 황실 종친 중 하나로 쩐 왕조의 공식 대응에 반대하며 항복을 주장했던 인물일 가능성이 있다.

이후 몽골과의 전쟁이 본격화되면서 몽골에 투항하는 인물이 속속 나타나게 된다. 전술했던 『全書』의 기사를 살펴보면, 흥도왕이 응에안에서 소게투(唆都)의 군대를 막고 있을 당시인 '二月 甲辰 靖國大王 國康의 서자 上位 彰憲侯 陳鍵 및 그의 속하 黎崱 등이 가솔을 이끌고 원에 항복했다.'[81]라고 한다. 여기서 등장하는 '정국대왕(靖國大王) 쩐꾸옥캉(陳國康, Trần Quốc Khang)'은 태종의 아들이지만 친자식은 아니었다. 당시 태종의 비인 소성황후(昭聖皇后)에게는 오랫동안 후사가 없었고, 이에 그녀는 폐위되었다. 이후 태종은 형 쩐리에우(陳柳, Trần Liễu)의 부인인 투언티엔공주(順天公主)를 황후로 맞이하였고, 그가 바로 그녀가 임신한 상태에서 낳은 아들이었다. 그는 이후 쩐 성종의 형으로 인정받으며 정국대왕에 봉해졌지만 출생의 약점으로 이후 후계 논의에서는 제외되었다. 이후 태종과 투언티엔황후 사이에서는 쩐꽝카이(陳光啓, Trần Quang Khải)가 태어났다. 『全書』에서는, '昭明大王 光啓가 태위에 임명되었다. 황제(聖宗)의 형 국강(國康)은 연장자이나 재주가 평범했기 때문에 이에 광계를 태위로 임명하였다.'[82]라고 기록하고 있다. 아무래

---

80 『全書』, 甲申 六年 元至元 二十一年 秋 八月.
81 『全書』, 乙酉 七年 九月以後 重興 元年, 元至元 二十二年 二月 甲辰 朔.
82 『全書』, 辛酉 四年 宋景定 二年, 元中統 二年 夏 六月.

도 국강의 출신이 문제가 된 것으로 보인다.

이러한 출신의 문제로 그는 늘 숨죽이며 태종과 그의 형제들 사이에서 우호적인 관계를 맺으려 노력했다고 한다. 예컨대 1268년, 그가 찐 성종 및 상황 태종과 함께 연회를 하는 도중 그가 호인무(胡人舞)를 추자 상황이 입고 있던 백목면복(白木綿服)을 벗어 그에게 주었다. 성종 또한, 호인무를 추며 동일한 포상을 청하자, 국강은 "가장 귀한 것은 황제의 지위입니다. 저는 그것을 二郞(성종)과 다투지 않았습니다. 이제 존(상황)이 미물을 내렸는데 어찌 그것마저 빼앗으려 합니까?"라고 말하고 있다. 이에 태종이 크게 웃으며, "너는 황제의 지위가 천복(賤服)과 차이가 없다고 보는가."라고 말했다고 한다.[83]

쩐꾸옥캉은 황자라는 신분에도 불구하고, 태생의 복잡한 배경으로 인해 마치 살얼음 위를 걷는 듯한 위태로운 삶을 살았다. 그럼에도 그는 몽골과의 항전에서 지엔쩌우(演州, Diễn Châu) 지역을 진수하며 끝까지 저항의 의지를 굽히지 않는 모습을 보였다. 그러나 그의 아들 쩐끼엔(陳鍵, Trần Kiện)은 아버지와는 다른 성정의 소유자였던 듯하다. 그와 함께 몽골에 투항하였다고 하는 『安南志略』의 저자 레딱(黎崱, Lê Tắc)은, 저서에서 쩐끼엔에 대해 '매우 도량이 넓고 학식이 있으며, 대단히 겸손한 인물로 용모가 준수하고 병법에도 능하며 특히 활쏘기를 잘했다'라고 평가하고 있다.[84] 그는 조정 내부에서 늘 몸을 낮추고 있던 아버지와는 다르게 조정에서 두각을 나타내며 신임을 받는다. 창헌후(彰憲侯)로 봉해진 이후에는 아버지를 대신해 정해군 절도사 직을 수여받았고, 서자임에도 쩐꽝카이(陳光啓, Trần Quang Khải)의

---

83   『全書』, 壬辰 十一年 宋咸淳 四年, 元至元 五年 冬 十月.
84   『安南志略』卷第十三, 內附侯王 陳鍵.

딸과 혼인을 하였다. 하지만 이후 인종의 동생이자 그와 사촌인 좌천왕(左天王) 쩐득지엡(陳德燁, Trần Đức Diệp)과 불화가 생기면서, 중용되지 못할 것을 두려워했다고 한다. 이렇게 쩐 조정에서 승승장구 하던 그가 투항을 선택한 것에는 이러한 요인도 상당한 영향을 미쳤을 것이다. 그는 몽골의 '친조(親朝)' 요구에 대해 쩐익딱(陳益稷, Trần Ích Tắc)과 함께 그 요구를 수용하자고 주장한 바 있다. 하지만 그 주장이 관철되지 않자 레딱(黎則)에게 '세자가 부름을 받았으나 조문하지 않으니 이에 정벌을 당함에 이르렀다. 조석으로 위험과 곤란함에 있음에도 여전히 우매하여 잘못을 깨우치지 못하니 국가를 잃고, 집이 멸망함을 어찌 견디겠는가?'[85]라고 말했다고 한다. 그는 몽골의 요구를 수용하지 않고 저항하는 쩐 왕조의 정책에 대해 반감을 가지고 있었던 것으로 보이며, 결국 이듬해 수만의 가솔들을 이끌고 원에 항복하게 되는 것이다.

「安南傳」에서는 문의후(文義候) 쩐뚜비엔(陳秀峴, Trần Tú Viên)[86]의 귀화에 대해 기록하고 있다. 이에 의하면 그는 쩐 왕조 측이 몽골군을 속이고 타인화(清化, Thanh Hóa)부 지역으로 들어와 반격하는 전략을 펴는 상황에서 이를 항복한 것으로 오해하고 일부 베트남 종실들과 함께 원에 항복하고 말았다. 쩐뚜비엔(陳秀峴)은 그의 아버지인 무도후(武道候), 동생 명성후(明星候), 아들 명지후(明智候), 사위 창회후(彰懷候)[87]와 창헌후(彰憲候) 등과 함께 원에 항

---

85 『安南志略』卷第十三, 內附侯王陳鍵.
86 원래는 문소후(文紹候)였다. 이후 문의후로 다시 봉해진다고 『安南志略』에는 기록되어 있다. 그러나 『全書』지원 22년 기록에 '上位文昭侯弄降于脱驩.'라고 되어있는데, 여기서 문소후는 쩐뚜비엔을 가리키는 듯하지만 『安南志略』의 기록에 따르면, 쩐반롱(陳文弄, Trần Văn Lộng)은 쩐투도의 후예로, 인성후(仁誠候)의 아들이며, 창회상후(彰懷上候)로 봉해진다고 나오고 있다. 두 사료의 기록이 다르지만 시기상, 여기서는 창회후 쩐반롱을 의미하는 듯싶다.

복했다. 이 밖에 베트남에 망명했던 송군 가운데 원에 항복하는 존재도 나타났다.[88]

하지만 이렇게 원군에 투항한 자들 중 가장 중요한 인물로는 성종의 동생인 소국왕(昭國王) 쩐익딱(陳益稷, Trần Ích Tắc)을 꼽아야 할 것이다. 그는 가솔을 이끌고 원에 항복하고,[89] 후에 북으로 가서는 쿠빌라이에 의해 '安南國王'에 봉해졌다. 그는 태종의 아들이자, 성종의 동생으로 학식이 풍부하고 총명하였다고 한다. 『全書』에 따르면 '益稷은 총명하고 학문을 좋아하여 경서와 육예(六藝)에 두루 통달하였으며, 문장이 뛰어났다.'[90]라고 한다. 그는 '축구(蹴毬), 위기(圍碁: 바둑)와 같은 기예에도 매우 능했으며, 15세에 이미 총명이 타인을 넘고 사서 및 여러 기술에 통달하였다.'[91]고 전해진다. 『安南志略』에서도 '陳益稷은 총명하고 학문을 좋아하며, 불교, 도교의 학문을 좋

---

87 『元史』「교감기(校勘記)」에서는, "원문은 張懷侯와 張憲侯로 되어 있지만, 淸代의 道光本 및 『元文類』 卷41, 「經世大典序錄」〈征伐〉에 의거하여 彰懷侯와 彰憲侯로 고쳤다."라고 하였다. 『安南志略』「내부후왕(內附侯王)」편에서 쩐반롱(陳文弄)이라는 인물에 대해 그를 창회상후로 봉했다고 하는 것으로 보아 창회후는 쩐반롱으로 보아야 한다. 그는 원에 귀부 후 가의대부(嘉議大夫)의 직을 받았으며, 이어 귀화강로선부사(歸化江路宣撫使)의 직을 하사받고 베트남 정벌에 참여하여 공을 세운 인물이다. 『安南志略』 卷第十三, 內附侯王 陳秀嵈.

88 이때 항복한 인물로 증참정(曾參政), 소소보(蘇少保)의 아들 소보장(蘇寶章), 진상서(陳尙書)의 아들 진정손(陳丁孫) 등이 있다. 여기서 진상서는 남송 말기의 재상 진의중(陳宜中)으로, 원군이 침략하자 한때 고향으로 피신하였다가 육수부(陸秀夫)의 요청으로 복건으로 이동하였다. 그는 익왕(益王) 정권에서 다시 좌승상을 지냈으나, 정권이 붕괴되자 점성으로 망명하였고, 이후 世祖 至元19년(1282) 원군의 점성 침공 시 다시 섬국(暹國, 타이)으로 도피하여 그곳에서 생을 마쳤다. 『元史』 卷209, 「安南傳」, 至元 二十二年.

89 『安南志略』 卷第十三, 內附侯王 陳 益稷.

90 『全書』, 丙寅 九年 宋咸淳 二年, 元至元 三年 五月.

91 『全書』, 乙酉 七年 九月以後 重興 元年, 元至元 二十二年 三月

Ⅳ장. 쿠빌라이의 남해 경략과 베트남-몽골 전쟁의 개시 145

아했다. 시에도 능숙하였다.'[92]라고 기술하고 있다. 청대의 학자도 '益稷은 羈旅로서 투항한 왕이지만 그의 시가는 중국의 문사를 능가할 정도였다.'[93]라며 그의 출중한 능력을 높이 평가하고 있다. 이처럼 출중한 재능을 갖추고, 태종의 사랑을 받았던 자식인 쩐익딱이 쩐 왕조에서도 충분히 중용될 수 있었음에도 결국 몽골에의 투항을 결심하게 된 이유가 무엇일까?

우선, 쩐익딱(陳益稷, Trần Ích Tắc)의 출생 배경을 살펴볼 필요가 있다. 그는 성종의 동생이지만 어머니는 투언티엔황후가 아니었다. 다만, 소도왕(昭道王) 쩐꽝쓰엉(陳光昶, Trần Quang Xưởng)과 소국왕(昭國王) 쩐익딱(陳益稷, Trần Ích Tắc), 소문왕(昭文王) 쩐녓주엇(陳日燏, Trần Nhật Duật)은 모두 동일한 어머니에게서 태어난 것으로 전해진다. 이들은 쩐꽝카이가 '대왕'으로 봉해진 것과는 다르게 '왕'으로 봉해졌다.[94] 황후의 소생이 아니었기에 차별을 받았던 것이라 이해된다. 그러나 쩐익딱은 총명하고 재능이 뛰어나 범인을 능가하는 인물이었으며, 스스로의 능력을 발휘하고자 하는 욕망도 강했을 것이다. 그는 또한 인재를 식별하는 안목도 갖추고 있었다. 『全書』에 의하면 그는 '일찍부터 자신의 집 우편에 학당을 열어 사방의 문사들을 모아 학문을 익히게 하였다. (그들에게) 옷과 음식을 주며 홍주(洪州)의 부이퐁(裴放, Bùi Phóng), 방하(旁河)의 막딘찌(莫挺之, Mạc Đĩnh Chi)[95] 등 20명이 넘는 인재를 양

---

92 『安南志略』卷第十三, 內附侯王 陳益稷.
93 『元時選初集』卷68.
94 『全書』의 기록에 '황제의 3子 光啓가 태어나니, 태자 晃과 同母인 弟이다. 國康은 그 長兄이며 후에 함께 大王으로 봉한다. 다음으로 日永, 益稷, 昭文은 함께 王으로 봉하고 그 다음은 上位侯로 봉한다. 각각 왕의 장자는 역시 王으로 봉하고, 차자는 上位侯로 봉하니 이를 영원토록 定制로 삼는다.'라고 하고 있다.『全書』, 辛丑 十年 宋淳祐 元年 冬 十月.
95 그의 문객으로 있던 막딘찌(莫挺之, Mạc Đĩnh Chi)는 1304년 영종 시기 장원 급제하여

성했으며 이들은 모두 후대에 중용되었다.'[96]라고 한다. 이들 중 막딘찌(莫挺之)는 방하(旁河)[97] 출신임에도 불구하고 과거에서 장원을 차지하였다.[98] 1308년에는 원에 사신으로 파견되기도 하였다. 쩐익딱의 학당에서 많은 인재가 배출된 것으로 보아, 그의 인재를 보는 식견이 남달랐음을 알 수 있다.

『全書』에 의하면 쩐익딱은, '적통을 빼앗으려는 마음을 숨기고, 번돈(雲屯, Vân Đồn)의 상인을 통해 元 측에 서신을 보내 그들로 하여금 남으로 진격해 달라고 청했다. 원군이 침략해 오자 그는 항복하며 자신이 황위를 차지하고자 했다.'[99]라고 하며, 원래부터 황위에 대해 야심이 있었음을 특기하고 있다. 그는 자신의 야심을 숨기기 위해 주변에 대해 철저히 경계하는 자세를 보였다. 그는 몽골군이 침입하자 도리어 부황에게 동생인 소문왕(昭文王) 쩐녓주엇(陳日燏, Trần Nhật Duật)[100]을 모함하고 있다. 쩐녓주엇은 외국어 습득이 매우 빨랐으며 타국의 풍습을 익히는 것을 즐겼다고 한다. 그는 주로 송인(宋人)들과 잘 어울렸으며, 몽골어에도 능하여 사신이 오면 통역 없

조정에서 중용된다.
96 『全書』, 丁卯 十年 宋咸淳 三年, 元至元 四年 五月.
97 오늘날의 Hải Phòng, Tiên Lãng현과 Hải Hưng성 Nam Thanh현에 속한다.
98 至元 26年(1289) 전쟁이 끝난 뒤 상·벌을 결정하는 과정에서 파점(巴點)과 방하(旁河) 두 마을의 군민들은 전쟁 중 원에 항복했다는 이유로 처벌을 받았다. 이들은 탕목읍으로 편입되었으며 이후 관직 진출 자격을 박탈당하였다.『全書』, 己丑 五年 元至元 二十六年 五月.
99 『全書』, 乙酉 七年 九月以後 重興 元年, 元至元 二十二年 三月.
100 『全書』, 乙卯 五年 宋寶祐 三年의 기록에 쩐녓주엇은 태종의 여섯 번째 아들로, 그가 태어나기 전 태청궁의 도사인 심이 황제의 후계를 위한 기도를 하고 있었는데, 그가 말하기를 "상제가 이미 그 기도를 듣고, 소면동자(昭文童子)에게 명해 내려가 머물도록 했다."라고 했다. 이에 후궁에서 남자아이를 낳으니 그의 팔뚝에 문자가 있으니 '昭文童子'라, 글자가 자못 명현하여 이로 인해 소문을 호로 삼았다. 그가 자라면서 그 글자는 사라졌다.

이 직접 대화를 했다고 한다. 이로 인해 사신들조차도 그를 중국인으로 오해했을 정도였다.[101]

그가 뚜옌꽝(宣光, Tuyên Quang) 지역을 담당하던 시기 원군이 침입해오자, 쩐익딱은 "昭文이 뚜옌꽝에 있으니, 분명 그가 적을 이곳으로 불러온 것이다."[102]라고 말했다고 한다. 사실 원군의 남하를 바란 것은 정작 쩐익딱 본인이었다. 『全書』에 기록되어 있듯, 그는 번돈(雲屯)의 상인에게 몰래 서신을 보내 원군에게 남하를 요청한 바 있다. 그는 번돈의 상인을 통해 몽골의 위세를 전해 듣고 베트남이 몽골의 공격에 맞서 승리할 가능성이 낮다고 판단했을 수 있다.

쩐익딱이 항복한 또 다른 이유로는 1285년 2차 전쟁 시기 그에 앞서 적지 않은 쩐 왕조의 종친들이 몽골 측에 투항하였던 사실을 들어야 할 것이다. 당시 쩐 왕조는 몽골군의 추적을 피해 타인화부로 잠입해 있는 상태였다. 이 무렵 쩐끼엔(陳鍵, Trần Kiện), 쩐뚜비엔(陳秀嶸, Trần Tú Viên), 쩐반롱(陳文弄, Trần Văn Lộng)같은 인물들이 차례로 몽골에 항복하였다. 몽골이 베트남 측에게 친조를 요구하자 쩐익딱은 쩐끼엔과 함께 성종에게 이를 수용함으로써 불필요한 전쟁의 위협으로부터 벗어나자고 간언하였다. 그것이 거부되자 쩐끼엔이 먼저 원측에 투항하였던 것이다. 쩐익딱 역시 그의 뜻이 받아들여지지 않고 쩐 왕조가 몽골에 대해 강경한 대응의 자세를 취하는 것을 보고 몽골에 투항할 것을 결심했을 것이라 여겨진다. 몽골 대군의 진격이라는 상황으로 말미암아 자신이 쩐 왕조의 지배자로 등극하는 기회가 생길지도 모른다고 판단했던 것은 아닌가 여겨지는 것이다. 전술한 바와

---

101 『全書』, 庚午 開祐 二年 元至順 元年.
102 『全書』, 庚午 開祐 二年 元至順 元年.

같이 쿠빌라이는 정복지에 대해 친조를 요구하였다. 남송 정벌이 종료된 이후 그는 베트남에 대해서도 강력하게 친조를 요구했다. 쿠빌라이 시기 양국 간 최대의 현안은 '親朝'를 위시한 '六事'의 요구였다. 쩐 왕조는 고려와는 달리 몽골의 친조 요구를 강하게 거절하였다. 이러한 정황에서 몽골은 쩐 왕조의 종친 쩐지아이(陳遺愛, Trần Di Ái)가 사신으로 파견되어 오자 그를 '安南國王'에 봉함으로써 베트남 내정을 혼란으로 내몰고자 하였다. 쩐 익딱은 몽골 정권의 강력한 군사력에 비추어 친조를 거부하는 쩐 왕조가 언젠가 몽골에 의해 타도되면 자신이 그 뒤를 잇게 되는 날이 오게 될 것이라 기대했던 것이라 여겨진다.

이러한 쩐익딱의 기대와는 달리 몽골의 제2차 베트남 침공 역시 실패로 귀결되고 만다. 결국 그는 1285년 5월 토콘(脫歡)이 북으로 철수할 때 몽골 군대를 따라 북으로 갔다. 그리고 그 해 가을 몽골 정권으로부터 관작을 수여받았다. 이듬해 2월[103] 쿠빌라이는 쩐익딱을 '안남국왕복록대부(安南國王光祿大夫)'에 봉한 다음 부인(符印)과 함께 5,000관을 하사했다. 그의 장남 쩐바이(陳伯懿, Trần Bá Ý) 또한 가양대부타강로안무사(嘉議大夫沱江路按撫使)로 임명하고 의복, 궁(弓), 마구 등을 하사했다.[104] 쿠빌라이가 그를 '安南國王'에 봉한 것은 1281년 쩐지아이(陳遺愛)를 안남국왕으로 봉한 것과 동일한 맥락의 조치였다. 쩐 왕조의 지배를 인정하지 않으려는 의도가 반영된 것이었다. 쩐익딱의 투항과 관련하여 『安南志略』 권2 「대원조제(大元詔制)」 1286년 4월 조목에는 다음과 같은 조서가 등장한다. 이때 쿠빌라이는 베트남 측을

---

103 『安南志略』 卷4, 「征討運餉」에는 '是冬, 內附陳益稷等驛至京師拜覲. 至元 丙戌春三月, 制封陳益稷爲安南国王, 陳秀峻爲輔義公. 同附官吏, 授爵有差.'로 쩐익딱(陳益稷)의 안남국왕 책봉을 3월로 기록하고 있다.

104 『安南志略』 卷13, 「內附侯王」.

향해, "지금 너의 근친인 쩐익딱(陳益稷)과 쩐뚜비엔(陳秀嵈)은 국가가 전복되어 재난이 무고한 자에게까지 미치는 것을 두려워하여 여러 번 너에게 친조를 권했으나 끝내 듣지 않으니 스스로 항복하여 내귀(來歸)했다."[105]라고 질책하고 있다. 원 또한, 1312년 쩐익딱(陳益稷)에게 품계를 내리는 조서에서는, "국가를 보존하고 모든 백성을 보존하기를 바라며… 조종의 제사를 드리지 못함을 두려워하며 스스로 일어나 귀순해 왔다."[106]라고 언명하고 있다.

하지만 이 시기 몽골에 투항하였던 베트남 측의 인사 모두가 그처럼 몽골 땅에서 호사를 누렸던 것은 아니다. 『全書』에 따르면, 몽골의 장수인 소게투(唆都)는 쩐끼엔(陳鍵)과 그의 일행들을 연경에 보내려고 했다. 하지만 쩐꾸옥뚜언의 가노였던 응우옌디아로(阮地爐, Nguyễn Địa Lô)가 활을 쏘아 쩐끼엔을 사살하였다. 그와 함께 원에 투항했던 레딱(黎崱)은 쩐끼엔의 시신을 말에 태운 채 수 십리를 달아났으며, 결국 쩐끼엔이 사망하자 근처 구릉에 장사 지냈다고 전해진다.[107]

쩐익딱과 함께 몽골에 투항했던 인물들 또한 불행한 최후를 맞이했다. 진남왕 토콘(脫歡)은 명리와 석반을 시켜 그와 창헌후(彰憲侯), 문의후(文義侯) 및 그의 동생인 명성후(明誠候), 그리고 쩐익딱의 아들 의국후(義國侯) 등을 호송하여 몽골 본국으로 가라고 하였다. 그러나 문의후는 북상에 성공하지만 장헌후와 의국후는 흥도왕의 공격을 받게 되었다. 그로 인해 결국 장헌후는 죽고 의국후는 몸을 피해 군중으로 돌아갔다고 한다.[108] 지금까지 2차

---

105 『安南志略』卷二, 大元詔制 至元 二十三年 四月詔.
106 『安南志略』卷二, 大元詔制 皇慶元年制加內附安南國陳益稷品秩.
107 『全書』, 乙酉 七年 九月以後 重興 元年, 元至元 二十二年 二月.
108 『元史』卷209,「安南傳」, 至元 二十二年.

전쟁 시기 중 몽골에 항복한 이들에 대해 살펴보았다. 이들의 이후 행보 및 이들에 대한 쩐 왕조의 조치에 대해서는 뒤에서 더 살펴보기로 한다.

전술한 바와 같이, 몽골군은 전쟁이 장기화됨에 따라 보급에 큰 어려움을 겪었다. 이를 타개하기 위해 여러 방안을 시도하였으나 모두 실패로 돌아갔다. 우선, 지리적인 거리로 인해 중국으로부터 직접 운반하는 것도 쉽지 않았고, 현지에서의 조달도 베트남의 '견벽청야(堅壁淸野)'전략으로 인해 어려움이 적지 않았다. 또한 점성으로부터 필요 물자를 조달하는 것도 용이하지 않았다. 이는 점성으로부터 북상해 오던 탕구타이(唐兀䚟)와 유규(劉珪)가 '점성에는 양식이 없어 군대가 오래 주둔하기 어렵다.'라고 한 것에서 잘 드러난다. 몽골은 점성의 오주(烏州)와 리주(李州)[109]에서 둔전을 시도하였다. 하지만 그 성과가 보잘 것 없었다. 그리하여 진남왕은 소게투(唆都)에게 원의 군대를 이끌고, 장안 등의 지역으로 출동하여 양식을 취하도록 명하였다. 이항(李恒)도 오늘날의 남딘성 티엔쯔엉(天長, Thiên Trường)부에 성을 쌓고, 이곳에 양식을 비축하여 장차 전개될 쩐 왕조 군대와의 교전에 대비하자고 건의하고 있다. 그러나 이항의 건의는 다른 장수들로부터 동의를 얻지 못하였다.[110] 이항은 천장부의 지리적인 입지를 이용하여 타인화(清化, Thanh Hóa)부를 거점으로 삼고 있는 쩐 왕조의 군대에 대처하자고 주장하였던 듯하다. 몽골의 장수들은 베트남의 지리에 대한 이해가 없었기에 군대를 분산시키는 것을 반대하였던 것으로 보인다.

무더위와 풍토병 등도 전쟁의 양상이 뒤바뀌는 데 적지 않은 영향을 미쳤다. 전쟁이 장기화하여 여름이 다가오자, 몽골의 군대는 습하고 더운 날

---

109 리(李)주는 현재의 후에 지역, 오(烏)주는 꽝찌성 남단이다.
110 『元史新編』卷29.

씨와 이에 따른 풍토병으로 인해 커다란 어려움에 직면하였다.[111] 뿐만 아니라 『元史』「李恒傳」에 따르면, '여름이 오자 군대 내부에 질병이 돌고 장마로 큰 비가 무섭게 쏟아지니 여러 지역이 침수되었다.'[112]라고 하는 상황이 발생하였다. 이에 홍강 유역에 주둔하고 있던 몽골의 군대 가운데 교기나 탕구타이(唐兀觬)의 부대는 점성으로부터 북상한 상태였다. 이들 부대는 장기간에 걸친 원정으로 말미암아 극도로 피곤해져 있었다.

　베트남 측은 전쟁이 장기화될수록 몽골군이 피로해질 것이라 보고, 이를 유리한 국면으로 전환할 수 있는 소모전 중심의 항전 전략을 채택하였다. 몽골군이 남방의 고온다습한 기후에 익숙하지 못하다는 점도 고려하여, 그들이 지치기를 기다렸다가 적절한 시점에 공세로 전환하면 승기를 잡을 수 있을 것이라 보았던 것이다.[113] 쩐 왕조는 1285년 4월, 쩐녓주엇(陳日燏, Trần Nhật Duật), 쩐꾸옥또안(陳國瓚, Trần Quốc Toản) 등에 명하여 떠이껫(西結, Tây Kết)에서 몽골군과 접전을 펼치라 하였다. 이어 함자관(鹹子關)에서도 원군과 교전했다.[114] 이들 전투는 베트남 측의 대승으로 끝났다. 여기서 떠이껫은 지금의 흥옌(興安, Hưng Yên)성 서쪽의 콰이쩌우(快州, Khoái Châu)이고, 함자관은 지금 하노이의 동남부 방향에 위치한 곳이다. 쩐 왕조가 타인화(清化, Thanh Hoá)부에 근거지를 둔 것은 몽골군이 북과 남 양측에서 공격해 오는

111　『元史』卷14,「世祖本紀(十一)」, 至元 二十二年 五月.
112　『元史』卷129,「李恒傳」.
113　『全書』의 기록에, 황제가 신하들에게 말하기를 '적의 무리는 오랜 시간 동안 멀리서 오고 만리길을 무거운 수레를 끄느라 그 형세가 반드시 피폐할 것이다. 편안함으로 피로해지기를 기다려(以佚待勞) 먼저 기세를 선점하면 반드시 그들을 물리칠 수 있을 것이다.'라고 말한 기록이 있다. 『全書』, 乙酉 七年 九月以後 重興 元年, 元至元 二十二年 三月.
114　『全書』, 乙酉 七年 九月以後 重興 元年, 元至元 二十二年 夏 四月.

것을 피하기 위함이었다. 그러나 상황이 바뀌면서 베트남군은 타인화부에서 북상하여 진남왕과 소계투(唆都)의 군대가 합류하지 못하도록 차단에 나섰다. 이 시기의 전투에서 쩐녓주엇이 이끄는 군대에 포함된 '宋人'의 역할이 컸다. 당시 그의 군대에 송에서 망명해 온 조충(趙忠)이라는 인물이 있었고, 그는 특히 함자관에서의 전투에서 큰 공을 세운 것으로 전해진다. 쩐녓주엇은 이 전투에서 송의 복장을 입고 활과 화살로 싸웠으며, 이를 본 몽골군은 송의 잔존 세력이 베트남을 도우러 왔다고 오인하여 크게 당황하였다. 이로 인해 몽골군의 사기는 크게 저하되었고 그것이 패배의 한 요인[115]으로 작용하였다.

이렇게 몽골과의 전투에서 전세를 뒤집은 쩐 왕조는 탕롱(昇龍)으로 진격하게 된다. 이때 쩐꽝카이(陳光啓, Trần Quang Khải)와 쩐꾸옥또안(陳國瓚, Trần Quốc Toản)이 각자 민병들을 이끌고 수도 방면으로 나아가 경성(京城)과 장양(章陽)[116] 일대에서 몽골군을 격파했다고 한다.[117] 이처럼 육로를 통해 베트남이 공격하자 몽골군은 탕롱을 버리고 북으로 퇴각하게 된다. 『全書』에서는 당시 진남왕 토콘(脫歡)과 평장 아릭카야(阿里海牙) 등이 서둘러 노강(瀘江)을 건넜다고 한다.[118] 이에 상황의 변화 대해 『元史』 「安南傳」에서는,

---

[115] 송이 멸망하고 그 유민들이 왔을 때 소문왕 일율이 이들을 받아들여 충의가 있는 자를 뽑아 가장(家將)으로 삼았다. 몽골과의 전투에서 그의 군은 송의 의복을 입고 싸웠는데, 이때 상황이 군사들이 이를 판별하지 못하고 싸울 것을 걱정하여 주위를 시켜 이르기를 '소문왕의 군대와 몽골의 군대는 마땅히 잘 식별하라.'라고 했다고 한다. 송은 몽골과 그 목소리(聲音)와 의복이 서로 유사했는데, 때문에 몽골인은 이를 보고 '송인이 와서 돕는다!'라고 놀라며 외쳤다고 한다. 『全書』, 乙酉 七年 九月以後 重興 元年, 元至元 二十二年 夏 四月.

[116] 장양(章陽)은 지금의 하노이로 남동쪽 방향 지역으로 홍강 유역에 있다.

[117] 『全書』, 乙酉 七年 九月以後 重興 元年, 元至元 二十二年 五月十日.

[118] 『全書』, 乙酉 七年 九月 以後 重興 元年, 元至元 二十二年 五月 十七日.

'교지인들이 관군에게 맞서 비록 여러 차례 패배를 당하였지만 이제 오히려 군대가 많아지고 있다. 관군은 곤경에 처해 있고 식량마저 부족하며 사상자 또한 많다. 몽골의 군마도 역시 그 효능을 발휘할 수 없게 되었다.'라고 기술하고 있다. 이에 몽골군은 탕롱(昇龍)에서 퇴각하여 강을 건너 북으로 돌아간 후 군대를 사명주에 주둔시키도록 했다고 한다. 평지에서의 전투는 기마를 이용한 전략으로 인해 몽골 측에게 유리하였다. 반면 베트남 내지는 지세가 험준하여 오히려 베트남 측에게 유리하였다. 또한 각처에서 민병이 쇄도하며 베트남의 병력은 증가 일로에 있었다. 몽골군은 무덥고 습한 기후로 인해 각종 질병에 시달렸다. 이러한 요인의 중첩으로 몽골은 더 이상 베트남에 대해 공격을 지속하지 못하고 북으로의 철수를 결정하기에 이르렀다. 진남왕 토콘(脫歡)은 철수하자는 주장에 동의하여 전군에 퇴각을 명하였다.

쩐 왕조의 성종과 인종도 타인화부에서 나와 3일에는 짱안(長安, Tràng An)[119]에서 몽골의 군대와 교전하였다. 그 승리로 베어낸 몽골군의 귀가 그 숫자를 헤아릴 수 없을 정도였다고 한다.[120] 이후 두 황제는 용흥(龍興) 즉 타이빈(太平, Thai Bình)성에 있는 쩐씨 일가의 능을 돌아보았다.[121] 아마도 쩐 왕조 측이 일련의 승전을 조상들에게 고하는 제의적 행위의 일환이었을 것으로 보인다. 그러나 몽골군이 퇴각하는 과정에서도 베트남군의 추격전은 계속되었고, 여월(如月)강과 남책(南柵)강 일대에서 격전이 이어졌다. 여월강 전투는 회문후(懷文侯) 쩐꾸옥똬안(陳國瓚)의 지휘하에 벌어졌으며, 이후 그의

---

119   오늘날의 닌빈(寧平, Ninh Bình)성.
120   『全書』, 乙酉 七年 九月以後 重興 元年, 元至元 二十二年 五月 三日.
121   『全書』, 乙酉 七年 九月以後 重興 元年, 元至元 二十二年 五月 十二日.

행보가 전해지지 않는 것으로 보아 이 전투에서 전사한 것으로 보인다. 뒤이어 남책강 전투에서는, 부교를 건너던 몽골군을 베트남이 매복 공격하여 기습하였다. 이 전투로 좌승 탕구타이(唐兀艀)의 부대는 큰 피해를 입었고, 탕구타이(唐兀艀) 자신도 겨우 탈출할 수 있었다. 그는 이러한 상황을 원의 중앙에 상주하였다.

이에 1285년 7월 추밀원에서는 군대를 담주(潭州)에 집결시키고 토콘(脫歡)과 아릭카야(阿里海牙)로 하여금 통솔하게 하는 조치를 내렸다.[122] 이처럼 2차 전쟁이 채 종식되지 않은 상황에서 베트남에 대한 재원정 계획을 수립하였다. 그러나 이는 몽골의 내부 사정과 퇴각 중 입은 손실로 인해 곧 중단되었다. 특히 퇴각 과정에서 여러 장수들의 전사와 대규모 병력 손실이 결정적 요인으로 작용한 것으로 보인다.

진남왕(鎭南王)의 군대가 남책강에 이르렀을 때, 반끼엡(萬劫)에서 홍도왕 쩐꾸옥뚜언의 군대를 만나고 그 공격으로 말미암아 다수의 익사자가 나오게 된다. 이때 우승 이항(李恒)은 끝까지 저항하며 홍도왕의 부하 쩐티에우(陳紹, Trần Thiệu)를 참하고, 진남왕을 사명주까지 호위하였다.[123] 그러나, 이항은 무릎에 독화살을 맞은 채 사명주에 이르러 죽고 만다. 한편, 소게투(唆都)의 군대는 진남왕과 이탈된 채, 타인화에서 북상하여 17일 티엔막(天幕, Thiên Mạc)강[124]에 이르렀으나 귀로가 차단된 상태였다. 소게투(唆都)는 본대와의 합류를 시도하며 원군을 요청하고자 북상하려 했지만, 베트남군의 공격을 받게 되고 이 과정에서 전사한다.[125] 우마르(烏馬兒)와 만호 유규(劉珪)

---

122 『元史』卷209,「安南傳」, 至元 二十二年.
123 이항은 이때 군사 5만을 이끌면서 퇴각하는데 이때 구리 그릇에 토콘을 숨겨 사명주까지 갔다고 한다. 『全書』, 乙酉 七年 九月以後 重興 元年, 元至元 二十二年 五月二十日.
124 오늘날 하남(河南, Hà Nam)성 북쪽에 있는 상이나.

는 작은 배를 타고 해로를 통해 북으로 겨우 도망칠 수 있었다.[126] 이후 소게투(唆都)의 수급을 본 쩐 인종은 '신하라면 마땅히 이와 같아야 한다.'라고 하며 그에게 옷을 덮어주었다고 한다. 그러나 한편으로는 비밀리에 그 수급을 기름에 담가 효시하였는데, 이는 이렇게 몽골군의 베트남 침략에 대한 원한을 풀고자 했던 것이다.[127]

결국 몽골의 2차 침입은 실패하게 된다. 같은 해 6월 6일 성종과 인종은 드디어 탕롱으로 입성하였다. 이때 쩐꽝카이는 베트남의 전승과 몽골의 군대를 베트남 영내에서 몰아낸 것에 대한 기쁨을 시로 지었는데, 그 내용은 이러했다. '장양도(章陽度)에서 창을 빼앗고, 함자관(鹹子關)에서 적을 붙잡아, 태평성대가 비로소 이르니 강산이여 영원하라.'[128] 또한 좌복야(左僕射) 유강개(劉剛介)에게 명해 논공행상을 행하여 공신에게 차이를 두어 과작을 봉하고 항복한 자들에 대해서는 죄를 묻게 했다.[129] 이 항복한 자들이라는 것은 몽골에 투항하거나 전쟁 과정 중에 몽골을 도운 자들을 가리킨다. 이들에

---

125 『元史』의 기록에도 진남왕의 군대가 패하고, 우기가 다가오며 날씨가 비가 오며 전염병이 창궐하자 장수들에게 오리(烏裏)로 퇴각할 것을 명하고 있다. 그러나 이 과정에서 소게투(唆都)가 죽고, 이항도 진남왕을 보필하여 사명주에 이르나 독화살을 맞은 터라 그곳에 이르러 죽게 된 것으로 나오고 있다. 『元史』卷13, 「世祖本紀(十一)」, 元至元 二十二年.

126 『全書』, 乙酉 七年 九月以後 重興 元年, 元至元 二十二年 五月 二十日夜半.

127 『全書』에는 소게투(唆都)가 3년 동안 길을 빌려 우리나라를 침범하려고 했기 때문이라고 그 이유를 덧붙이고 있다. 이에 대해 오사련은 '이 말은 참된 제왕의 말이다. 그 대의를 명확하게 하여 만세의 백성과 신하들로 하여금 군주에 충성하여 죽는 영광을 하게 하였으니 비록 죽더라도 不朽하니 그 의미하는 바가 크다. 하물며 또 옷을 덮어주고 이를 거두어 장사 지내 주니 그 使氣를 빼앗아 적을 무찌를지니 마땅히 이러할지어다.'라 하며 그 행동을 칭찬하고 있다. 『全書』, 乙酉 七年 九月以後 重興元年, 元至元 二十二年.

128 『全書』, 乙酉 七年 九月以後 重興 元年, 元至元 二十二年 六月六日.

129 『全書』, 乙酉 七年 九月以後 重興 元年, 元至元 二十二年 秋 八月.

대한 처벌에 관련해서는 다음 장에서 다시 이야기하겠다.

　몽골은 점성에 대한 정벌의 연장선상에서 발발한 2차 전쟁이 실패하자 즉시 보복을 위한 제3차 남벌 준비에 착수하였다. 7월에는 진남왕과 아릭카야(阿里海牙)에게 정예 장수를 선발하여 통솔하게 하였다. 이때 진남왕의 군대는 장기간의 원정으로 지친 상태였기 때문에, 주력 병력은 아릭카야(阿里海牙)의 군에서 몽골군 천여 명, 그리고 강회(江淮), 강서(江西), 형호(荊湖)성에서 한군과 신부군 사천을 모집하였다. 한편 좋은 장수들을 선발하여 진남왕 토콘(脫歡)과 아릭카야(阿里海牙)에게 이들을 통솔하여 베트남 정벌을 다시 추진하도록 하게 했다.[130] 그러나 이러한 정벌 준비는 얼마 되지 않아 중단되기에 이른다. 탕구타이(唐兀觧) 등이 군대의 피로와 손실을 이유로 휴식의 필요성을 주청하였고,[131] 조정 역시 군이 내부 상황이 열악하다고 판단했기 때문이다.

　이에 따라 쿠빌라이는 '몽골군 100명과 한군 400명을 차출하여 진남왕 토콘(脫歡)의 숙위병으로 남기고, 나머지는 모두 해산시켜 귀국하게 하라.'[132]고 명하였다. 이는 베트남 재원정의 무기한 연기를 의미하는 것이었다. 쿠

---

[130] 추밀원에서 진남왕의 군대가 베트남과의 오랜 전쟁으로 피폐해져 있으므로, 아릭카야(阿里海牙)의 군 3만 호에서 군대를 나누어 동원하도록 청하고 이를 10월 담주에 집결시킬 것을 청하고 있다. 『元史』卷13, 本紀13, 「世祖(十)」, 至元 二十二年 秋 七月 庚寅; 『元史』卷209, 列傳第96, 「安南傳」, p.221.

[131] 이때 진남왕의 군사를 편제하는 과정에서 탕구타이(唐兀觧)를 형호행성좌승(荊湖行省左丞)에 임명하지만 그가 교지 정벌에 대해 미루도록 청하고 이것이 수용된 것이다. 『元史』卷13, 本紀13, 「世祖(十)」, 至元 二十二年 秋 七月 庚寅.

[132] 이와 함께 강회(江淮)에서 소집한 몽골군을 강서(江西)로 보내 수비하게 하고 있다. 『元史』卷13, 本紀13, 「世祖(十)」, 至元 二十二年 九月 庚寅; 『元史』卷98, 志第46, 「兵(一)」에도 이와 동일한 내용이 나오고 있으며, 다만 교지 정벌을 위한 몽골군 500명, 한군 2,000명 중 몽골군 100명, 한군 400명을 남겨 진남왕 토콘의 숙위(宿衛)로 삼고 나머지는 돌려보냈다고 나오고 있다.

빌라이 역시 그동안의 전쟁으로 지친 군대에게 휴식이 필요하다고 여겼던 것이다. 한편, 그는 이전의 다루가치였던 합살아해아(合撒兒海牙)를 1286년 2월 베트남에 사절로 파견하였다. 그의 임무는 표면상 외교적 사절이었지만, 실제로는 베트남의 정세를 탐지하기 위해 파견되었을 것이라 여겨진다.

1286년 베트남에 대한 정벌 준비가 다시 시작된다. 그는 조서를 내려 남벌을 단행하기로 정하고, 이에 대한 전쟁의 명분으로서 쩐 왕조의 죄악을 열거하고 있다. 이에 대해『安南志略』「大元詔制」에는 다음과 같이 기술하고 있다.

> 오래전부터 너희 국가는 신복을 칭하며 해마다 조공을 바치지만 친조를 하지 않고 있다. 때문에 그 숙부 진유애가 오니 그에게 안남의 일을 맡겼는데 해를 당했다. 다루가치 부얀테무르(不眼帖木兒)를 보낸 바 이 역시 받아들이지 않았다. 나아가 천조가 점성에 出師함에 이르러 마땅히 군량과 군사를 보내야 함에도 보내지 않았다. 이에 진남왕 토콘(脫歡), 행성 아릭카야(阿里海牙) 등을 보내 죄를 물었던 것이다. 지금 너희 나라는 근친인 陳益稷과 陳秀嵈이 종국의 멸망을 걱정하고 무고한 백성에게 피해가 갈 것을 염려하여 여러 차례 너에게 內庭을 권했으나 끝내 따르지 않아 천조에 귀복한 바 있다. 짐은 그 충효를 불쌍히 여겨 진익직을 안남국왕에 봉하고 진수완은 보의공에 봉하여 진씨의 사직을 돌보게 했다. 앞서 鎭南王 토콘(脫歡)과 平章政事 오그룩치(奧魯赤)에게 명해 너희 죄를 징벌하게 하였다. 너희는 죄악을 여기서 멈추고 백성들로 하여금 걱정하는 바가 없게 하라. 조서가 당도하면 다들 토지로 돌아가 편안하게 생업에 종사하도록 하라.[133]

---

133 이와 관련하여,『元史』「安南傳」에는 2월에 조서를 보낸 것으로 나오고 있다.『安南志略』卷第二,「大元詔制」.

여기서 쿠빌라이는 베트남에 대해 언급한 친조를 행하지 않은 점, 진유애를 살해한 것, 다루가치인 부얀테무르를 받아들이지 않은 것, 몽골의 점성 점령을 돕지 않고 식량과 군사를 지원하지 않은 점 등을 죄악이라 열거하며 훈계하고 있다. 그러나 이것은 전쟁을 위한 명분이었을 뿐이다. 1286년 쿠빌라이는 '일본은 일찍이 천조를 침범한 적이 없는데, 지금 교지가 변경을 침범하니 마땅히 일본은 잠시 버려두고 교지에 전념해야 한다.'[134]라고 말하고 있다. 위의 조서는 전쟁을 앞두고 그 명분을 제시하려고 한 것이었음을 알 수 있다. 이 조서에서 쩐익딱의 몽골에 항복한 이유에 대해, 쩐 왕조가 몽골에 의해 멸망할 것을 우려하여 진심으로 '내조(來朝)'를 권했으나 이를 받아들이지 않았기 때문이라 언급하고 있다.

이와 더불어 아릭카야(阿里海牙)를 안남행중서성(安南行中書省)의 좌승상(左丞相), 오그룩치(奧魯赤)를 평장정사도원수(平章政事都元帥), 우마르(烏馬兒)와 역리미실(亦裏迷失), 아리찬순(阿裏詧順), 번즙(樊楫)을 참지정사(參知政事)로 임명하고, 황자인 에센 테무르(也先鐵木兒)에게 명해 운남 지방의 합랄장(合剌章)[135]에서 천명 혹은 2, 3천 명의 군사를 모집하게 하였다. 이후 이들 군사는 아릭카야(阿里海牙)에게 보내 베트남에 대한 정벌을 돕게 했다.[136] 이처럼 정벌을 위한 준비를 갖추어 가면서, 한편으로 2차 전쟁을 통해 수군 보강의 필요를 절감한 쿠빌라이는 호광행성에 명해 베트남 정벌을 위한 전함 300척을 8월 내 건조토록 하였다. 이들 전함은 곧 흠주와 염주에 배치되었다.[137] 아울러

---

[134] 『元史』 卷208, 列傳第95, 「日本傳」.
[135] 아랄장(阿剌章)이라고도 하며, 원대의 지역명이자, 종족명이기도 하다.
[136] 『元史』 卷14, 本紀14, 「世祖(十一)」, 至元 二十三年 二月 甲辰.
[137] 『元史』 卷14, 本紀14, 「世祖(十一)」, 至元 二十三年 二月 丁巳.

강절(江浙), 호광(湖廣), 강서(江西) 등의 지역에서 병사 6만을 모아 베트남에 대한 정벌을 명하는 등 본격적으로 3차 전쟁을 준비했다.

　4월이 되자 쿠빌라이는 베트남 정벌을 위해 운남에 있는 군사를 이용하기로 결정하고 그들의 둔전세를 면해주었다.[138] 또한 운남 방면에 있는 합랄장(合剌章)의 군대와 몽골인 군대에서 1,000명을 차출한 다음 유능한 장수를 선발하여 이를 지휘하도록 하였다. 이들은 후일 토콘(脫歡)의 출정에 참여하게 된다.[139] 한편 베트남 정벌에 참전했던 아릭카야(阿里海牙)가 중병에 걸려 그해 6월 죽자, 그를 대신하여 오그룩치(奧魯赤)에게 토콘(脫歡) 보좌의 책임을 맡게 하였다. 다음 해 연초에 그는 호광등처중서성평장정사(湖廣等處中書省平章政事)에 임명된다. 쿠빌라이는 4월 그를 상도(上都)로 소환하여, '아릭카야(阿里海牙)는 진심으로 황실을 섬겨 그 후손들이 현재까지 영화를 누리고 있다. 경도 충성을 다한다면 어찌 그들과 같은 영광을 누리지 못하겠는가!'라고 말하며 진남왕을 도와 베트남 출정 준비에 최선을 다하라 격려하였다.[140]

138　『元史』卷14, 本紀14, 「世祖(十一)」, 至元 二十三年 四月 庚子.
139　『元史』卷14, 本紀14, 「世祖(十一)」, 至元 二十三年 四月 壬子.
140　원 지원(至元) 연간(1264~1294)에 세운 것으로, 원 명칭은 호광등처행중서성(湖廣等處行中書省)이며, 호광(湖廣)이라 한다. 치소는 무창로(武昌路, 현 호북성 무한시 무창)에 있었다. 관할 영역이 송대의 형호북로(荊湖北路)·남로(南路) 및 광남서로(廣南西路)를 포함하고 있어 호광(湖廣)이라 한다. 관할 영역은 오늘날 호북성 장강 이북의 일부와 이남 대부분·호남과 광서성 전역·광동성 전백(電白)과 모명(茂名) 이서 지역 및 귀주성 북반강(北盤江) 유역 이외의 지역에 해당한다. 명 홍무9년(1376)에 호광부정사사(湖廣布政使司)로 바뀌면서 관할지역도 북쪽은 지금 호북성 경계로 확대되고, 남쪽은 원래 광남서로지역에서 별도로 광서성으로 구분되었다. 호광(湖廣)은 처음에 오늘날 양호(兩湖)의 지역이었으나 청 강희 3년(1664)에 호북(湖北)·호남(湖南) 두 성으로 나누어 양호총독(兩湖總督)의 관할로 들어가게 되었는데 습관상 양호총독을 호광총독(湖廣總督)이라 부른 것이다. 『元史』卷209, 列傳第96, 「安南傳」.

한편 베트남은 5월이 되자 통시대부(通侍大夫) 완의전(阮義全), 협충대부(恊忠大夫) 완덕영(阮德榮) 등을 몽골에 사절로 파견하였다. 하지만 이미 전쟁 준비에 착수해 있던 쿠빌라이는 '세자의 입조'만을 요구하며 완의전을 구금했다.[141] 이렇듯 금방이라도 전쟁이 시작될 것 같았던 정세는, 6월이 되며 갑작스럽게 방향을 바꾸었다. 이러한 결정의 배경에는 호광행성(湖廣行省) 선가(線哥)와 이부상서(吏部尙書) 유선(劉宣)이 올린 상언(上言)이 중요한 역할을 한 것으로 보인다. 당시 몽골은 심각한 재정난에 직면해 있었다. 쿠빌라이 치세 초기 진행된 상도(上都)와 대도(大都)의 건설, 역참(驛站)의 설치와 도로망 확충, 그리고 연회, 사냥, 사치로 인한 재정 지출이 상당했다. 게다가 대외 원정에도 막대한 예산이 필요했다. 몽골의 초기 원정은 승리 후 적지 않은 재정적 이득을 가져다 준 반면, 일본 및 동남아시아에 대한 원정은 막대한 손실만 초래하며 오히려 몽골 정권의 재정 기반에 엄청난 부담을 안겨 주었다. 이러한 상황에 더해, 장강 이남의 남방 지역에서 잇따른 봉기가 일어나면서 상황은 더욱 악화되었다. 이로 인해, 베트남에 대한 원정을 준비하는 과정에서도 재정 불안을 이유로 전쟁 중지를 호소하는 상주문이 적지 않게 올려졌다.

1286년 호남선위사가 올린 상주문을 살펴보면 대외 원정으로 인한 백성들의 고통에 대해 이야기하며, 전쟁 중지를 호소하고 있다.

해마다 일본 정벌과 점성과의 전쟁으로 백성들은 고통을 겪고 있습니

---

[141] 『安南志略』卷第14, 「陳氏遣使」. 이와 함께 『天南行記』에는 通侍大夫阮義全, 恊忠大夫阮德榮, 右武大夫叚海穹, 中大夫阮文彦等奉賚貢方物前詣闕省意謂必加矜恤豈期並不回歸라고 나와 있다.

다. 전쟁을 위한 물자의 공출이 심각하고, 부세와 요역도 번잡하기 그지없습니다. 군사들 가운데 풍토병에 걸려 많은 사상자가 발생했습니다. 이러한 정황에 대해 유식자는 근심하고 한탄하고 있습니다. 백성들은 생업을 이어가지 못하는 상태입니다. 가난한 자는 자식을 팔아 욕되게 살며 부자는 가산을 팔아 부역을 충당하고 있습니다. 이러한 끔찍한 고통이 갈수록 심해지고 있습니다.[142]

또한, 그는 베트남이 비록 소국이지만 해마다 조공을 보내고 있음을 강조하며, '다시 교지(베트남)와 전쟁을 벌이려면 백만 대군을 동원해야 하며 천금의 비용을 허비해야 하니 이는 백성들을 살피는 바가 아닙니다. 게다가 베트남은 이미 사신을 보내어 표(表)를 바치고 번을 칭하였는데 그 청에 따라 우선 백성들을 살피어 그들을 살게 하는 것이 가장 좋은 방법입니다.'[143] 라고 하며 계속 베트남에 대한 정벌의 중지를 탄원하고 있다.

선가(線哥) 또한 '本省(湖廣行省)에서 진수하는 지점이 70여 소인데 해마다 정복전쟁을 하느라 정예병들은 밖에서 죽고 남아있는 자들은 모두 노약한 상태입니다. 이로 인해 한 성읍마다 남은 군사는 많아야 200명을 넘지 못합니다. 실로 악인들이 허실을 엿보고 변을 일으키지 않을까 걱정이 됩니다. 지난번 아릭카야(阿里海牙)가 출정했을 때 실어 간 군량이 3만 석이었는데도 백성들은 견디기 힘들었습니다. 지금은 다시 그 수량의 배가 되고 있습니다. 관부에는 비축한 것이 없으니 민간에서 구매해야 할 터인데 백성들이 앞으로 그 곤궁함을 견딜 수 없을 것입니다. 선위사에서 말한 대로 제

---

142 『元史』卷209, 列傳第96, 「安南傳」, 至元 二十三年. 이에 대해 『元史』「劉宣傳」에는 이 상주가 예부상서 유선(劉宣)이 한 것과 유사하여 그가 한 것으로 보는 견해도 있다.
143 『元史』卷209, 列傳第96, 「安南傳」, 至元 二十三年.

발 전쟁을 위한 출병을 늦추어 주십시오.'¹⁴⁴라고 하며, 출병에 반대하고 있다. 선가는 베트남 출정을 위해 호광으로부터 공출하는 군량이 이전에 비해 두 배에 달한다고 말하고 있다. 쿠빌라이는 각지에 이전보다 훨씬 큰 규모의 징발령을 하달하고 있었던 것이다.

예부상서 유선(劉宣)의 간언은 더욱 구체적이었다. 그는 다음과 같이 상주하고 있다.

> 매년 계속되는 대외징벌로 백성은 피폐해지고 관부는 허약해지고 있습니다. 이러한 정황에서 올 봄 정벌을 그만두기로 했다는 소식이 전해지자 강절(江浙)의 군사와 백성들의 환호성이 우레와 같았습니다. 안남은 작은 국가로서 신복하여 매년 조공을 바침에 어김이 없습니다. 그런데 지금 또 명을 내려 정복하고자 한다면 어느 누가 두려워하지 않겠습니까? 병사를 일으킴에는 반드시 때가 있어야 합니다. 중원의 풍토는 한여름을 피하면 되지만 교지 광서는 장기가 서린 곳이라 그 독기가 사람을 해하고 병기를 상하게 합니다. 지금은 7월인데 대군을 정강(靜江)에 집결시켜 안남으로 진군시킨다면, 병사 대부분이 병에 걸려 죽을지도 모릅니다. 하물며 적을 만나면 어찌 되겠습니까? 또한 교지는 식량이 없고, 수로를 통한 이동이 어려우니 수레나 우마 없이 육로를 택해 가는 것은 어렵습니다. 또한 10만 석의 식량을 40만 군사가 먹을 경우, 1, 2개월이면 동이 납니다. 군량을 옮기고, 선박을 이동하는데도 5, 60만의 인원이 필요할 것입니다. 광서, 호남에서는 이미 여러 차례 공출이 행해져, 그 일대 백성들은 흩어져버린 상태입니다. 남은 이들에게 다시 부역을 명하는 것은 불가능합니다.¹⁴⁵

유선(劉宣)은 여러 요인을 들어 베트남에 대한 정벌 계획의 철회를 주청하

---

144 『元史』 卷209, 列傳第96, 「安南傳」, 至元 二十三年.
145 『元史』 卷168, 列傳第55, 「劉宣傳」.

고 있다. 우선 여름철이 당도한 상황에서 베트남에 이르게 되면 기후로 인해 죽거나 아픈 이들이 속출할 것이라 말한다. 또한 베트남에서 식량을 조달하기 위한 방책도 세워져 있지 않은 상태라는 것, 전쟁 준비를 담당한 지역인 광서, 호광의 백성들은 이미 피폐한 상태라는 것 등을 제기하며 전쟁 수행을 반대하고 있는 것이다. 그럼에도 불구하고 전쟁을 단행하고자 한다면 마땅히 먼저 백성의 부세를 경감해 준 다음 군량을 비축하고 무기를 정비한 상태에서 좋은 기회를 엿봐 시작해도 늦지 않을 것이라고 하고 있다. 또한 그는 '하물며 호광 계동(溪洞)에는 도적이 많아 만일 간사한 이가 틈을 엿보고 반란을 일으킬 수 있습니다. 남은 병사가 있다 해도 사람이든 말이든 나이 들고 병약하니 이에 대응할 수 없습니다.'[146]라고 말하고 있다. 이처럼 베트남 전쟁의 재개에 반대하는 신료들의 간언은 계속되었다. 이에 쿠빌라이는 전쟁을 강행하기보다는 충분한 준비를 선행시키는 것이 필요하다고 여겨 출정을 유예시켰던 것이다.

지금까지 쿠빌라이 시기 있었던 제2차 베트남 정벌의 배경과 그 전개 과정에 대해 알아보았다. 쿠빌라이는 '六事'의 의무 이행을 베트남에게 압박하고 있었고, 특히 '친조'를 강요하였다. 그러나 쩐 왕조는 그에 대해 거절하면서도 계속적으로 사절을 파견하며 몽골과 우호적 관계를 유지하려 노력하였다. 하지만 양국 간의 전쟁은 쿠빌라이의 점성에 대한 정벌 과정에서 촉발되었다. 베트남은 몽골의 양식과 군대 공출 요구를 거절하였고 이것이 제2차 전쟁으로 연결되었다. 당시 강한 군사력을 지니고 있던 몽골에 대해 베트남은 일시 물러설 수밖에 없었고, 결국 탕롱을 내어주고 산지로

---

146 『元史』卷168, 列傳第55, 「劉宣傳」.

둘러싸인 타인화(清化, Thanh Hoá)부로 내려와 몽골에 대한 기습을 준비하게 된다. 이 시기 쩐 왕조의 정책에 찬동하지 않는 몇몇 종친들은 국가의 존망 앞에서 몽골 측으로의 투항을 택하는데 그 중 대표적인 인물이 쩐익딱이다. 그러나 기후와 풍토의 영향으로 몽골 군대는 큰 피해를 입게 된다. 또한 식량 보급의 문제가 발생하면서 결국 베트남 정벌을 중단하고 퇴각하게 된다. 이후 쿠빌라이는 베트남에 대한 3차 출병을 즉시 계획하지만 여러 가지 어려움에 직면하여 중단하고 만다. 제3차 침공은 1, 2차의 패배를 설욕한다는 의미가 강했다. 쿠빌라이는 계획되어 있던 일본 원정도 잠시 중단하고 1287년 마침내 베트남 출병 계획을 실행에 옮기게 되는 것이다.

V장. 제3차 베트남-몽골 전쟁과 그 전개 양상

1. 제3차 베트남 정벌 전쟁의 경과

쿠빌라이는 결코 베트남에 대한 원정을 중지한 것이 아니었다. 다만 몽골의 대내적인 사정으로 인해 그 일정을 미루며 준비하고 있었을 뿐이다. 3차 원정은 이전의 1, 2차 원정과는 사뭇 달랐다. 이전의 전쟁은 남송 및 점성의 공략 과정에서 발생하였다. 반면 3차 원정은 이전의 침략 실패에 대한 보복으로 추진된 것이었다. 쿠빌라이는 점성 및 일본에 대한 정벌이 실패한 것을 거울 삼아 1287년부터 비교적 충실하게 준비를 해 나갔다. 쿠빌라이는 그 이전에도 베트남 전쟁을 위해 여러 가지 조치를 취한 바 있다. 1286년 11월에는 아팔적(阿八赤)을 정교지행성(征交趾行省) 우승에 임명[1]하였으며, 10월에는 베트남 공격을 전두 지휘하는 진남왕에게 말 4,000필을 하사하고 있다.[2] 본격적인 전쟁의 준비는 이듬해부터 이루어졌다고 볼 수 있다.

1　『元史』卷14, 本紀14, 「世祖(十一)」, 至元 二十三年 十一月 己巳.
2　『元史』卷14, 本紀14, 「世祖(十一)」, 至元 二十三年 十月 乙卯.

쿠빌라이는 정월에 이르러 모든 군대에 다시금 원정 준비를 명했다. 그는 참정(參政) 정붕비(程鵬飛)³를 우승(右丞), 아리(阿里)를 좌승(左丞)에 임명하고, 이후 신부군(新附軍) 1,000명을 아팔적(阿八赤)에 보내 베트남을 공격하게 했다.⁴ 또한 정교지행상서성(征交趾行尙書省)을 세우고, 오로적(奧魯赤)을 평장정사(平章政事), 우마르(烏馬兒)와 번즙(樊楫)을 참지정사(參知政事)에 임명하였다. 이들은 대부분 이전의 베트남 공격에 참여했던 인물들로, 그들을 진남왕 토콘(脫歡)의 지휘 하에 두고 베트남과의 전쟁을 추진하게 했던 것이다. 또한 강회(江淮)⁵ · 강서(江西)⁶ · 호광(湖廣) 등 3성의 몽골군과 한군 7만 명, 배 500척, 운남군 6천 명, 해남도의 려병(黎兵) 1만 5,000명을 동원하여 베트남으로의 출병을 명령하였다. 『安南志略』에도 유사한 기록이 남아있다.⁷ 『安南志略』에는 이외에 광서 일대에서 동병(峒兵)을 동원했다는 기록이 나오고 있다. 이 동병은 광서 산간 지역의 군사로 당시 이 군대는 석도아(昔都兒)⁸가

---

3 송의 장수로, 1274년 몽골에 항복했다.
4 『元史』卷14, 本紀14, 「世祖(十一)」, 至元 二十四年 正月과 함께 『元史』 「安南傳」에서도 至元 二十四年 正月에 행해진 내용으로 나오고 있다.
5 강회등처행중서성(江淮等處行中書省)의 약칭이다. 元 至元 13년(1276)에 설치하였고, 치소는 양주(揚州, 현재 강소성 양주시). 관할 영역은 오늘날 강소성 장강 이북 지역 및 안휘성 사현(泗縣), 오하(五河), 저주(滁州), 래안(來安), 전초(全椒) 등 현·시 지역이다. 至元 15년(1278)에 회동도선위사(淮東道宣慰司)로 개편되었다.
6 강서등처행중서성(江西等處行中書省)의 약칭이다. 元 至元 14년(1277) 설치하였는데, 치소는 융흥부(隆興府)로 현재 강서성 남창시 지역이다. 관할 영역은 오늘날 강서성과 광동성 대부분 지역이다. 명 홍무 2년(1369)에 광동도선위사(廣東道宣慰司)에 소속되어 광동등처행중서성에 편입되었다. 홍무 9년(1376)에 강서포정사사(江西布政使司)로 바꾸었다.
7 『安南志略』卷第四, 「征討運餉」, 至元 二十四年 丁亥.
8 『元史』卷133, 列傳第20, 「昔都兒傳」에 따르면 그가 7월 동군(이곳에서는 동병[峒兵]이라 기록되어 있다)을 이끌고 진남왕 토콘을 도와 교지를 정벌하려 했다는 내용이 나오며, 당시 그는 한동우강만호부(漢洞右江萬戶府)의 다루가치직을 맡고 있었다.

지휘했다.

여기서 등장하는 '정교지행상서성'은 1286년의 '정교지행성'을 명칭만 약간 바꾼 것이었다. 그런데 『元史』 권129 「내아팔적(來阿八赤)」에 따르면, 1285년에는 '진남왕이 교지를 정벌하러 가면서 그(아팔적)가 호광등처행중서성 우승에 임명되었다.'라고 한다. 1287년에는 호광등처행상서성 우승으로 바뀌어, 4성에서 뽑은 군사들을 그의 통제 하에 두었다고 한다.[9] 이 정교지행상서성은 호광행상서성과 그 조직이 동일한 것이거나 유사하게 운영이 되었던 존재였다. 또한 베트남과 점성 침략에 대한 업무는 호광행성에서 담당했는데, 이 호광행성의 중심이 악주(鄂州)이므로 악주행성(鄂州行省)으로도 불렸다. 또 다른 이름으로는 형호행성(荊湖行省), 형호-점성행성(荊湖-占城行省) 또는 안남행중서성(安南行中書省)이라고도 불렸다.[10]

동원된 군대의 수가 늘어나며 운송해야 하는 식량도 폭증하였다. 이에 따라 군량 이송에 커다란 어려움이 발생하였다. 앞서 언급한 것처럼 유선(劉宣)은 장정 한 명이 5두의 쌀을 지고 갈 수 있는데 오고 가는 도중 자신이 소비하는 식량도 상당량에 달하였다. 10만의 군량미라 해도 40만 군사가 먹으면 1~2개월이면 동이 나 버렸다. 더욱이 베트남으로 향하는 도로 사정도 좋지 않았다. 육로를 통해 가는 경우 수레나 우마 없이 이동이 어려웠다. 그리하여 제3차 원정을 앞두고 쿠빌라이는 수로를 통한 식량의 운반을 계획하였다. 쿠빌라이는 만호(萬戶) 장문호(張文虎), 비공신(費拱辰), 도대명(陶大明) 등에게 명하여 17만 석의 군량을 길을 나눠서 운반하게 했는데,[11] 장

---

9 『元史』 卷129, 列傳第16, 「來阿八赤」.
10 山本達郎, 앞의 책, 1975, pp.120~121. 형호행성은 송 정벌을 위해 그즈음 세워진 행성으로 이후 점성행성과 병합시켜 형호-점성행성으로 불리었다. 그러나 점성 정벌만을 위한 것이 아니라 베트남 정벌까지 염두 하여 설치한 것이라고 볼 수 있다.

문호에게 10만의 군사를 주며 군량미의 호송을 담당시켰다.[12] 그리고 5월에는 우승 정붕비(程鵬飛) 또한 형호행성으로 파견하였다. 모든 군사는 물론 진남왕의 통솔 하에 두었다.

쿠빌라이는 제3차 원정을 수군 중심으로 진행하기로 결정하였다. 이전 전쟁의 경험에 비추어 베트남에서는 선박 없이는 이동하기가 어렵다고 판단했던 것이다. 그리하여 식량의 운송은 물론이고 주력군 역시 수로를 통해 운송시키고자 했다. 그는 6월에 이르러 우마르(烏馬兒), 번즙(樊楫)에게 군사를 이끌고 수륙 양쪽으로 진격하라고 명하였다.[13] 이들은 10월경 1,800여 명의 군사를 이끌고 흠주를 통해 베트남으로 나아갔다. 이외에 오미(烏未), 장옥(張玉), 유규(劉珪)는 이들과 다른 길로 병사 수만 명과 함께 앞서 준비한 전선 500척, 운선 70여 척을 타고 흠주에서부터 베트남을 향해 진군해 갔다.[14] 9월에는 해남경주로안무사(海南瓊州路安撫使)인 진중달(陳仲達), 남녕군총관(南寧軍總管) 사유규(謝有奎), 연란총관(延欄總管) 부비성(苻庇成)이 선박 120척과 함께 려병(黎兵) 1,700여 명을 내어 베트남의 원정을 돕겠다고 진언하

---

[11] 이에 대해 『安南志略』卷第四, 「征討運餉」에서는 70척의 배로 운반했다고 되어있다. 『全書』에서는 '元發江淮, 江西, 湖廣三行省蒙古, 漢南軍及雲南兵, 海外四州黎兵分道入寇, 令萬户張文虎等海道運粮七十萬石隨之.'로 나오며, 군량에 대해 70만 석이라고 되어있다. 또한, 『元史』卷14, 本紀14, 「世祖(十一)」, 至元 二十四年 正月의 기록에 이와 함께 이때 정교지행상서성(征交趾行尙書省)을 두고, 오그룩치(奧魯赤)를 평장정사에, 우마르(烏馬兒), 번즙(樊楫)을 참지정사에 임명하고 그것을 총괄하게 하며 진남왕의 통제하에 두었다고 하는데, 『元史』卷131, 列傳第18, 「奧魯赤」에는 이와 관련 기사는 없고, 至元 23년 그가 호광등처행중서성 평장정사에 임명된 기록이 나오고 있다. 아마도 위에서 언급한대로, 이 정교지행상서성 또한 호광등처행중서성과 동일하거나 유사하게 운영된 기구인 듯하다.

[12] 『安南志略』卷第四, 「征討運餉」, 至元 二十四年 丁亥.

[13] 『元史』卷209, 列傳第96, 「安南傳」, 至元 二十四年 六月.

[14] 『安南志略』卷第四, 「征討運餉」, 至元 二十四年 丁亥.

였다. 이후 쿠빌라이는 진중달에게 안무사(按撫使)의 호부(虎符)를, 사유규와 부비성에게 연해군총관(沿海軍總管)의 금부(金符)를 수여하며[15] 베트남 전쟁에 참여토록 지시하였다.

베트남은 이러한 몽골의 베트남 정복 계획을 잘 인지하여 그에 대한 대책을 마련하고 있었다. 쩐 인종(仁宗)은 1285년 몽골과의 전투가 종료된 이후 몽골과의 전투에서 공을 세운 이들과 항복한 자들에 대해 상벌을 행하여 기강을 세우고자 했다.[16] 대외적으로는 몽골과 우호적인 관계를 유지하기 위해 노력하였다. 전쟁 기간 포로로 잡은 몽골 군사도 송환시켰다.[17] 그러나 이러한 조치는 몽골의 베트남 정벌 의지를 되돌리지 못하였다. 오히려 친선을 위해 보낸 베트남 측의 사자를 구류시켰다. 이는 명목상으로는 베트남이 '친조'를 이행하지 않는 것에 대한 징벌이었다. 1287년 9월 쩐 왕조는 재차 중대부(中大夫) 응우옌반응안(阮文彦, Nguyễn Văn Ngạn)과 통시대부(通侍大夫) 레쫑키엠(黎仲謙, Lê Trọng Khiêm)을 파견하여 원에 조공을 바쳤지만 이미 전쟁을 결심한 쿠빌라이는 이들 또한 돌려보내지 않고 경사에 구금해 버렸다.[18]

이러한 사태 전개에 쩐 왕조 측에서도 쿠빌라이가 전쟁을 강행할 것이라

---

15 『元史』卷14, 本紀14, 「世祖(十一)」, 至元 二十四年 九月 己亥.
16 이때 좌복사 유강개(劉剛介)에게 명해 공신을 그 공에 따라 봉하고, 항복한 자들의 죄를 다스리게 했다. 『全書』, 乙酉七年九月以後重興 元年, 元至元 二十二年.
17 『全書』의 기록에 따르면 당시 쩐 왕조는 포로로 잡은 5만의 병사들 얼굴에 글자를 새겨 돌려보냈다고 한다. 그리고 그들에게 다시 붙잡혔을 때는 참수하겠다고 경고했다고 한다.
18 『元史』卷14, 本紀14, 「世祖(十一)」. 이와 관련하여, 『元史』「安南傳」에는 응우옌반통(阮文通)으로 되어 있지만 응우옌반응안(阮文彦)이 맞는 것으로, 『安南志略』에서는 '至元 丁亥遣大夫 阮文彦, 白舍來貢. 防王師再擧, 留文彦等數年, 放還國.'라고 기록되며 이외에도 대부 백사(白舍)의 이름도 언급되고 있다.

여겨 이에 대한 대책을 서둘렀다. 『全書』에는 1286년 3월 원의 황제가 위와 같이 전쟁을 준비하고 있는 정황을 기록하고 있다. 또 함께 쩐익딱을 안남국왕으로 세웠다는 것도 기술하고 있다.[19] 이 사실은 쿠빌라이가 보낸 조서를 통해 이미 베트남 측에 잘 알려져 있었다.

쩐 왕조는 그해 여름 왕후 종실에게 모병하여 이들을 훈련시키도록 하였다. 이때 쩐 인종이 홍도왕 쩐꾸옥뚜언(陳國峻)에게 '전세는 어떠한가?'라고 물으니, 그는 '우리나라는 태평성대가 오래되어 백성들이 전쟁을 잘 몰랐기 때문에 지난번 몽골이 침입했을 때 항복하거나 피했습니다. 그러나 조상과 폐하의 은덕으로 오랑캐를 물리쳤습니다. 그들이 만약 다시 쳐들어온다면 우리는 이미 전쟁을 통해서 그들을 막는 전술을 익혔고, 적군은 원정에 대해 두려워하니 반드시 그들을 물리칠 수 있습니다.'[20]라고 대답하였다고 한다. 때문에 쩐 인종은 쩐꾸옥뚜언(陳國峻)에게 재차 군사의 총지휘를 맡겼다. 그는 왕후 종친들을 필요한 곳에 각각 배치하고, 병사를 징집하여 훈련시켰으며, 전쟁과 관련한 물자의 구비에 노력하였다. 특히 수전을 위해 선박의 건조도 독려하였다.

1287년 정월, 쿠빌라이가 군대를 모아 베트남과의 전쟁을 본격적으로 준비하는 형세가 전해지자 베트남 측도 즉시 전쟁 대비에 박차를 가하였다. 이러한 정황에서 홍도왕 쩐꾸옥뚜언(陳國峻)은 '군사는 그 사기와 지향에 귀함이 있지 수의 많고 적음이 중한 것이 아닙니다. 이는 마치 부견(苻堅)의 백

---

[19] 이에 관해서는 『全書』, 丙戌 重興 二年 元至元 二十三年 二月 원의 황제가 상서성 오그룩치(奧魯赤), 평장사 우마르(烏馬兒), 대장 장문호 등에게 병사 50만을 모집하라 명하고 호광에 선박 300척을 8월 흠주, 염주에 모이게 하니 이에 강회, 호광, 강서 3성에 명해 남침을 하고 항복한 쩐익딱을 보내 그를 '安南國王'으로 세우라 했다고 나오고 있다.

[20] 『全書』, 丙戌 重興 二年 元至元 二十三年 夏 六月.

만 대군이 끝내 아무것도 이루지 못함과 같습니다.'[21]라고 하며 군대의 증원에 대해 반대하였다. 여기서 쩐꾸옥뚜언이 인용한 고사는, 전진(前秦)의 황제 부견(苻堅)이 383년 동진(東晉)을 침공하였다가, '초목개병(草木皆兵)'이라 불리는 심리전에 휘말려 대패한 '비수대전(淝水之戰)'을 가리킨 것이다. 그는 몽골의 대군 앞에서도 베트남이 불굴의 의지로 전심전력을 다한다면 반드시 막아낼 수 있을 것이라 단언하고 있다. 몽골의 침략이 본격화되어 그들이 부량관을 범했을 때 인종은 그에게 '적이 어떠한가?'라고 물었다. 이에 대해 쩐꾸옥뚜언은 단호히 다음과 같이 대답하였다.

올해의 적은 쉽습니다.

9월 진남왕 토콘(脫歡), 정붕비(程鵬飛)와 오그룩치(奧魯赤)는 악주(鄂州)에서 진격을 시작하여 10월 광서 무강에 연한 내빈(來賓)에 이르렀다. 다시 이곳에서 길을 나누어 진남왕과 아팔적(阿八赤) 등의 육군은 남서행 하여 베트남의 국경지대인 사명주로 향하고,[22] 앞서 언급한 바와 같이 우마르(烏馬兒)와 번즙(樊楫)이 이끄는 수군은 흠주에서 출격하였다. 이때 육로는 동로와 서로로 나뉘고, 여기에 수로를 더하여 세 갈래의 길로 베트남을 향해 진군해 갔다. 먼저 출정이 이루어지는 수군의 행보를 살펴보면 앞서 이야기한 바와 같이 이때 오미(烏未), 장옥(張玉), 유규(劉珪) 등의 수군이 번즙 및 우마르(烏馬兒)와 동행하였다. 이들은 11월 11일 흠주에서 다른 군대보다도 먼저 해로를 통해 나아가기 시작하였다. 이들은 옥산(玉山)[23] · 쌍문(雙門) · 안방구(安邦

21　『全書』, 丁亥 三年 元至元 二十四年 二月.
22　『元史』 卷129, 列傳第16, 「來阿八赤」.

□)²⁴ 등을 경유하다가 베트남의 수군 전함 4백여 척을 만나 격전을 벌였다. 이 전투에서 몽골측이 승리하여 베트남군 4천여 명을 참수하고 백여 명을 생포하였으며, 그 선박 백여 척을 빼앗았다고 한다.²⁵ 이와 관련하여 『安南志略』에서는 그들이 만녕(萬寧)²⁶에 이르자, 당시 낭산(浪山)에 매복하고 있던 베트남군이 몽골군의 후방을 차단하려 하였으나, 이를 간파한 몽골군이 반격에 나서며 전투가 벌어졌다. 그 결과, 베트남군은 수백 명이 익사하고, 또한 전선 수십 척이 몽골군에게 탈취되었다고 기록하고 있다.²⁷ 그리고 이후 우마르(烏馬兒)의 수군은 나아가 만겹산(萬劫山)에 이르고 이후 진남왕과 합류했다고 한다.

그런데 이러한 양국 군대의 접전에 대해 『全書』에서는 11월 28일 인덕후(仁德侯)가 수군을 이끌고 몽골의 군대와 다모만(多某灣)²⁸에서 전투를 벌였다고 한다. 이 전투에서 인덕후가 승리하였는데 몽골군의 익사자가 심히 많았고, 이후 40인을 인질로 잡았으며 많은 숫자의 선박, 군마, 무기 등을 획득하였다고 한다.²⁹ 그러나 『全書』의 기록은 『安南志略』과 해당 교전의

---

23 후에 꽝닌(廣寧, Quảng Ninh)성 반닌(萬寧, Vạn Ninh)주의 해안가이다.
24 안방해구는 꽝옌(廣安, Quảng Yên)성의 중부내지 동부의 해안지구이다.
25 『元史』卷209, 列傳96, 「安南傳」. 이와 관련하여 『元史』卷166, 列傳第53, 「樊楫傳」에서도 동일한 내용이 나오고 있다.
26 현 베트남 꽝닌(廣寧, Quảng Ninh)성 몽까이(Móng Cái)시이다.
27 『安南志略』卷第四, 「征討運餉」, 至元 丁亥, 十一月 十一日 戊戌. 이와 관련하여 『元史』卷166, 列傳第 53, 「樊楫傳」에도 위 전투에 대해 나와 있는데, 내용은 「安南傳」과 유사하다. 여기서는 '樊楫과 함께 참정 우마르(烏馬兒)가 배를 이끌고 해로로 가니 적의 배를 안방구에서 만나니 번즙(樊楫)이 그들을 공격하고 4천 명을 참수하고 백여 명을 생포하고 백여 척의 배를 빼앗으니 (빼앗은) 무기가 셀 수 없이 많았다. 이윽고 반끼엡(萬劫)에 이르러 진남왕의 군대와 조우했다.'라고 전하고 있다.
28 꽝닌(廣寧, Quảng Ninh)성 하롱(下龍, Hạ Long) 인근의 섬이다.
29 『全書』, 丁亥 三年 元至元 二十四年 十一月 二十八日.

결과에 대해 다르게 서술하고 있다. 『全書』에 따르면, 인덕후의 공격은 11월 28일에 이루어진 것으로 되어 있다. 반면, 『安南志略』에서는 몽골군이 11일 흠주를 출발하여 23일 베트남 내지로 진입했다고 기술한다. 따라서 『安南志略』에 따르면 11일과 23일 사이에 다모만 전투가 있었던 셈이다.

그렇다면 이 전투의 구체상은 어떠했던 것일까? 『全書』에는 인혜왕(仁惠王) 쩐카인즈(陳慶餘, Trần Khánh Dư)가 전투를 벌였다 패하였다는 기록이 등장한다. 당시 몽골과의 전투를 준비하며 쩐꾸옥뚜언(陳國峻)은 쩐카인즈(陳慶餘)에게 번돈(雲屯)에서 수군을 진수하도록 명하고, 몽골 수군과의 해상 전투에 대비하게 하였다. 그러나 몽골수군이 베트남 내지로 진입하는 과정에서 전투가 벌어졌고, 쩐카인즈가 패배하였다. 이로 인해 조정에서는 중사(中使)를 보내 그 죄를 묻고, 탕롱으로 압송토록 하였다. 이에, 쩐카인즈는 죄는 달게 받겠지만 다시 한 번 만회할 기회를 달라고 청하였다고 한다. 이후의 전투에 대해 『全書』에서는 쩐카인즈(陳慶餘)는 '오랑캐의 군사가 이미 지나갔고, 운선이 반드시 뒤에 따를 것'이라 판단하고 매복하였다가 몽골군을 격파했다고 기록하고 있다.[30] 번돈(雲屯)과 만녕(萬寧)은 지리적으로 인접한 곳이므로 여러 정황 상 『安南志略』에서 우마르(烏馬兒)의 수군과 인덕후 사이에 있었던 전투라고 나오는 것은 인혜왕(仁惠王) 쩐카인즈(陳慶餘, Trần Khánh Dư)가 벌인 전투로 보아야 할 것이다. 이때 베트남 측의 손실이 익사자 수백에 선박 수십 척을 잃은 상황이니, 부득이 이러한 손실을 초래한 진경여에 대한 처벌이 이루어졌던 것이지만 다시 한 번 기회를 얻은 진경여가 결국 몽골군과의 전투에서 승리를 한 것이다.

---

30 『全書』, 丁亥 三年 元至元 二十四年 十一月 三十日.

몽골의 우마르(烏馬兒)가 이끄는 수군은 인혜왕 쩐카인즈의 군대를 물리치고 계속 진격하다가 후방의 양선(糧船)에 대해 주의를 기울이지 못하여 이를 모두 잃었다고 한다.[31] 아마도 『全書』에서 기록하고 있는 11월 28일의 전투, 즉 인덕후가 후방으로부터 진격하여 우마르(烏馬兒)의 양선을 타격한 공격이었을 것으로 여겨진다.

전술한 바와 같이 당시 장문호(張文虎), 비공신(費拱辰), 서경(徐慶) 등이 이끄는 수군이 17만 석의 식량을 싣고 베트남을 향해 남하하는 상태였다. 장문호 등은 1287년 12월 둔산(屯山, 즉 雲屯)[32]에 도착하는데, 이곳에서 베트남의 선박 30척을 만나 교전을 하였다. 이후 녹수양(綠水洋)에 이르러서는 베트남의 선박이 많아져 더 이상 대적할 수 없게 되자 식량을 바다에 버리고 경주(瓊州)로 도망갔다고 한다.[33] 이에 따르면, 둔산과 녹수양에서 전투가 이루어진 것인데, 『安南志略』「征討運餉」을 보면 당시 수도장교(水道將校)가 두 차례의 전투로 말미암아 양선이 함몰되었다고 보고하고 있다.[34] 아마도 이 중 하나의 전투는 인덕후와 벌인 전투로 보이며, 또 다른 전투가 바로 쩐카인즈와의 전투로 여겨진다.[35] 쩐카인즈는 이 전투에서 수많은 몽골군

---

31 『安南志略』卷第四,「征討運餉」.
32 둔산(屯山): 당시 중요 무역항의 하나였던 번돈(雲屯, Vân Đồn)으로 오늘날의 운해도(雲海道, Île des Sangliers)에 해당한다.
33 장문호가 운둔에서 30여 척의 베트남 선박과 대치했을 때는 그 죽은 자가 서로 비슷했지만, 녹수양(綠水洋)에 이르렀을 때는 적의 수가 증가하면서 상황이 어렵게 된 것이다. 『元史』卷209, 列傳第96,「安南傳」. 이에 대해 『安南志略』卷第四,「征討運餉」에서 장문호가 안방구(安邦口)에서 적을 만나 양식선이 몰살당하자 전선을 타고 흠주(欽州)에 이르렀다고 되어있는데, 여기서 흠주는 경주(瓊州)이며, 위의 녹수양은 안방구로와 같은 위치로 보아야 할 것이다.
34 "水道將校告曰糧艘兩入俱陷."『安南志略』卷第四,「征討運餉」.
35 『全書』의 기록에는 12월 말에 이루어진 것처럼 나오고 있는데, 우마르(烏馬兒)와 쩐카인즈(陳慶餘)의 전투가 11월 말경에 이루어졌고, 이후 베트남 측의 사신이 오고 간 시

을 생포하고, 군량과 무기를 획득함으로써 이전의 죄를 용서받게 되는 것이다. 이 전투로 인해 몽골군의 식량은 다수 유실되고 장문호 또한 도망해 버리고 말았다. 한편 비공신의 양선은 11월 혜주(惠州: 惠陽縣廣東省)에 이르지만 이곳에서 풍랑을 만나 표류하다가 경주(瓊州)에 이르러 장문호와 합류하였다. 서경 또한 표류하여 점성까지 이르렀다가 이후 경주(瓊州)로 복귀하는 것으로 보인다. 이들이 상실한 전력과 군량을 셈하여 보면 사졸 220명, 배 11척, 양식 1만 4천3백 석 정도였던 것으로 보인다.[36] 당시 이들이 운반하던 양식의 총량은 대략 17만 석 정도였다. 이들 해전의 결과 몽골은 식량 운반에 큰 어려움에 직면하게 되었으며, 이것은 이후 양국 간의 전투에서 승패를 좌우할 만큼 절대적인 영향을 미치게 된다.

진남왕 토콘(脫歡)은 10월 28일 광서(廣西) 무강(武江) 인근의 내빈현(來賓縣)에 도착해서 전열을 정비한 후 11월 13일 육로를 통해 사명주에 이르게 된다. 이곳에서 그는 만호 하지(賀祉)에게 2,500의 군사를 주어 자중(輜重: 군수물자)을 지키게 했다.[37] 당시 토콘(脫歡)의 진중에는 『安南志略』의 저자인 레딱(黎崱)도 있었는데 그는 이때 병으로 인해 더 이상 진군하지 못하고 사명주에 남아 후군으로 뒤따른다.[38] 진남왕이 국경에 이르자 베트남 측 군사들은 이를 막았지만, 선발대의 공격에 전열이 붕괴되어 물러났고, 이후 계속

기를 염두에 둔다고 해도 대략 12월 초에는 전투에 대한 준비가 시작되었을 것으로 보인다. 때문에 12월에 장문호의 선박이 이르렀을 때 양국의 접전이 벌어졌을 것이므로 이 전투는 12월 말이 아닌 12월 초에 이루어진 것으로 보인다.

[36] 『元史』卷15, 本紀15, 「世祖(十二)」, 至元 二十五年 三月 辛卯.
[37] 『元史』卷209, 列傳第96, 「安南傳」. 『元史』卷166, 列傳第53, 「賀祉傳」에도 동해 11월, (하지[賀祉]가) 교지를 공략하는 것에 동원되어 호광행성에서 (그로 하여금) 군수품을 지키게 하고 사명주에 주둔하게 했다고 나오고 있다.
[38] 『安南志略』卷第19, 「敍事」.

진격하여 24일에는 녹주(지금의 諒山)에 이르게 된다.³⁹ 진남왕 토콘(脫歡)은 1284년 시기와 마찬가지로 길을 나누어서 진격하였다. 정붕비(程鵬飛)는 한·권병(券兵) 만 명을 이끌고 서로로 향했으며, 영평(永平)⁴⁰에서 출발하여 지릉애(支陵隘)에 이른다.⁴¹ 이들이 지나간 경로는 베트남 랑썬(諒山, Lang Sơn)성의 트엉(蒼, Thương)강의 지류를 따라 서남행하는 행로로 함사(陷沙)·자(茨)·죽(竹) 등의 관(關)을 지나는데 이곳은 당시 베트남 측의 수도 탕롱으로 향하는 길목으로 쩐 왕조는 목책을 설치해 방어선을 구축한 상태였다.『全書』에도 11월 24일 전투에서 금군에게 명해 영경관(冷涇關)에서 적을 막으니 흥덕후 관이 병사들을 이끌고 접전을 벌이다가 독화살로 적을 쏘니 죽고 다친 자가 심히 많았다고 적고 있다. 이 전투로 몽골군은 후퇴하여 무고관(武高關)에 머물렀다고 한다.⁴² 베트남의 쩐 왕조는 이처럼 몽골군이 베트남의 영내로 오는 경로에 따라 각각의 관에 병사를 배치하여 그 진로를 막으려 한 것이다. 정붕비의 서로군은 이 길을 따라 내려오면서 베트남의 군사들과 만나 대략 17여 차례의 전투를 벌여 매번 승리하면서 남진했다고 한다.⁴³ 동로군 역시 오로적(奧魯赤)이 이끄는 만 명의 군사와 함께 진격하였는데, 아팔적(阿八赤)은 만 명의 군사를 이끌고 이 대열의 선봉에 서서 여아

---

39 『元史』卷14, 本紀15,「世祖(十二)」, 至元 二十四年 十一月 丙午. 여기서 계하(界河)는 양국의 경계를 가로지르는 강으로 베트남에서는 끼꿍(Kỳ Cùng)강, 중국에서는 평이하(平而河)라 불린다.

40 현재의 랑썬(諒山, Lang Sơn)성 록빈(祿平, Lộc Bình)현이다.

41 『安南志略』卷第四,「征討運餉」. 지릉애는 후에 계릉관(鷄陵關)·진이관(鎭夷關) 등으로 불리기도 한다. 서로군의 진격로와 관련하여『元史』卷209, 列傳第96,「安南傳」에는 정붕비와 불라합답아(孛羅合答兒)가 한·권병 만 명과 함께 서로인 영평으로 향했다고 나오고 있다.

42 『全書』, 丁亥 三年 元至元 二十四年 十一月 二十四日.

43 『元史』卷209, 列傳第96,「安南傳」, 至元 二十四年 十一月.

관(女兒關)**44**으로 나아갔다. 당시 진남왕의 군에서 선봉에 섰던 아팔적은 이곳에서 베트남군을 만나 그들과 전투를 벌여 무려 만 명이나 살상시켰다고 한다.**45**

하지만 베트남은 이전의 전투에서처럼 몽골과의 직접적인 접전보다는 게릴라 전투에 더 능했다. 후퇴하다가 다시 공격을 하는 형식으로 몽골군에 타격을 주었다. 진남왕의 남진 경로는 제2차 전쟁과 대동소이하였다. 이전 전투에서 그는 아릭카야(阿里海牙)와 함께 룩남(陸南, Lục Nam)강을 따라 남하하는 경로를 취한 바 있다. 랑썬(諒山, Lạng Sơn)에서 썬동(山洞, Sơn Động)**46**에 이르는 길이었다. 토콘(脫歡)은 28일 반끼엡(萬劫)에 이르렀으며, 수로를 통해 진격한 우마르(烏馬兒)와 번즙(樊楫) 등의 군대도 이윽고 이곳에 집결하였다.**47**

수로와 동·서 육로군 이외에 운남행상서성의 우승인 애로(愛魯)가 이끄는 운남군은 별도의 경로를 좇아 남하하였다. 그는 6천 명의 군사를 이끌고 중경(中慶)**48**에서 출발하여 라라(羅羅, LoLo)·백의(白衣) 지역을 거쳐 동남쪽을 통해 베트남 땅으로 들어왔다.**49** 이때 아태(阿台)와 망쿠다이(忙古帶) 등이 함께 했는데, 그들은 11월 6일 소문왕 쩐녓주엇과 전투를 벌였다. 그 전투 지점과 관련하여『安南志略』에 나오는 삼대강(三帶江)은 베트남의 타오(洮, Thao)강, 다(沱, Đà)강·로(瀘, Lô)강 등 3개의 하천이 합류하는 지점으로,**50** 이곳은

---

44 『安南志略』卷第四,「征討運餉」에는 진남왕이 가리애(可利隘)에 이르렀다고 되어있다.
45 『元史』卷129, 列傳第16,「來阿八赤」.
46 썬동(山洞, Sơn Động)지역은 오늘날 베트남 박장(Bắc Giang)성에 속하는 지역이다.
47 『元史』卷14, 本紀15,「世祖(十二)」, 至元 二十四年 11月甲寅.
48 운남성 곤명(昆明)을 의미한다.
49 『元史』卷122, 列傳第9,「昔里鈐部」;『元史』卷14, 本紀15,「世祖(十二)」, 至元 二十五年癸未.
50 삼대강(三帶江)은 땀장(三江, Tam Giang)이라고도 불리며, 여기서 타오(洮, Thao)강

운남에서 진입하는 군사를 방어하는 데 있어 가장 중요한 요충지였다. 운남군은 소문왕과의 전투에서 군선 87척을 빼앗고, 려석(黎石)·이영(伊英) 등을 사로잡았다.[51] 이후 운남군은 계속 진격하여 11월 14일 부량관(富良關)에 도착했다. 이곳은 부량강[52]에 접한 군사요지였다.[53]

이렇듯 11월 말경 진남왕의 군대와 함께 우마르(烏馬兒)의 수군, 서로군까지 모두 반끼엡(萬劫)에 이르러 집결하였다. 이곳은 본디 이전 전쟁에서 흥도왕 쩐꾸옥뚜언(陳國峻)이 진수하던 곳으로서 탕롱 입성을 목전에 두고 양국 군대가 접전을 벌인 곳이었다. 제3차 침공에서도 진남왕은 이곳을 전초기지로 삼으면서 탕롱으로 나아가고자 하였다. 그렇기에 진군 도중 그는 유연(劉淵)에게 수보군(水步軍) 2만을 이끌고 반끼엡(萬劫)을 공격하라 명하였다. 유연은 16명의 포로를 잡고 계속하여 영산성(靈山城)을 공격하였다.[54] 아팔

은 홍하의 지류로, 운남성에서 발현하여 베트남의 라오까이를 거쳐 오늘날 푸터(Phú Thọ)성 비엣찌(Việt Trì)시에서 다(Đà, rivière Noire, 흑강)·로(Lô, rivière Claire)강과 합류한다.

51 『安南志略』卷第四, 「征討運餉」에서 운남군이 전투에서 장수 하영(何映), 려석(黎石)을 포로로 잡았다는 기록만 나오고 있다. 『元史』卷122, 列傳第9, 「昔里鈴部」에는 이보다 상세하게 운남의 군대가 라라(羅羅, LoLo)에서 교지의 국경에 이르렀는데 교지의 장수 소문왕(즉 쩐녓쭈엇[陳日熵])이 군 4만을 이끌고 목올문을 지키고 있었다. 애로(愛魯)가 이를 격파하고 려석을 포로로 붙잡았다는 기록이 나오며, 『元史』卷14의 기록도 이와 동일하다. 다만 『元史』卷149, 列傳第36, 「忙古帶」에 백등강에 대한 언급과 전선 87척을 빼앗은 일이 나오고 있다.

52 부량강은 하노이 부근을 흐르는 홍하의 지류인 꺼우(梂, Cầu)강의 다른 이름이기도 하며, 북송 희령 9년 신종 시기 있었던 베트남과 중국의 전투에서 송의 장수 곽규(郭逵)가 베트남 리 왕조의 장수 리트엉키엣(李常傑)과의 접전이 있었던 곳이다.

53 『全書』, 丁亥 三年 元至元 二十四年. 쩐 왕조 측에서는 아태(阿台)에 대해 태자로 인식하고 있다.

54 『元史』卷152, 列傳第39, 「劉淵」(劉通傳) 여기서 영산성(靈山城)은 오늘날 찌링(至靈, Chí Linh)시를 흐르는 룩더우(六頭, Lục Đầu)강 부근을 의미한다.

적(阿八赤) 역시 석도아(昔都兒)에게 명해 일자성(一字城) 공격을 명하고 이 과정에서 전선 7척을 빼앗았다고 한다.[55] 진남왕 토콘(脫歡)은 12월 3일 사십원(四十原)에 이르렀다. 이곳에서 양식이 부족하자 우마르(烏馬兒)에게 명해 양식을 약탈하게 하였다. 아마도 운량을 담당하던 장문호의 선박이 도달하지 않아 그 타격을 받은 것으로 보인다. 또한 그는 우승 정붕비, 좌승 아리(阿里)에게 2만의 병사를 주어 반끼엡(萬劫)을 지키게 하고, 더불어 양식을 비축하기 위해 보뢰산(普賴山)과 지령산(至靈山) 두 곳의 목책을 수리하라고 명했다.[56]

한편, 16일 쩐 인종은 응우옌특(阮識, Nguyễn Thức)에게 성익용의군(聖翊勇義軍)을 이끌고 홍도왕을 도와 대탄구(大灘口)를 수비하게 하였다.[57] 이곳은 베트남 문장가 쯔엉한시에우(張漢超, Trương Hán Siêu)의 '백등강부(白藤江賦)'[58]에도 언급되며, 백등강에 이르는 길목에 위치한 곳으로서 두옹(隴, Đuống)강[59]과 룩더우(六頭, Lục Đầu)강이 만나는 수계 부근으로 보인다. 18일, 모라항(茅羅港)에서 진남왕이 홍도왕과의 접전에서 승리한 뒤, 부산채(浮山寨)를 함락시켰다는 기록이 전한다.[60] 이를 통해 해당 지역은 모두 현재의 두옹강 인근이었을 것이다. 몽골의 주력군이 진격하자 베트남 측은 정면 충돌을 피하고, 수세에 몰릴 경우 신속히 퇴각하는 방식으로 전투를 운영하였다. 이는 적을 깊숙이 유인한 뒤 반격을 도모하려는 전략의 일환이었다. 유연

---

55 『元史』卷133, 列傳第20, 「昔都兒」.
56 『元史』卷209, 列傳第96, 「安南傳」; 『安南志略』卷第四, 「征討運餉」.
57 『全書』, 丁亥 三年 元至元 二十四年.
58 '涉大灘口, 溯東潮頭. 抵白藤江, 是泛是浮.'라는 구절로, 여기서 '대탄구를 건너 동쪽 밀물을 거슬러 오른다. 백등강에 이르니, 배가 유유히 떠다닌다.'는 내용이 나오고 있다.
59 디엔득(天德, Thiên Đức)강으로도 불리며, 홍강, 타이빈(Thái Bình)강과 합류한다.
60 『元史』卷209, 列傳第96, 「安南傳」.

(劉淵)이 2만의 병력을 동원하고도, 16명의 포로밖에 확보하지 못한 점, 흥도왕이 끝까지 항전하지 않고 퇴각한 점 등은 이러한 전략의 일환이라 할 수 있다.

12월 23일 진남왕의 몽골군은 전군을 이끌고 수도 탕롱으로 향하였다. 수군은 우마르(烏馬兒)가, 육군은 아팔적이 지휘하였다. 12월 26일에는 몽골군이 북강(北江), 즉 두옹(隴, Đuống)강을 따라 진군하던 중 베트남군과 조우하였다. 이 전투에서 베트남군이 승리를 거두었지만 몽골군은 우회로를 택하여 엽림(葉林)으로 진군하였고, 이곳에서 복병을 만나 일시적으로 저지되었으나, 다시 베트남군을 돌파하고 홍강으로 진출하였다.[61] 이렇게 몽골군의 압박이 거세지자, 쩐 인종은 자신의 숙부를 몽골군 진영에 파견하여 베트남의 억울함을 호소하였다. 진남왕은 이에 찰한(察罕)에게 명해 그 죄를 문책하게 했다고 한다. 이후 진남왕의 부대는 부량강을 건너 탕롱 성 아래에서 그 수비군을 격파하고 마침내 탕롱에 입성하게 된다. 몽골군의 집입에, 12월 29일 쩐 성종과 인종 부자는 도읍을 버리고 피신하였다.[62] 쩐 왕조 일행이 도달한 지점은 노강(瀘江) 즉 홍강 연안으로 추정된다. 아팔적은 이를 추격하여 노강 동안의 함자애(鹹子隘)를 공격하였는데, 이곳은 함자관(鹹子關)으로, 당시 성종이 몸을 숨긴 해시애(海市隘)보다 남쪽, 홍강 하류 인근으로 여겨진다.[63]

---

61 『安南志略』卷第四, 「征討運餉」에서 언급한 전투는 『全書』 丁亥 三年 元至元 二十四年에 나오는 전투와 같은 전투로 보이며, 『安南志略』에서 쓰인 엽림(葉林)은 자림(嘉林, Gia Lâm)으로 보는 것이 맞다.
62 『元史』 卷14, 本紀14, 「世祖(十一)」에서는 을유년, 진남왕이 부량강(富良江)을 건너 교지성(交趾城)에 이르렀다고 나오고 있으며, 『元史』 「安南傳」의 내용도 이와 동일하다.
63 『安南志略』 卷第四, 「征討運餉」.

이후 12월 30일에는 운남군과 우마르(烏馬兒)가 합세하여 병사 30만을 모아 베트남 군대를 공격하였다고 한다. 그들은 11월 베트남의 영내로 들어와 전투를 시작한 이래 크고 작은 전투를 대략 18번 치렀고, 이후 탕롱에 이르러 진남왕의 군사와 합류한 이후 20여 차례의 전투를 벌였다고 한다.[64] 이러한 격전 속에서 베트남의 파점(巴點)과 방하(旁河)의 주민들이 몽골군에 항복을 하는 모습도 출현하였다.[65] 방하는 지령(至靈: 지금의 하이즈엉[海陽, Hải Dương]성 지방) 일대이며, 파점 또한 그 근방이었다고 여겨진다.

당시 몽골은 베트남 군대가 수륙 양면으로 진격할 때 베트남의 사찰과 집을 불사르고, 조상들의 묘소를 파헤쳤다고 한다. 1288년 1월 우마르(烏馬兒)가 용흥부(龍興府)를 침범했는데, 용흥부는 지금의 타이빈(太平, Thái Bình)성에 있는 쩐 왕조의 황릉이 위치한 곳이었다. 우마르(烏馬兒)는 이곳을 점령한 후 능묘를 파헤쳤다. 또한 남녀노소를 가리지 않고 살해하거나 생포함으로써 농민들의 삶을 잔혹하게 유린하는 모습을 보였다.[66] 또한 우마르(烏馬兒)는 쩐 성종과 인종을 위협하며 어디든 끝까지 쫓아가겠다고 말하고 있다.

이처럼 토콘(脫歡)의 군대가 수도에 이르렀을 때 사명주에 남아있던 몽골의 군대도 이동하여 베트남의 영내로 들어왔다. 당시 이 부대에는 레딱(黎㽑), 레이엔(黎晏)과 함께 쩐익딱의 9세 아들인 쩐죽(陳昱, Trần Dục)도 동행하였다. 이들은 진남왕의 이동 경로를 따라 남하하던 중 내방관(內傍關)을 지나 평강(平江)을 건너는 지점에서 베트남군과 조우하였고, 격렬한 전투를 벌였다. 이 전투에서 몽골군 수천 명이 전사하였으며, 레딱은 잔여 부대를 이

---

64 『元史』卷122, 列傳第9,「愛魯(昔裏鈐部)」의 내용을 참조.
65 『全書』, 丁亥 三年 元至元 二十四年 十二月 三十日.
66 『全書』, 壬子 四年 元至元 二十五年 春 正月;『天南行記』, 至元 二十四年 冬.

끌고 도망쳤으나 잔여 기병은 60여 명에 불과한 상황이었다. 레이엔(黎옹)은 쩐죽(陳昱)을 품에 안고 병약한 말을 타고 퇴각하였으나 베트남군의 추격을 받아 포획 직전까지 몰렸다. 피신 도중에도 여러 차례 베트남 군대의 습격을 받았다. 수차례 위기를 넘긴 끝에 가까스로 사명주에 이르러 귀환할 수 있었다고 한다.[67] 광서 동로를 따라 쉽게 수도 탕롱까지 진입할 거라 여겼던 진남왕의 후방부대는 베트남 군대의 공격으로 인해 사명주로 돌아올 수밖에 없었다. 그것도 자신들의 '무사귀환'을 행운이라 여길 정도로 황급히 베트남 땅을 빠져나오는 것이다.

이렇게 후방 부대의 진입은 실패로 끝났지만 진남왕의 베트남 원정군은 1287년 진군을 계속하여 탕롱에 도착하였다. 이러한 몽골의 공세에 찐 성종과 인종은 홍하를 따라 남방으로 물러나게 된다. 몽골 군대는 쩐 왕조의 황제 일행이 도망한 뒤를 쫓아 천장해구(天長海口)에 이르렀지만, 그들이 해상으로 도망하여 그 행방을 알 수 없자 정월 4일 진남왕은 탕롱으로 돌아갔다.[68] 이때의 천장해구는 남딘(남정, Nam Định)성 동부 해안에 위치한 자오투이(膠水, Giao thủy)현 인근의 하구이다.[69] 성종과 인종 일행은 이곳을 통해 바다로 나갔던 것으로 보인다.

---

67 12월 28일 전투에 관해서는 『安南志略』 卷第四, 「征討運餉」과 同書 卷第十九, 「敍事」를 참조. 다만 이때 「征討運餉」에는 "時省都事侯師達, 萬戶侯(名未詳)焦千戶等"에 대한 부분이 「敍事」에서는 "省都事侯都數千人失道, 俱陷焉. 獨嗣引達萬戶名諱未詳, 焦千戶"로 나오고 있다. 앞의 성도사후사(省都事侯師)에 관해 정확한 자료가 없지만 아마도 하나의 직책으로 봐야 하며 달(達)은 이름으로 보아야 할 것이다. 山本達郎, 앞의 책, 1975, p.127.

68 『元史』 卷15, 本紀15, 「世祖(十二)」; 『元史』 卷209, 列傳第96, 「安南傳」, 至元 二十五年; 『安南志略』 卷第四, 「征討運餉」에는 '至元 戊子正月四日乙丑, 王還舊屯.'이라 나오는데 여기서 '舊屯'은 탕롱성을 의미한다.

69 천장(天長)해구는 자오(膠)해구와 동일지역이다. 山本達郎, 앞의 책, 1975, p113.

진남왕 토콘(脫歡)은 탕롱으로 돌아가며, 우마르(烏馬兒)에게 대방구(大滂口)[70]에서 장문호(張文虎)의 양선(糧船)을 맞이하라 명하였다. 오그룩치(奧魯赤)와 아팔적 등에게는 길을 나누어 산으로 들어가 식량을 구하게 했다. 당시 몽골 부대에는 양식이 대단히 부족한 상태였다. 또 진남왕은 장문호의 군량 호송 선박이 쩐카인즈(陳慶餘)에 의해 사실상 궤멸되었다는 것을 아직 알지 못한 듯하다. 그렇기에 우마르(烏馬兒)의 수군은 8일 대방구를 향해 출발했던 것이다. 우마르(烏馬兒)는 11일 다어구(多魚口)에서 베트남군과 전투를 하여, 선박 300척이 격파되고 10명이 사망했으며 익사한 몽골 병사들도 매우 많았다고 한다.[71] 2월이 되자 우마르(烏馬兒)는 대방구를 지나 탑산(塔山)에서 베트남의 수군 천여 척을 만나 전투를 벌여 격파하였다.『元史』「석탈아전(昔都兒傳)」에는 그가 아팔적과 함께 이동 중 탑아산(塔兒山)에서 홍도왕을 만나 교전했다고 기록되어 있다. 탑산과 탑아산은 동일 지역으로, 아마도 홍도왕이 진수하던 곳인 듯하다. 이곳에서 그는 육상에서는 석도아의 군, 해상에서는 우마르(烏馬兒) 군과 교전을 했다.[72]

전술했듯 몽골 군대에게 식량 부족 문제는 커다란 골칫거리였다. 우마르(烏馬兒)의 군사도 안방구에 이르렀으나 결국 장문호의 선박은 이미 하이난(海南) 방향으로 도주하고 호송하던 대부분의 식량도 수장되어 버린 상태였다.[73] 쩐 왕조 일행이 탕롱성에서 도주할 때 베트남 주민들 또한 식량을 모

---

70 현 하이퐁시 반욱(文彧, Văn Úc)강의 해구이다.
71 『元史』卷15, 本紀15,「世祖(十二)」;『安南志略』卷第四「征討運餉」에 언급한 다어구(多魚口)가 8일과 11일로 다른 전쟁으로 나오고는 있지만 그 위치가 대방구와 유사한 지역이다.
72 『元史』卷133, 列傳第20,「昔都兒」.
73 『元史』卷209, 列傳第96,「安南傳」, 至元 二十五年.

두 숨기고 도망한 상태였다.[74] 따라서 수도에서 식량을 확보하는 것도 불가능하였다. 이러한 상황에서 몽골군은 결국 양식 부족에 직면하여 2월 반끼엡(萬劫)으로 물러나게 된다. 아팔적(阿八赤)은 '적이 집을 버리고 산으로 숨은 것은 우리가 지치기를 기다려 공격하려는 것이다. 우리 장수들은 북인이라, 봄, 여름 전염병이 창궐하니 적과 맞설 수 없으며 우리는 오래 버티기가 어렵다.'[75]라고 하면서 쩐 왕조 측에 항복을 종용하자는 계책을 제시하였다. 그러나 사실 쩐 성종과 인종의 위치조차 정확히 파악하지 못하는 상태여서, 베트남 측과 접촉하는 것도 사실상 불가능하였다. 결국 반끼엡으로 물러난 진남왕 일행은 아팔적을 파견하여 삼강구(三江口)를 격파하고 32개의 보루를 함락시킨 다음 수 만여 명을 참수하고서, 선박 2백 척과 쌀 11만 3천여 석을 얻을 수 있었다.[76] 이때 확보하였다는 쌀 11만 3천여 석은 그 규모로 미루어 보아 탕롱에서 반끼엡에 이르는 기간 동안 획득한 것이라기보다는 탑아산(塔兒山)의 전투 이후부터 획득한 양식이 포함된 수량이라고 보아야 할 것이다. 또한 장문호의 선박을 만나지 못하고 반끼엡으로 향하던 우마르(烏馬兒) 일행은 19일 안홍채(安興寨)를 공격하고 그 과정에서 미곡 4만여 석을 획득한다.[77] 이렇듯 당시 몽골의 군대는 약탈을 통해 군량미를 확보하는데 혈안이 되어있었다. 이 시기 쩐 왕조 측은 홍국왕(興國王) 쩐뚱(陳嵩)을 여러 차례 몽골 진영에 파견하여 마치 곧 항복할 것처럼 말하게 하였다. 몽골의 장수들도 그 말에 희망을 걸었지만 그것은 허언에 불과하였

---

[74] 『元史』卷166, 列傳第53, 「樊楫」.
[75] 『元史』卷129, 列傳第16, 「來阿八赤」.
[76] 『元史』卷209, 列傳第96, 「安南傳」, 至元 二十五年.
[77] 『元史』卷209, 列傳第96, 「安南傳」, 至元 二十五年 二月十九日, 烏馬兒犯安興寨; 『全書』, 壬子四年元 至元 二十五年.

다.⁷⁸ 이렇게 시간이 지나가면서 몽골 측의 양식 부족 현상은 점점 심화되어 갔다.

이후 토콘(脫歡)은 다시 쩐 왕조 황제 일행의 행적을 쫓아 아팔적(阿八赤)에게 죽동(竹洞)과 안방 해구로 가게 하나, 도중에 베트남 군대와 조우하여 밤낮으로 전투를 벌였다고 한다. 『元史』「來阿八赤」에서는 베트남 군대가 패하여 숨었다고 기록하고 있지만, 사실 당시 몽골의 장수들은 다수가 병에 걸려 전진할 수 없는 상태였다. 반면 베트남인들이 다시 분분히 봉기하여 점령한 요충지들을 지키기 어려웠다고 한다. 이로 인해 몽골 진영 내부에서 철군과 전쟁 지속을 둘러싸고 여러 의견이 분분히 제기되었다.⁷⁹ 양식도 충분하지 못하고, 기후 풍토로 인해 장려(瘴癘)가 창궐하는 상황에서 몽골의 군대는 점점 곤경에 처하게 되었다. 진남왕은 베트남이 항복할 것처럼 하면서 시간을 지체시키고 야밤에 기습을 통해 내부를 교란시키자 대노하며, 만호 해진(解震)에게 성을 불태우라 명하지만 좌우의 신하들이 이를 만류하였다고 한다.⁸⁰

이러한 상황에서도 진남왕이 베트남에 대한 전쟁을 지속하려고 하자 결국 주변의 장수들이 만류하고 나섰다. 그들은 진남왕에게, '돌아가야 합니다. 더 이상 지킬 수가 없습니다.'라고 진언하였다. 이에 결국 진남왕 토콘(脫歡)은 신노총관(神怒總管) 가야우(賈惹愚) 및 기타 장수들의 의견을 받아들

---

78 『安南志略』卷第四, 「征討運餉」. 이에 대해 『元史』 卷129, 列傳第16, 「來阿八赤」에서는 당시 일훤(日烜, 즉 성종)이 사신을 보내 항복하겠다는 뜻을 보이고 재물로 우리 군대를 회유하려 하여 이를 믿고 기다렸으나 오지 않았다는 기록이 나오고 있다. 아마도 베트남이 항복을 표하고 이를 준비한다는 것을 빌미로 원군의 발을 묶어두어 식량을 부족하게 만들고 전쟁의 양상을 유리하게 이끌려던 의도로 생각된다.
79 『元史』 卷129, 列傳第16, 「來阿八赤」.
80 『安南志略』卷第四, 「征討運餉」.

일 수밖에 없었다. 그는, '땅은 덥고, 습한 데다 양식은 모자라고 병사들은 병들었다.'[81]라고 말하며 베트남에서의 철군을 결정하게 된다.

베트남에서 몽골군의 철수는 3월에 시작되었지만, 사실 그 철군의 결정은 대략 2월 19일 이후로부터 27일 사이에 결정된 것이다. 진남왕은 이때 우마르(烏馬兒)가 수로를 통해 퇴각하는 것보다는 배를 버리고 모든 군이 육로를 통해 돌아가는 방법을 제시하자 이를 받아들이려 했다.[82] 하지만 다른 장수들은 아무래도 길을 나누어 가면 베트남의 추격을 양분시켜 그 세력을 줄이고, 한쪽이 실패하더라도 다른 한쪽은 빠져나갈 수 있다고 말하며 한 방법으로 귀환하는 것에 대해 찬성하지 않았다. 결국 진남왕은 우마르(烏馬兒)와 번즙(樊楫)에게 수군을 이끌고 먼저 출발하도록 한다. 그리고, 이들이 습격당할 것을 저어하여 정붕비(程鵬飛)에게 명해 기병을 이끌고 이들을 호송하게 했다.[83] 그러나 3월 3일에 출발한 이들은 베트남 측이 교량을 모두 파괴하여 강을 도하하기 어렵자 포로로 잡은 현지 마을 원로에게 물어 야밤에 우회로를 통해 가까스로 탈출할 수 있었다고 한다. 이렇게 후방 호송부대와의 연결이 끊어진 우마르(烏馬兒)의 수군은 7일 죽동(竹洞)에서 베트남군과의 격전에서 승리하여 장수 유규(劉珪)가 베트남 선박 20척을 노획하였다.[84] 이후 3월 8일경 우마르(烏馬兒)는 백등강(白藤江)에 이르러 이곳에서 몽

---

[81] 『安南志略』卷第四,「征討運餉」. 이에 대해 『元史』卷209, 列傳第96,「安南傳」, 至元 二十五年에서는 여러 장수들이 '交趾無城池可守・倉分可食, 張文虎等糧船不至, 且天時已熱, 恐糧盡師老, 無以支久, 爲朝廷羞, 宜全師而還.'이라 했다고 나오고 있다.

[82] 이때 한 수군 장교가 '糧艘이 들어오던 두 길이 모두 막혔습니다. 만일 간다면 배를 버리고 모두 육로를 통해 가야 합니다.'라고 계책을 고했으나 좌우에서 이를 말렸다고 한다. 『安南志略』卷第四,「征討運餉」.

[83] 『元史』卷15, 本紀15,「世祖(十二)」;『元史』卷209,「安南傳」, 至元 二十五年.

[84] 『安南志略』卷第四,「征討運餉」.

골과의 전쟁을 준비하던 흥도왕의 군대와 만나 대치하게 되었다. 흥도왕 쩐꾸옥뚜언(陳國峻)은 먼저 강에 동백나무 말뚝을 심어 놓고 그 위를 수풀로 덮어 위장하였다. 그리고 만조 때 몽골군과 전투를 시작한 다음 그들을 유인하여 베트남의 전선을 추격하게 했다. 이렇게 접전을 벌이다가 간조로 물이 얕아지자 몽골 측 선박은 말뚝에 걸려 움직이지 못하게 되었다. 이를 기회로 전면 공격을 가했고 그 결과 베트남 측이 대승을 거두게 되었다.[85] 이 전투에서 익사한 몽골 병사는 셀 수가 없을 정도여서 그로 인해 강물이 붉게 물들었다고 한다. 1298년 우마르(烏馬兒)를 따라 전쟁에 참여하였던 장옥(張玉) 또한 이 전투에서 전사하였다. 번즙도 선박이 좌초되면서 베트남군의 집중 공격을 받았다. 당시 베트남군의 화살이 빗발치듯 쏟아졌으며, 결국 화살을 맞은 번즙은 부상을 입은 채 물속에 빠졌으나 가까스로 구조되었다. 하지만 화살을 맞은 후유증으로 얼마 되지 않아 사망하고 만다.[86] 당시 쩐 성종과 인종도 백등강에 도달하여 직접 전투에 참여하였으며,[87] 이 전투에서 우마르(烏馬兒)와 석려기(昔戾機)가 포로로 붙잡히는 등, 제3차 전쟁 중 가장 격렬한 전투 양상을 보였다. 그럼에도 「安南傳」과 다른 원 측의 사료에는 이에 대해 상세히 기록이 결여되어 있으며, 오직 『全書』에만 비교적 소상한 기록이 전한다.[88] 이 전투 결과로 몽골 장수들이 대거 포로로 잡히고, 그들의 선박 400여 척도 베트남의 수중에 들어오게 되었다.

---

85 『全書』, 壬子 四年 元至元 二十五年 春 正月.
86 『元史』卷166, 列傳第53, 「張榮實」;『元史』卷166, 列傳第53, 「樊楫」의 내용을 참조.
87 『全書』, 壬子四年 元至元 二十五年 (1288). 3월 8일 원군이 백등강에 이르렀을 때, 이미 성종과 인종은 백등강 인근에서 대열을 정비하고 기다리고 있었던 것으로 나오고 있다.
88 『全書』의 기록에 장문호의 양선이 백등강 전투에 참여했다는 내용과 성익용의군(聖翊勇義軍)을 이끄는 완괴(阮蒯)는 평장 오그룩치(奧魯赤)를 포로로 잡았다는 내용이 나오지만 이는 옳지 않다.

한편 토콘(脫歡)이 이끌던 육군은 3월 6일경 아팔적(阿八赤)을 선봉으로 삼아 반끼엡(萬劫)을 출발하였다. 퇴로는 석도아(昔都兒)가 서로, 토콘(脫歡)이 우로를 택한 것으로 보인다. 선봉을 담당한 석도아의 군은 함니관(陷泥關)에서 베트남군과 수십 차례 교전을 치른 후, 여아관(女兒關)에 이르러 진남왕과 합류하였다.[89] 토콘(脫歡)은 3월 10일 룩남(陸南, Lục nam)강 유역의 내방관(內傍關) 부근에 이르렀으나, 매복중이던 베트남군의 공격을 받았다. 이 전투에서 만호(萬戶) 달라적(達喇赤)과 유세영(劉世英)의 분전으로 가까스로 탈출에 성공할 수 있었다.[90] 그러나 베트남 군대의 추격이 계속되자 장균(張均)에게 정예병 3천을 주며 후방을 맡아 그 추격을 막게 하였다.[91] 한편, 베트남군에 쩐 성종과 인종, 그리고 흥도왕이 병사 30여만을 거느리고 여아관(女兒關) 및 구급령(丘急嶺: 오늘날의 랑썬[諒山, Lang Sơn] 부근)을 방어하며, 100여 리에 걸쳐 몽골군의 퇴로를 차단하고 있다는 정보가 전해졌다.[92] 베트남 군대가 몽골의 퇴각로를 따라 배치되어 호시탐탐 허점을 노리고 공격할 태세를 갖추고 있었던 것이다. 이들은 말의 진군을 막기 위해 길에 구멍을 파고 함정을 설치해 두기도 했다.[93] 당시 베트남군의 실제 병력은 약 4만여 명에 불과했던 것으로 추정되지만, 몽골군은 식량 부족과 전염병으로 인해 사기가 매우 저하되어 있는 상태였다.[94] 진남왕은 당초 계획을 변경하여 단기현

---

89 『元史』卷133, 列傳第20,「昔都兒」.
90 『安南志略』卷第四,「征討運餉」;『元史』卷209, 列傳第96,「安南傳」至元 二十五年.
91 『元史』卷209, 列傳第96,「安南傳」, 至元 二十五年.
92 『元史』卷209, 列傳第96,「安南傳」, 至元 二十五年;『安南志略』卷第四,「征討運餉」.
93 『安南志略』卷第四,「征討運餉」.
94 『元史』卷133, 列傳第20,「昔都兒」에는 베트남군의 수를 4만여 명으로 기록하고 있으며 이때 석도아(昔都兒)가 용맹한 군사를 이끌고 공격하여 베트남군을 20여 리 정도 퇴각시켰고 이로 인해 모든 군대가 돌아올 수 있었다고 나오고 있다.

(單己縣)을 거쳐 녹주(祿州)에 이른 뒤 샛길을 통해 사명주로 귀환하고자 했다.[95] 그러나 사명주로의 귀환 도중 몽골군의 주요 퇴각로를 막고 있던 베트남 측의 격렬한 공격으로 큰 피해를 입었다. 베트남군은 유리한 지형을 선점한 뒤, 위에서 아래로 독화살을 쏘아 대며 공격을 퍼부었다.[96] 우여곡절 끝에 진남왕 일행은 사명주에 도달하였으나, 이후 그는 애로(愛魯)에게 운남으로 복귀할 것을, 오그룩치(奧魯赤)에게는 각 로의 군대를 이끌고 북쪽으로 철수할 것을 명하였다.[97] 베트남에 대한 3차 정벌은 결국 이렇게 끝이 났다.

지금까지 3차 몽골과 베트남 전쟁에 대해 살펴보았다. 쿠빌라이는 이 전쟁을 통해 '安南國王' 쩐익딱(陳益稷)을 옹립하려 했으나, 결국 양선(糧船)의 전멸로 인한 식량 부족으로 전쟁은 실패로 귀결되었다. 그렇다면, 전쟁 이후 양국의 관계는 어떻게 변모하였을까? 사실 3차 전쟁을 끝으로 양국 간의 전쟁은 막을 내린다. 하지만 쿠빌라이는 사망 전까지 베트남에 대한 정벌을 단념하지 않았다.

---

[95] 이는 『元史』 卷209, 列傳第96, 「安南傳」, 지원 25년의 기록이며 『安南志略』 卷第四, 「征討運餉」에서는 사명주목인 황견(黃堅)이 그들을 인도하여 녹주(祿州)에 이르게 했고 전군이 퇴각했다고 나오고 있다. 위의 단기현(單己縣)은 단파현(丹巴縣)인 듯하며, 랑썬(涼山, Lạng Sơn) 유역 베트남과 중국의 경계에 있는 지역이다.

[96] 交人四萬餘截其要道, 時我軍乏食, 且疲於戰, 將佐相顧失色. 『元史』 卷133, 列傳第20, 「昔都兒」.

[97] 『元史』 卷15, 本紀15, 「世祖(十二)」, 三月 丙戌; 『元史』 卷209, 列傳第96, 「安南傳」, 至元 二十五年. 그러나 애로는 이후 운남으로 돌아가 그곳에서 병으로 죽는다고 『元史』 卷122, 列傳第9, 「昔裏鈐部」의 기록에 나오고 있다.

2. 제3차 전쟁 이후 양국 관계의 추이

　백등강 전투가 종료된 이후 쩐 왕조 측은 전쟁 중 포로로 잡은 몽골 장수 석려기(昔戾機), 우마르(烏馬兒), 번즙(樊楫) 등을 대동시킨 채 여러 장수들을 이끌고 조릉(昭陵)으로 가서 베트남의 전승을 보고하는 제를 올렸다.[98] 그리고 3월 27일 드디어 수도로 귀환하였다. 그러나 전쟁으로 인해 궁전은 대부분 불타거나 무너진 상태였다. 쩐 인종은 천하에 대사면령을 내리고, 몽골군의 침략과 약탈로 피폐해진 지역의 주민들에 대해 조세를 면제해 주는 조령을 내렸다.

　한편 1288년 진남왕 토콘(脫歡)의 군대는 북으로 복귀하였다. 이 전투에서 동행하였던 쩐익딱(陳益稷)도 그를 따라 악주로 돌아갔다고 한다.[99] 어쩌면 제3차 전투를 통해 본국으로 돌아가 '安南國王'이 될 수 있을 것이라 기대했던 것은 수포로 돌아갔다. 진남왕의 베트남 정벌이 참담한 실패로 종료되자, 쿠빌라이는 패전의 책임자들에게 단호한 조치를 취하였다. 진남왕 토콘(脫歡)은 양주로 보낸 후 종신토록 수도로 돌아오지 못하도록 명하였다.[100] 토콘(脫歡)과 함께 참전한 오그룩치(奧魯赤)도 강서행성평장정사(江西行省平章政事)로 임명하여 외직으로 내보냈다.[101] 전쟁의 패배로 격노한 쿠빌라이는 즉시 베트남에 대한 정벌을 재차 실행에 옮기려 했으나 이는 쉽지 않았다. 이전의 전투로 원정군의 피해가 매우 극심했기 때문에 즉시 보복전

---

98 『全書』, 壬子 四年 元至元 二十五年. 소릉(昭陵)은 태종의 능으로 이전 몽골의 부대가 이곳에 들어와 훼손시키려 했지만 자궁(梓宮)은 파괴하지 못했다.
99 『安南志略』卷第十三,「內附侯王」.
100 『元史』卷117, 列傳第4,「帖木兒不花」.
101 『元史』卷131, 列傳第18,「奧魯赤」.

을 제기하는 것이 어려웠던 것이다. 그리하여 그는 먼저 베트남에 사절단을 파견하여 쩐 왕조를 겁박함으로써 그들을 굴복시키고자 했다. 하지만 이미 몽골과의 전투에서 몇 차례나 승리한 바 있는 쩐 왕조는 이에 무릎 꿇으려 하지 않았다. 그렇다 해도 베트남 측 또한 오랜 전쟁으로 인한 상흔이 채 회복되지 않은 상태였다. 몽골군의 군량미 획득을 막기 위해 촌락을 전소시키는 전략을 채택했기 때문에 농민들도 매우 피폐한 상태였다. 무엇보다 다시 전쟁이 발발할 경우 또 한 번의 승리를 장담할 수 없었다. 쩐 왕조 측 또한, 전쟁에 대비하기 위한 시간을 벌기 위해서라도 몽골에 대해 유화적 자세를 취할 수밖에 없었다.

전쟁 직후 토콘(脫歡)의 철병이 이루어지면서 쩐 왕조 측은 몽골을 진정시키기 위해 이수(李脩)와 단가용(段可容)을 보내 사죄하고 금인을 바치면서 죄를 청하기도 했다.[102] 토콘(脫歡)이 사실상 유배에 처해진 이후 베트남은 재차 중대부(中大夫) 도칵쭝(杜克終) 등을 원에 사신으로 보내 방물을 바치고 있다.[103] 당시 쩐 왕조 측에서는 쿠빌라이에게 다음과 같은 내용의 '表'를 바쳤다. 이 표문은 서명선(徐明善)[104]의 『천남행기(天南行記)』에 수록되어 있다.

---

[102] 『元史』卷15, 本紀15, 「世祖(十二)」, 至元 二十五年 3月; 『元史』卷209, 列傳第96, 「安南傳」.

[103] 『元史』卷15, 本紀15, 「世祖(十二)」. 서명선(徐明善)의 『天南行記』에는 이번 사절단에서 중대부 도칵쭝 외에도 종의랑 응우엔마인통(阮孟聰) 등의 이름도 나오고 있다.

[104] 서명선(徐明善)은 자(字)가 지우(志友)이고, 호(號)는 방곡(芳谷)이다. 쿠빌라이 치세 동안, 그는 융흥로교수(隆興路教授)로 재직하였고, 이후 강서유학제거(江西儒學提擧)로 승진하였다. 지원 25년(1288)에는 안남에 사신으로 파견된다. 사행 후 강소, 절강, 호광 등 세 성의 과시관(科試官)을 역임하였으며, 동생 서가선(徐嘉善)과 함께 이서(二徐)로 불렸으며, 문집으로는 『방곡집(芳谷集)』 2편이 있으며, 『天南行記』는 『安南行記』라고도 불리며, 도종의(陶宗儀)의 『설부(說郛)』에 수록되어 전한다. 『天南行記』의 내용은 먼저 안남측에서 쿠빌라이에게 바친 표문이 실려 있으며, 뒤이어 동년 11월 12일, 쿠빌라이가 파견한 사절단 중 한 명으로서, 예부시랑 이사언(李思衍)과 함께 조칙

안남국 세자 微臣 陳日烜은 두려움에 百拜하며 황제에게 죽기를 무릅쓰고 사죄를 드립니다. 미천한 신하 부자는 지난 30여 년간 귀복해 왔습니다. 비록 미신이 어리고 병약하고 길이 멀어 폐하가 치지도외(내버려 두고 상대하지 않음)하더라도 사절로 하여금 방물을 바치게 함을 빠트린 적이 없습니다. 지난 至元 23년 평장 아릭카야(阿里海牙)가 변경을 침략하였습니다. 비록 그가 聖詔를 어기고 침략하였지만 소국인 우리는 그 비참함을 견뎌내야만 했습니다. 그 군대가 돌아가고 난 후 微臣은 저들의 군색한 성정을 알기에 저들이 나쁜 말로 폐하를 호도하여 신을 죄로 몰아갈 것이라 여겨, 通侍大夫 阮義全, 恊忠大夫 阮德榮, 右武大夫 叚海穹, 中大夫阮 文彦等을 보내 방물을 바치게 했습니다. 지원 24년 겨울에는 또 대군이 수육 양로를 따라 침략하여 영내의 寺宇를 불사르고 조상들의 묘를 파헤쳤으며, 민가의 남녀노소를 가리지 않고 살육하고 백성들의 재산을 파괴하여 남아나는 것이 없을 정도가 되었습니다. 당시 신이 혼비백산하여 먼저 도망을 갔습니다. 이에 우마르(烏馬兒) 참정은 우리에게 '네가 하늘로 가면 나도 하늘로 가며, 네가 땅으로 가면 나도 가며, 네가 산속으로 도망하면 나도 산속으로 가고, 네가 물속으로 가면 나도 따라갈 것이다.'라고 하며 여러 차례 신을 윽박질렀습니다. 신은 그 말을 들은 후 더 멀리 숨는 것이 낫다고 여겼습니다. 이에 몽골의 태자가 이를 긍휼하게 여기시어, 소국인 우리의 청을 듣고 대군을 이끌고 돌아갔습니다. 그러나 참정 우마르(烏馬兒)는 다시 수군을 이끌고 변경으로 와 해안가의 백성들을 약탈하였습니다. 그리하여 크게는 그들을 몰살하고, 작게는 포로로 잡아갔습니다. 매달아 묶고 능지처참하여 몸은 이쪽에 머리는 저쪽에 있게 하였으니, 백성들이 이리 핍박 받다 끝내 반란을 일으켰습니다. 신은 직접 저지하려 했으나 길이 멀어 이르지 못하였습니다.

이후 대국으로부터 '昔戾機'대왕이 왔습니다. 그는 대국의 귀족입니다. 신은 그때부터 매우 공손하게 예로써 대하고 그를 더욱 극진히 모셨으니

을 받들고 베트남으로 향하였다고 한다. 이들은 16일 도당(都堂)에 이르러 황제의 조지(詔旨)를 수령하고 사행 길에 올랐다고 기록되어 있다.

이에 관해서는 대왕이 분명 알 것입니다. 또한 대왕은 우마르(烏馬兒)의 잔혹한 행위들도 직접 보았을 것이니 이에 대해 어찌 신이 거짓을 말할 수 있겠습니까? 이곳은 산야에 독기가 서리고 장기가 서려 신은 병이 날까 걱정입니다. 비록 신이 극진하게 봉양하더라도 貪利邊功하는 자들이 거짓을 고한다면 어찌 죄가 되지 않을 수 있겠습니까?

 신이 삼가 예물을 준비하고 사람을 보내 界首에 두어 대왕이 귀국하는 길에 함께 지니고 가게 하였습니다. 바라건대 폐하께서 乾坤에 은혜를 베풀어 주십시오. 은혜가 하해와 같고 지혜가 넘치고 영명하시니 옳고 그름을 능히 판단해 주시기를 바랍니다. 관용을 베풀어 소신이 죄를 면할 수 있도록 하소서. 하늘의 뜻을 받들겠습니다.[105]

이에 따르면 베트남은 자국의 과실에 대해 사죄를 청하며, 순종적인 자세를 취하고 있으나, 실질적으로는 전쟁의 책임은 아릭카야(阿里海牙)에게 있다고 주장한다. 그가 황제의 성조(聖詔)를 어기고 침략하여 베트남은 어쩔 수 없이 대응을 할 수밖에 없었다는 것이다. 또한, 몽골군이 수륙 양로로 진입하여 사찰을 불사르고 민가의 남녀노소를 가리지 않고 살육한 일을 지적하며 잔혹함을 질타하고 있다. 이어 '당시 태자인 진남왕 토콘(脫歡)이 우리를 가련히 여겨 요청을 받아들여 대군을 이끌고 철수하였다.'고 말하고 있다. 베트남은 전쟁의 책임을 제2차 전쟁은 아릭카야(阿里海牙), 제3차 전쟁은 우마르(烏馬兒)에게 귀속시키며 두 장수가 성조를 어기고, 무리하게 전쟁을 일으켰다고 거듭 말하고 있다.

또한 이 표문에서 쩐 왕조 측은 몽골의 분노를 누그러트리기 위해 포로를 보내는 일에 대해 언급하고 있다. 여기서 '석려기(昔戾機)'는 1287년 나얀

---

[105] 『天南行記』, pp. 163~165.

(乃顏)의 반란 시기 이에 가담하였다가 강남 여러 성에 종군(從軍)으로 보내진 인물로,[106] 베트남 측에서 이러한 정황을 파악하고 있었는지는 알 수 없다. 하지만 1288년 10월, 도칵쭝(杜克終)의 동생인 도티엔흐(杜天覷)가 원에 사신으로 가면서 석려기와 몇 명의 포로를 함께 먼저 돌려보내고 있다.[107] 베트남 측의 판단에서는 그는 비록 귀족 출신이지만 교섭에서의 가치가 떨어진다고 여겨, 몽골 측에 보여주기 식으로 그들을 먼저 보내 비위를 맞추려 했던 것으로 여겨진다. 이에 반해 몽골 장수들, 특히 우마르(烏馬兒), 번즙 등에 대해서는 『天南行記』에서, 참정 우마르가 백성들을 약탈한 그들의 정황을 지적하며 이러한 '조궁수축(鳥窮獸蹙)'의 상황에서 베트남은 어쩔 수 없이 이를 진압하기 위한 전쟁을 일으켰다고 하고 있다. 또한 이들에 대해서는 베트남 측의 증오가 깊었고, 향후 교섭에 이용하기 위해 쉽게 보내려 하지는 않았던 듯하다.

동년 11월 베트남 측 사절단이 몽골에 이르렀을 때 쿠빌라이 또한 사절단을 꾸려 베트남에 보낸다. 이 사절단에는 유정직(劉廷直), 이사연(李思衍), 만노(萬奴) 등이 포함되어 있었다. 그 외에 탕구타이(唐兀觸), 합산(合散) 등의 장수뿐만 아니라 『天南行記』의 저자 서명선도 포함되었다. 이와 동시에 베트남에서 사신으로 왔다 돌아가지 못하고 붙잡혔던 완의전(阮義全)과 함께 총 24명을 함께 귀국시키고 있다.[108] 이들은 1288년 11월 출발하여 이듬해

---

106 『元史』卷14, 本紀14, 「世祖(十一)」.
107 『全書』, 壬子 四年 元至元 二十五年.
108 己亥, 命李思衍爲禮部侍郎, 充國信使, 以萬奴爲兵部郎中副之, 同使安南, 詔諭陳日烜親身入朝, 否則必再加兵. 『元史』卷15, 本紀15, 「世祖(十二)」; 故遣遼東道提刑按察司<u>劉廷直</u>, 禮部侍郎<u>李思衍</u>, 兵部郎中<u>萬奴</u>, 同<u>唐兀觸</u>, <u>合散</u>, <u>瓮吉利觸</u>等, 引前差來阮義全等二十四人, 回國親諭. 『安南志略』卷第2, 「大元詔制」, 至元 二十五年; 故遣山北遼東道提刑按察使<u>劉廷直</u>, 禮部侍郎<u>李思衍</u>, 檢校兵部郎<u>奴</u>同<u>唐兀歹哈散瓮吉刺</u>等將引前所差,

2월 베트남의 영내에 도달하였다. 이들은 베트남에 도착하여 쿠빌라이의 조서를 건네고 있다.[109] 이때 쿠빌라이가 보낸 조서의 내용을 보면 그는 '아릭카야(阿里海牙)가 점성 공격을 위해 길을 빌려 달라 하며 양식을 부탁했음에도 너는 이를 저버리고 우리의 군대를 공격하였다. 그러니 이를 징벌하지 않으면 왕의 법은 무슨 소용이 있겠는가? 민심이 파탄나고 국가가 피폐해진 것도 실로 너로 인한 것이다.'[110]라고 하며 쩐 왕조를 책망하고 있다. 또한, '이전에 보낸 표에서 (너의) 죄를 청하는 것을 보니 스스로 이미 알고 있으며 또한 이번에 사신이 와 말하기를 3가지 일에 대해 죄를 청하니 친조를 하지 않음이 첫째요, 토콘(脫歡)이 군을 이끌고 왔을 때 영접하지 못함이 둘째요, 이전 소게투(唆都)를 막아낸 것이 세 번째이다.'라고 하며 쩐 왕조의 죄목에 대해 상세하게 적시하고 있다. 이와 함께 쿠빌라이는 베트남이 죄를 청하며 공물을 바치고, 질자(質子)와 미녀를 보내지만 이는 다 소용없는 일이라고 밝히면서 진정 충성스러운 마음을 표하려면 '친조'를 행해야 한다고 다시 한 번 강조하고 있다.

이와 함께 다음의 두 가지 요구를 전하고 있는데, 하나는 역시 친조 요구이며, 두 번째는 모든 포로에 대한 송환 요구였다. 특히 우마르(烏馬兒)와 소게투(唆都)의 귀국을 요구했다. 쿠빌라이는, '석려기는 돌려보내나 그는 과오가 있어 귀양을 간 자이다. 네가 이로써 일을 꾸미려 한다면 마땅히

來人阮義全等二十四人回國.『天南行記』, p.164. 두 사료에서 나오는 이름이 조금 다르지만, 이것은 몽골 발음을 음차하는 과정에서 나타난 것으로 동일한 인물이다.

109 『天南行記』에 따르면, 원의 사절단은 26일 북경 순성문(順城門)을 출발하여 지원 26년 2월 28일 국문에 이른다. 이때 태사(세자의 동생이라 기록되어 있는데 이후 2일의 기록에서 흥도왕을 가리키는 것으로 보나 쩐꾸옥뚜언인 듯하다)가 나와 마중하고 함께 역참에 이르니 이튿날인 29일에야 세자 즉 성종과 사자가 서로 만나는 것이다.

110 『安南志略』卷第2,「大元詔制」, 至元 二十五年 十二月.

우마르(烏馬兒)와 소게투(唆都) 등의 군관 모두를 돌려보내야만 비로소 너의 충심을 보일 수 있을 것이다. 조서가 당도하는 날, 그들을 모두 함께 대면해야 하며 그들에 대한 처우는 짐이 정할 것이다. 너는 그들 모두를 돌려보내라.'[111]고 하며, 붙잡힌 두 장수에 대한 송환을 강조하고 있다.

그러나 이에 대해 베트남 측은 우선 쿠빌라이의 두 가지 요구 중 친조를 거절하고 있다. 쿠빌라이가 보낸 조서에서 그는 '성곤(誠悃)을 보이고 싶다 하면서 어찌 직접 오지는 않는가?'라고 책망하며, '짐의 뜻을 따른다면 과오를 용서하고 옛 지위를 회복 시켜줄 것이다. 그러나 따르지 않는다면, 너는 성곽을 수리하고 병갑을 연마하며 네가 하고 싶은 바대로 하며, 내가 군사를 일으키는 것을 기다려라.'[112]라고 하며 이번에도 친조를 행하지 않을 경우, 다시 한 번 전쟁을 일으킬 것이라고 위협하고 있다. 이처럼 쿠빌라이는 베트남에게 지금까지의 전쟁은 모두 '친조'의 요구에 대한 거부로 인한 것이라 하며 누차 이를 강요하고 있다. 그러나 베트남은 끝내 이 요구를 받아들이지 않았다. 사절단이 베트남에 도착한 후인 3월 1일 집현전에서 조서를 전달받고 나서 연회를 개최했지만 성종은 이때도 '노병(老病)'을 이유로 참석하지 않았다. 또한 6일에는 쿠빌라이에게 보낼 '표'와 방물을 준비하여 보냈다. 이후 15일에 몽골의 사절단은 수도 탕롱을 나선 후 홍하를 건너 7월에 북경에 도착하였다.[113] 이때 보낸 표에서 친조에 대해 그는 이렇게 거절하고 있다.

---

111 『天南行記』, pp.165~166;『安南志略』卷第2,「大元詔制」, 至元 二十五年.
112 『安南志略』卷第2,「大元詔制」, 至元 二十五年.
113 자세한 사행의 여정과 조서를 받는 의례, 그리고 이후 다시 쿠빌라이에게 보내는 '표'와 방물의 자세한 내용은 『天南行記』, pp.166~171 참조.

신은 아주 궁벽한 연해 지역에 살며 오래도록 병을 앓고 있습니다. (중국으로 가는) 길이 멀고 기후와 풍토가 매우 험난합니다. 비록 命은 天數에 달린 것이지만 죽음은 누구나 가장 두려워하는 바입니다.[114]

이전과 마찬가지로 노상에서 죽을까 염려가 된다고 하며 거절의 뜻을 표하고 있는 것이다. 그런데 쩐 왕조는 쿠빌라이의 첫 번째의 친조 요구를 거절했을 뿐만 아니라 두 번째 요구인 우마르(烏馬兒) 외 포로에 대한 송환 약속마저 지키지 못하게 된다. 쩐 왕조는 이들 포로에 대해 백성들이 알자 모두 이들을 죽이자고 할 정도로 그 분노가 매우 컸다고 말하며, 그럼에도 이들을 극진히 대하고 곧 돌려보내려 했다고 전하고 있다. 하지만 석려기를 보낸 이후 1289년 2월, 황좌촌(黃佐寸)을 보내 우마르(烏馬兒) 등의 일행을 호송하여 돌려보내도록 하였다. 그러나 홍도왕의 계략으로 그들이 타고 가던 선박이 침수되면서 이로 인해 결국 우마르의 일행은 몰살되기에 이른다.[115] 전술하였듯 번즙은 백등강 전투에서 이미 독화살을 맞고 강물에 빠졌다가 겨우 살아난 상태였다. 하지만 이후 그 후유증에다가 열병이 더해져 백방으로 치료했지만 결국 죽고 말았다. 베트남 측은 시신을 화장하여 그 유골을 말에 실어서 몽골로 보냈다.[116] 결국 베트남을 침략한 주요 장수들을 무사히 돌려보내라는 몽골 측의 요구는 이렇게 하여 모두 무위에 그치고 말았다.

---

114 『天南行記』, p.167.
115 『全書』, 己丑 五年 元至元 二十六年.
116 『天南行記』에서 몽골 측에 보내는 '표'의 내용에 따르면, 백성들이 인질로 잡은 몽골군에 대해 보낸 것은 석려기(昔戾機), 우마르(烏馬兒)와 번즙(樊楫) 이렇게 세 명이라고 전히고 있다. 『天南行記』, p.167

베트남 측의 입장에서는 전쟁으로 인해 몽골 장수에 대한 분노가 컸기 때문에 이들을 쉽게 돌려보내는 것은 어려운 일이었을 것이다. 하지만 베트남은 비록 몇 차례 몽골과의 전쟁에서 나름의 승리를 거두었지만, 결코 더 이상 전쟁을 계속 하길 원한 것은 아니었다. 그들은 당시 몽골의 위세를 알고 있었고, 더 이상의 전쟁은 베트남 측도 견뎌내기 어려운 실정이었다. 때문에 전쟁 중에도 계속 사절단을 보내 유화적 태도를 보였고, 종전 후에는 항복의 표시를 계속 전달했던 것이다. 그럼에도 친조의 요구는 결코 수용할 수 없는 부분이었다. 그리하여 쩐 왕조 측은 즉시 담명(譚明)과 주영종(周英種)을 파견하여 원의 사절단과 함께 대도로 보냈다.[117] 이때 쿠빌라이에게 보내는 표에 오래도록 병을 앓고 있어 직접 친조를 하지 못하는 것에 대해 사죄하면서 우마르와 번쭙의 죽음에 대해 석명하고 있다. 이렇듯 이후 양국은 다시금 사절단을 주고받으며 외교적인 접촉을 계속해 갔다. 쿠빌라이의 계속된 베트남 경략 시도에 따라 베트남은 몽골 측의 전쟁 준비에 관해 촉각을 곤두세우고 대비를 하면서도 계속 사절단을 파견하여 어떻게든 몽골의 재침을 막으려 노력하였다.

전술하였듯 종전 이후에도 양국간 사절 교류는 계속되었다. 담명과 주영종 이후, 4월 29일 도칵쭝(杜克終)을 보내 방물을 바치고,[118] 윤(閏) 10월 11일, 사신을 보내 방물을 바쳤다고 하니, 같은 해 3차례의 사절을 파견한 것이다. 아마도 쿠빌라이의 두 가지 요구를 모두 수용하지 못한 베트남 측의 입장에

---

117 『天南行記』, p.168;『安南志略』卷第14,「陳氏遣使」, 至元 二十六年에는 "至元 己丑 (陳 重興 五年) 遣大夫譚衆來貢."이라고 나오는데 아마도 여기서 담중(譚衆)은 담맹(譚明)과 주영종(周英種)을 의미하는 듯하다.
118 『元史』卷15, 本紀15,「世祖(十二)」; 至元 二十六年 四月;『元史』卷209, 列傳第96,「安南傳」.

서는 이러한 사절의 파견과 공물의 진상을 통해 조금이라도 쿠빌라이의 분노를 잠재우려 했던 것이 아닌가 여겨진다. 그러나 계속된 친조의 요구에 대한 거절은 어떠한 변명으로도 결코 양해될 성질의 문제가 아니었다.

당시 쿠빌라이는 이미 확고하게 베트남에 대한 재침을 계획하고 있었다. 그가 베트남과의 전쟁에 참여한 군사들에 대해 일 년간 쉬게 하거나,[119] 1289년 2월 중서성(中書省)에서 정교지행성의 부인을 회수해야 한다는 지침을 내리고 있지만,[120] 이것은 쿠빌라이의 베트남 정벌에 대한 의지가 꺾였음을 나타내는 것은 아니었다. 그는 1288년 6월 몽골인에게 한군을 지휘하여 수전을 연습하게 하였다.[121] 이듬해 2월에는 유덕록(劉德祿)이 중국 서남부의 부락인 팔번(八番: 서남변경) 만이를 투항시킨 다음 베트남을 공격하겠다고 자원하며 5천의 군사를 요청하고 있다.[122] 쿠빌라이는 이전보다 더 치밀하게 베트남에 대한 전쟁을 준비하고 있었던 것이다. 당시 추밀원은 원사부(元師府)를 세우고, 유덕록을 도호부로 임명하며 사천군(四川軍) 1만을 내주었다고 한다.

1289년에는 북방 변경에 긴급한 정세가 발생하여 쿠빌라이는 친정을 해야 했다. 이러한 정황으로 인해 원조는 베트남에 대한 공격에 착수할 수 없었다. 쿠빌라이는 외교적 수단으로 베트남을 압박하고자 하였다. 대도에 억류되어 있던 베트남 측 사신 완의전 등을 송환시키며 유정직 등을 사신으로 베트남에 파견하였다. 유정직은 베트남에 당도하여 다시 친조를 요구

---

119 『元史』卷15, 本紀15, 「世祖(十二)」; 至元 二十五年 七月.
120 『元史』卷209, 列傳第96, 「安南傳」.
121 『元史』卷15, 本紀15, 「世祖(十二)」, 至元二十五年 六月.
122 『元史』卷15, 本紀15, 「世祖(十二)」, 至元 二十六年 二月.

하였지만 베트남은 수용하지 않았다.

이 무렵 쩐 조정은 제2차 몽골 전쟁의 종료에 따른 논공행상을 행하는 상태였다. 공을 세운 이들에게는 국성(國姓)을 하사하거나 그 공적에 따라 관직을 수여했다. 몽골과의 전쟁에서 누구보다 큰 공을 세운 흥도왕에 대해서는 대왕(大王)으로 높여 주었으며, 도칵쯍(杜克終)에게는 국성을 하사하였다. 그러나 이때의 논공행상에 대해 불만을 내비치는 사례도 있었던 듯하다.[123] 『全書』에 따르면 이에 대해 성종은, 후일 몽골의 침략이 다시금 있을 것을 이야기하며 추후 공적을 세울 경우 더 높은 직을 하사할 것이라 약속하였다고 한다.[124] 또한 원과의 전쟁을 기준으로 이전과 이후의 공신을 구분지었으며, 이전의 공신은 중흥실록에 기록하고 그 초상을 그려 하사하였다.[125]

또한 원에게 항복했던 자들에 대한 처벌도 진행되었다. 이들 중 일반 군민에 대해서는 사형에 처하지 않고 궁전을 짓는 일과 같은 노역에 동원시켰다. 하지만 관원에 대해서는 그 경중에 따라 처벌을 달리하였다. 진남왕

---

[123] 지원 26년 4월, 상과 벌을 내리는 과정에서 위에서 언급한대로 흥도왕(興道王)은 '大王' 흥무왕(興武王)은 개국공(開國公), 흥양왕(興讓王)은 절도사(節度使)로 삼고 공이 있는 자들에게는 국성을 하사하고 있다. 도칵쯍(杜克終)은 대행견(大行遣)의 직을 받고, 도하인(杜行)은 관내후(關內侯) 직을 받는데 그가 왕이 아닌 관내후의 직을 하사받은 것은 그가 우마르를 포로로 잡았으나 관가(官家) 즉 왕에게 바친 것이 아닌 상황에게 그를 바치는 잘못을 저질렀기 때문이다. 흥지왕(興智王)의 경우에도, 원과의 타협 후 원측의 군사들이 돌아가는 것을 그가 쫓아 막았던 것을 이유로 승진하지 못하고 있다. 또한, 이때 양강 추장 양위(梁蔚)를 회화채주(嶰化寨主)로 삼았는데 그가 만인들을 이끌고 전쟁에서 적들을 토벌했기 때문이었다. 그러나 이러한 포상과 책봉이 진행되며 이에 대해 만족하지 못하고 불만인 자들이 나오자, 위와 같이 이야기한 것이다.『全書』, 己丑 五年 元至元 二十六年 夏 四月.

[124] 『全書』, 己丑 五年 元至元 二十六年 夏 四月.

[125] 『全書』, 己丑 五年 元至元 二十六年 五月.

의 군대가 탕롱성으로 들어오면서 파점(巴點)과 방하(旁河) 두 곳의 주민들이 항복한 바 있다. 이때 항복한 자들에 대해서는 그들을 탕목병(湯沐兵)[126]으로 삼고 그 지역 출신은 관리로 출사할 수 없게 한 후 관리들에게 차사굉(差使宏)[127]으로 주었다. 하지만 이것은 전쟁 직후의 조치였을 뿐이다. 전술하였듯 방하 출신인 막딘찌(莫挺之)와 그의 동료들은 쩐 왕조에서 여전히 중용되었다.[128] 이는 당시 주민들의 항복이 부득이한 정황에서 이루어진 것임을 알고 있었기 때문이다. 또한 몽골의 침략 당시 많은 종실들이 두려워하여 몽골 측에 항복하겠다고 쓴 표(表)를 발견하고 성종은 이것을 불태워 그들에 대한 죄를 가려 주기도 했다. 하지만 투항하여 몽골에 내부한 자들에 대해서는 유형이나 사형을 처결하고 그들의 재산을 몰수했으며 국성을 빼앗았다. 예를 들어 쩐끼엔(陳鍵)의 경우, 그의 성을 다른 투항자들과 마찬가지로 매(枚)로 고쳐 매(枚)로 바꾸어 불렀다.

그러나 원의 침략을 유도하고 '安南國王'으로 책봉된 반역자 쩐익딱(陳益稷)에 대해서는 '차마 골육의 정으로 그의 성을 고치거나 이름을 없애기는 어렵고, 이에 명하기를 아진(姖陳)이라 부르니 이는 그가 부인과 같은 유약함을 지녔음을 지칭한 것이다.'[129]라고 하여 가벼운 처벌을 내렸다. 이전에 사절로 파견되었다가 쿠빌라이에 의해 '安南國王'으로 봉해진 쩐지아이 및 그와 더불어 봉작을 받았던 다른 인물들도 유형을 선고받거나 혹은 이후 기록에서 삭제되었다. 또한 전술한 바와 같이 쩐익딱과 함께 원에 귀순한

---

[126] 왕후에게 분봉한 지역을 탕목읍(湯沐邑)이라 하며 이곳의 사병을 탕목병(湯沐兵)이라 한다.
[127] 차사굉(差使宏): 노비를 가리킨다.
[128] 『全書』, 戊申 十六年 元武宗海山 至大 元年.
[129] 『全書』, 己丑 五年 元至元 二十六年 五月.

이들도 극형이나 그에 준하는 처벌을 받았다. 그러나 가장 큰 죄를 지은 그는 성을 파기하지도 않고, 또한 그의 반역에 대해서보다는 그의 용감하지 못함, 대항하지 못한 유순함에 대한 처벌이 내려지고 있다. 어쩌면 쩐 왕조는 그처럼 능력이 출중하고 많은 이들에게 영향을 주었던 황자가 항복했다는 것이 쩐 왕조의 위신에 큰 흠이 될 거라 생각했는지도 모른다. 그렇기에 쩐익딱의 투항에 대해 우회적으로 용인하는 듯한 자세를 취할 수밖에 없었다. 이것은 『全書』의 기록, 즉 쩐익딱의 탄생을 묘사하는 것에서 잘 드러난다. '(쩐)익딱이 태어나기 전 태종은 꿈속에서 눈이 세 개인 신인이 하늘에서 내려오는 것을 보았다. 그 신인은 태종에게, "나는 상제에게 벌을 받았습니다. 원컨대 잠시 황제에게 의탁하다 후에 북으로 돌아가려 합니다."라고 말했다고 한다. 그가 태어나니 이마 가운데에 흉터가 있었으며 그 용모가 꿈에서 본 신인과 동일하였다고 한다. 쩐익딱은 14세에 총명하기가 그지없었고, 서사 및 기예에 통달했다.'[130]라고 기록되어 있다. 눈이 세 개인 신은 도교에서 말하는 물을 관장하는 신으로서, 세 번째 눈은 지혜를 상징한다고 한다. 이러한 기록은 사실상 쩐익딱이 몽골에 투항하게 되는 것이 운명이라 말하는 것이나 진배 없다.

이렇듯 대내적으로 전쟁에 참여한 이들에 대한 포상과 처벌을 통해 기강을 잡고, 정권의 공고화를 도모하면서, 대외적으로는 몽골과의 전투를 대비하여 최대한 시간을 벌기 위해 외교적 접촉을 지속하였다. 이에 따라 쩐 왕조는 1290년 1월에도 재차 중대부 도칵쭝을 파견하여 몽골에 방물을 전하게 하였다. 또한 5월 25일 상황 성종이 붕어하자 8월, 오정개(吳廷介)를 원

---

130 『全書』, 乙酉 七年 九月以後 重興 元年, 元至元 二十二年.

에 보내 그 사실을 알렸다. 이때, 몽골은 어떠한 반응을 보이지 않았지만 이듬해 1291년 7월 쿠빌라이는 쩐익딱과 우승 진암(陳巖), 정정(鄭鼎)의 아들 나회(那懷) 등을 수도로 부르고 있다. 이러한 동향을 감지한 베트남은 9월 재차 대부 엄중라(嚴仲羅), 진자량(陳子良) 등을 몽골에 조공 사절로 파견하였다.[131]

베트남 성종의 붕어 사실이 알려지자 쿠빌라이는 이를 이용하여 다시 베트남에 침공하려는 의도를 내비쳤다. 그러나 승상 완택(完澤)과 불홀목(不忽木)의 간언으로 이를 단념하고 만다.[132] 당시 불홀목은 쿠빌라이가 베트남에 대한 전쟁에 착수하려 하자, '지금 日燇(인종)이 즉위하였으니 만약 사신을 보내 타이르면 그들은 자신들의 과오를 후회할 것입니다. 그렇다면 군대를 일으키지 않고 그들을 복종시킬 수 있습니다. 만약 (그들이) 따르지 않는다면 그때 군대를 일으켜도 늦지 않습니다.'[133]라고 하며 베트남에 대한 초무를 권하였다. 그러나 당시 몽골 국내 사정이 대단히 긴박하게 전개되는 상태였다. 카이두와의 접전이 계속되었으며, 남방에서도 크고 작은 봉기가 일어나고 있었다. 이러한 상황에서 당장 베트남과 전쟁을 벌일 수는 없었다. 쿠빌라이는 어쩔 수 없이 불홀목의 의견을 받아들여 사신을 파견한 듯하다. 이때 파견된 사신은 무평로총관(武平路總管) 장입도(張立道)였다. 쿠빌라이는 그를 예부상서로 임명하고 불안첩목아(不眼帖木兒)와 함께 베트남에 파견하였다. 장입도는 이미 1267년과 1271년 두 차례 베트남에 파견되었

---

131 『安南志略』卷第14,「陳氏遣使」;『元史』卷167, 列傳第54,「張立道」.
132 『元史』卷167, 列傳第54,「張立道」.
133 "그는 도이(島夷, 섬 지역 국가)는 교활하고 간사스럽지만, 하늘의 위엄이 임함에 어찌 두려워 떨지 않겠습니까? 짐승도 궁하면 무는 법인데 지금이 그러한 형세입니다."라고 하며 베트남을 너무 궁지에 몰지 말고 그들을 다시금 초유로써 다스릴 것을 권하고 있다. 『元史』卷130, 列傳第17,「不忽木」.

던 적이 있으며, 불안첩목아도 1282년 선위사(宣慰使)로서 베트남에 파견되었던 인물이다.[134] 장입도는 1291년 12월 출발하여 이듬해 3월 원의 수도 대도에 도착한다. 그리고 이전에 원에 사신으로 파견되었던 엄중라(嚴仲羅)와 함께 돌아왔다. 쿠빌라이가 당시 그들을 베트남에 보낸 것은 몇 차례 다녀온 그간의 경험을 바탕으로 베트남 쩐 왕조와 좋은 교섭을 이끌어낼 수 있을 것이라 여겼기 때문이다.

쿠빌라이가 당시 베트남과의 교섭에서 요구한 것은 오로지 '親朝'였다. 그가 베트남에 보낸 조서의 내용은 다음과 같다.

> 조종이 법을 세운 이래 歸附하는 국가들은 당연히 친조를 행해야 人民이 이전과 같은 평안함을 누릴 수 있다. 항거하며 이를 따르지 않는다면 진멸되는 것이며 이는 너도 이미 아는 바이다. 사신을 보내어 너의 아비를 내조하라 하였으나 끝내 명을 따르지 않고 그 숙부를 보내어 入覲시켰다. 이에 그 숙부를 (안남국왕으로) 봉하고 不眼帖木兒를 함께 보내었다. 그러나 너의 아비는 그 숙부를 살해하고 나의 사신을 이르지 못하게 하니 그 죄를 묻기 위해 군사를 보낸 것이다. 비록 너희 측 백성들이 많이 죽었지만 우리 군령 또한 많은 손해를 입었다. 진남왕 토콘(脫歡)은 나이는 유소하며, 수륙 진군 과정에서 거짓을 구분 못하였다. 소게투(唆都)와 우마르(烏馬兒) 등이 너의 손아귀에 들어간 것은 이 때문이며 이로 인해 너가 잠시 평안할 수 있었던 것이다. 만약 네가 친조를 행한다면, 짐은 마땅히 그 왕작의 부인을 줄 것이며 그 인민과 땅이 평화로울 것이다.[135]

---

[134] 至元二十八年, 命禮部尙書張立道, 兵部郎中 不眼帖木兒, 引其來人嚴仲羅等還, 諭世子陳日燇入見. 以父喪遣其令公阮代之來貢.『安南志略』卷第3,「大元奉使」; 以北京路達魯花赤 李顔帖木兒參知政事, 行安南國宣慰使,都元帥, 佩虎符柴椿.『元史』卷11, 本紀 11,「世祖(八)」. 두 사료에 이름이 서로 다르나 같은 인물이다.

[135] 『安南志略』卷第2,「大元詔制」, 至元 二十八年 諭世子陳詔.

쿠빌라이는 여기서 베트남이 친조를 거부하여 쩐지아이를 '안남국왕'에 책봉한 것이라 말하고 있다. 또한 군사를 일으켜 베트남을 침략한 것에 대해서도, 이는 '쩐지아이를 죽이고 우리의 사신을 쫓아내니 이에 내가 군을 보내 그 죄를 묻게 한 것'이라 하며, 쩐 왕조의 잘못 때문이라 지적하고 있다. 이와 함께 자신들의 전쟁 실패에 대해 진남왕의 유소함과 수전을 진행하는 과정 시 의사소통의 문제를 들며 베트남 측의 승리를 폄하하고 있으며 소게투(唆都)와 우마르(烏馬兒)의 죽음으로 지금 잠시 동안 전쟁을 멈추고 있다고 말한다. 그러면서 '어느 나라든 계속 저항하며 우리에게 복종하지 않으면 그 국가는 회복하지 못하고 멸망할 것이다'라고 위협하며 회유를 시도하고 있다.

장입도(張立道) 역시 이러한 쿠빌라이의 의도를 잘 알고 있었으며, 특히 그가 사행길에 오르기 전, 쿠빌라이는 '지금 小國(베트남)이 불충하니 네가 가서 짐의 뜻을 전함에 힘써야 한다.'라고 하며 특히 '친조'에 대해 강조하는 모습을 보였다. 그는 이러한 쿠빌라이의 기대에 부응하기 위해 베트남에 이르러 쩐 왕조를 온갖 방법으로 회유하고 협박하였다.[136] 그는 베트남과의 국경에서도 마땅히 '세자가 나와 황제의 조서를 맞이해야 한다'라고 하며 처음부터 고압적인 태도를 보였다. 또한 사행길의 노고에 대해 묻자, '天子는 越南을 멀다고 여기지 않는데 어찌 노고라고 하겠는가?'라고 하며 매번 거리가 멀어 친조를 거절하는 것에 대해 힐난하였다. 쩐 왕조 측에서 사절

---

[136] "그는 군주와 부모의 명은 물불 가리지 않고 따라야 하나 신이 아둔하여 일을 온전히 맡을 수 있을지 우려가 됩니다."라고 하며 중신 한 명을 세우고 자신은 부사로 보내달라 청했으나 쿠빌라이는 "경은 짐이 총애하는 신하라 한 사람을 경보다 높이 앉힌다면 반드시 그 경략이 실패할 것이다."라고 하며 그를 예부상서에 임명하고 삼주호부(三珠虎符)를 매어주며 그를 보내고 있다. 『元史』 卷167, 列傳第54, 「張立道」.

단이 여러 해 동안 베트남에 오지 않은 이유에 대해 묻자, 그는 '천자가 여러 차례 불렀으나 너희가 듣지 않아 이 때문에 사신을 보내지 않았다. 이전에 국왕에 지은 죄는 벌을 받아 마땅하나 천자의 뜻은 이것에 괘념하지 않으신다. 그래서 우리가 이곳에 이른 것이다.'[137]라고 하며 친조의 요구를 거절한 것에 책망하면서도 이전의 죄를 묻지 않을 테니 어서 빨리 친조를 행하라고 회유하고 있다.

장입도는 또한, '회흘(回紇)' 즉 서역의 추장은 사막을 건너 입공하고, 동이인 고려(高麗)의 국주는 요해(遼海)를 건너 조정에 이르렀다. 계단(契丹), 여진(女眞), 서하(西夏)의 군주는 천명을 저버리니 멸망을 당했고, 백달(白韃), 위오(畏吾), 토번(吐蕃)의 추장은 혼인을 맺음으로써 순응했다. 운남(雲南), 금치(金齒), 포감(浦甘)은 아들을 보내 신임을 얻었고, 대하(大夏) 및 중원의 망송(亡宋)은 모두 몽골의 백성이 되었다.'라며 주변의 여러 민족의 예를 든 다음 '오직 베트남은 작은 나라로 겉으로는 복종하나 속은 오히려 순응하지 않는다. 제후로 조공을 바침에는 부족함이 없지만 마음을 다해 충성하지 않고 있다. 죄를 물어 병사를 일으키는 것은 큰 나라의 바른 이치이다. 칼날을 감추고, 창을 피하는 것 역시 소국의 마땅한 도리이다. 어찌 진남왕과 마주하여 쟁투를 벌이며 감히 군신의 본분을 잊고 있는가.'라며『春秋』에서 식후가 정나라를 토벌하여 오불위(五不韙)를 범한 것과,『論語』의 삼가외(三可畏)의 도를 들어 소국인 베트남이 대국인 원의 요구에 순응하지 않고, 오히려 군사적인 대응을 했던 것에 대해 책망하고 있다. 이에 더해 그는 몽골의 원정과 퇴각에 대해서도 '진남왕은 전에 조정의 명에 따라 진격한 바 있다.

---

137 장입도와 전 왕조 사이의 이야기는『安南志略』卷第3, 大元奉使-附張尚書行錄을 참조.

이때 너희가 승리한 것은 아니다. 그것은 진남왕이 향도(嚮導)를 쓰지 않고, 군을 이끌고 적진 깊이 들어가 인기척을 못 느끼고 의심이 되어 돌아온 것이다. 그러나 위험 지역을 벗어나기도 전에 큰 태풍을 만나면서 활과 화살을 유실하고 병사들도 빠져나오지 못하여 죽은 것이다.'[138]라며 말하였다. 그러면서 '이것은 단지 너희가 험준한 산과 바다를 가지고 있고 또 장려(瘴癘)로 인한 독기가 심했기 때문이다. 그러나 운남과 영남(베트남을 의미)의 사람들은 풍습이 유사하고 그 힘이 비슷하다. 지금 이곳으로 운남군을 이끌고 오면 너희가 물리칠 수 있겠는가? 너희는 전쟁에서 불리해져서 다시 해안으로 도망가야 할 것이다. 섬의 오랑캐에게 수탈을 당할 것이며, 너는 굶주리고 방어하지 못해 그들에게 굴복하여 신하가 되어야만 할 것이다. 그들의 요구가 어찌 천자의 신하 됨만 하겠는가?'[139]라며 위협하고 있다. 쿠빌라이의 조서에서도 몽골과 베트남 사이 제2차 전투에서 베트남이 승리한 것에 대해 폄하하고 있듯이, 장입도 또한 단순히 기후와 풍토로 인한 승리라 치부하며 베트남군의 역량을 낮춰보고 있다.

이처럼 장입도는 계속 베트남에 대해 친조를 요구했고, 특히 쩐 왕조 측의 영접 방법과 관련하여 '왕이 남쪽을 보며 앉고, 사신은 서쪽을 보고 앉는' 관례를 질책하며 '대국의 사신은 소국의 왕과 같은 열에 앉는다'[140]라고

---

138 『安南志略』卷第5, 大元名臣往復書問-張尙書立道顯卿與世子書.
139 『元史』卷167, 列傳第54, 「張立道」.
140 한림 전공원(丁拱垣)과 어사대부 두국계(杜國計)가 "이전 예를 점함에 왕은 面南하고, 서로 향하여 앉았습니다. 청컨대 앉으시지요."하니 장입도이 이에 "대국의 경상(卿相)은 군주와 동일하다. 어찌 面南의 禮가 있는가? 동향, 서향으로 앉는 것이 맞지 않는가 싶다."라고 했다. 이에 정공원이 "왕이 비록 미천하더라도 제후의 위치에 있습니다."라고 하니 장입도는 "왕이라는 것은 마땅히 우리가 세우는 것이다."라고 하며 동서로 앉아 술을 마시며 이야기를 했다고 한다.『安南志略』卷第3, 大元奉使-附張尙書行錄.

하며 고압적인 태도를 보였다. 그럼에도 베트남은 이러한 협박에 굴복하지 않고 오히려 이전 성종이 거절했을 때와 마찬가지로, '신은 궁벽한 곳에서 자라 기후 풍토에 익숙하지 않고 춥고 더움을 견디지 못합니다. 소국(베트남)의 사신들이 가서 죽기가 6, 7할입니다. 저 자신 역시 친조에 나선다면 노상에서 죽을 것이니 이 얼마나 무익할 따름이겠습니까.'[141]라고 하며 친조의 요구에 대해 거절하고 있다.

1292년 6월 장입도 등의 사절단이 귀국할 때, 쩐 왕조는 응우옌다이팝(阮代乏, Nguyễn Đại Phạp)과 6년분의 공물을 원에 함께 보내고 있다. 그해 4월, 쿠빌라이는 쩐익딱(陳益稷)을 호광등처행중서성평장정사(湖廣等處行中書省平章政事)에 임명하고 악주에 배치하였다.[142] 그리고 베트남 측의 사자로 하여금 자신들이 '安南國王'으로 봉한 그를 만나게 하였다. 하지만 쩐익딱과 응우옌다이팝의 만남에서 쩐익딱이 먼저 "너는 소도왕(昭道王)의 서자가 아닌가?"라고 하며 비꼬자 응우옌다이팝은 "세월이 지나 나는 본래 소도왕[143]의 서자로 지금은 쩐 왕조의 사자이지만, 평장은 원래 황제의 아들이었으나 지금은 반대로 항로인(降虜人)이 되었습니다."[144]라고 그를 꾸짖었다. 이후 쩐익딱은 베트남의 사신이 와도 함께 동석하지 않았다고 한다.

장입도가 아무런 결과 없이 돌아오자, 그해 9월 쿠빌라이는 다시금 양중(梁曾)과 진부(陳孚)를 베트남에 사신으로 파견하였다. 양중 또한, 이전에 베트남에 사절로 파견되었던 인물로,[145] 이듬해 1월 그들은 베트남에 도착하

---

141 『安南志略』卷第6, 至元 二十九年表.
142 『元史』卷17, 本紀17, 「世祖(十四)」, 至元 二十九年 四月;『元史』卷17, 本紀17, 「世祖(十四)」, 至元 二十九年 六月.
143 쩐꽝쓰엉(陳光昶, Trần Quang Xưởng)으로 쩐익딱(陳益稷)의 형이다.
144 『全書』, 壬辰八年, 元至元 二十九年 三月.

여 쿠빌라이의 조서를 전하였다.[146] 쿠빌라이는 베트남 측이 이번에도 친조 요청을 거부할 것을 알고 있었음에도 양중을 파견하였다. 이는 실질적으로 전쟁을 정당화하기 위한 명분을 쌓기 위한 조치였을 것이다. 그가 보낸 조서에서 인종의 친조 거절 이유에 대해 반박하며, '부모의 상을 당했기 때문에, 그리고 노상에서 죽을까 두려워 감히 내조할 수 없다고 한다면 살아있는 것이 어찌 오래 안전할 수 있겠는가? 천하에 불사의 지역이 있는가? 짐이 모르는 바를 너는 응당 구체적으로 말해라. 헛된 문서 또는 세폐로 교묘히 꾸며 속인다면 도의에 어긋나지 않겠는가?'[147]라며 인종을 질책하였다.

당시 양중도 이전의 장입도와 마찬가지로 베트남에 대해 고압적인 태도를 취했다. 특히 의전 문제와 관련하여, 당시 성으로 들어가는 세 개의 문이 있었는데, 가운데는 양명(陽明), 좌는 일신(一新), 우는 운회(雲會)였다. 이때 양중을 일신문으로 안내하자, 그는 격노하며, 중문인 양명문으로 가겠다고 고집하였다. 이에 우측 운회문을 제시했으나 끝까지 중문을 고집하여 결국 이곳으로 들어온다. 그러나 몽골의 압박에도 쩐 인종은 '병'을 이유로 친조를 거절하고 대신 몽골 사절단이 돌아갈 때 다오뜨끼(陶子竒, Đào Tử Kỳ)와 르엉반따오(梁文藻, Lương Văn Táo)를 사신으로 몽골에 함께 파견하였다.[148]

이러한 연이은 몽골의 요구에 대한 거절은 쿠빌라이로 하여금 새로운 전

---

145 지원 17년(1280) 당시 쩐 성종이 입조를 거부하자 양증(梁曾)을 파견하는 것이다. 그리고 이듬해 쩐지아이를 보낼 때 양증이 쿠빌라이에게 보내는 '표'와 함께 방물을 바치는 사절단을 따라 돌아오는 것이다. 『元史』卷178, 列傳第65, 「梁曾」.

146 『元史』卷17, 本紀17, 「世祖(十四)」, 至元 二十九年 九月. 양증은 이때 이부상서직과 함께 삼주금호부(三珠金虎符), 습의(襲衣), 말, 궁시(弓矢), 기폐(器幣) 등을 하사받았으며 진부(陳孚)가 예부랑중으로 부사로 임명되었다. 『元史』卷178, 列傳第65, 「梁曾」.

147 『安南志略』卷第2, 「大元詔制」; 『元史』卷209, 列傳第96, 「安南傳」.

148 『予書』, 庚寅六年元至元 二十七年 ; 『安南志略』卷第3, 「大元奉使」.

쟁을 준비하게 한다. 대략 쿠빌라이의 베트남 정벌 계획은 8월경에 세워진 것으로 보이는데, 이는 단순히 친조에 대한 거절에서 촉발된 것만은 아닌 것으로 보인다. 우선, 쿠빌라이는 1292년 2월 복건행성에 조서를 내리며, 사필(史弼), 역흑미실(亦黑迷失) 등을 평장정사로 임명하고 조와(爪哇, 자바)에 대한 정벌을 명했다. 당시 교역을 위해 파견한 사신 맹우승(孟右丞)의 얼굴에 문신을 새기며 모욕한 것을 명분으로 정벌이 시작된 것이다.[149] 그러나 토벌이 실패로 끝나고 1230년 7월에 귀환을 하자, 당시 남해로 확장에 열을 올리던 쿠빌라이는 다시금 베트남에 대한 정벌로 눈을 돌리게 되는 것이다.

 1293년 쿠빌라이는 유국걸(劉國傑)에게 명하기를, '爪哇를 얻지 못하였다. 그러니 경은 짐 대신에 (爪哇에) 가라.'라고 하였다. 이에 유국걸이 '爪哇가 末物이라면, 安南은 손바닥 안에 있는 물건입니다. 신이 폐하를 위해 (안남을) 정복하러 가겠습니다.'라고 하며 베트남 정벌에 대한 의지를 보였다. 쿠빌라이는 그의 대답을 듣고서 "그 일은 진실로 마음속 깊이 원하는 바이나, 마치 가려운 곳을 긁지 못하는 것처럼 쉽지 않다. 그러나 경의 말은 실로 흡족하다."라고 하며 10만의 군사를 하사한다. 이에 유국걸은 '일만의 군사로도 충분하다.'며 자신감을 보였지만, 쿠빌라이는 일만은 부족하다며, 5만의 군사를 내주고 함께 갈 장수를 선택하게 했다. 마침 그때 역흘랄대(亦乞剌歹)가 옆에 있다가 그와 함께 갈 것을 청하였다고 한다.[150] 이에 8월 사절단 일행이 돌아오자, 우선 베트남 측의 사신 다오뜨끼(陶子寄)는 강릉에 구류시키고, 평장 불홀목(不忽木)의 상주에 따라 호광안남행성(湖廣安南行省)이 베트남 공략을 위해 다시 세워지게 된다.[151] 유국걸을 동행할 장수들은 진암(陳巖),

---

149 『元史』卷210, 列傳第97,「爪哇」.
150 『新元史』卷162, 列傳第59,「劉國傑」;『元史』卷17, 本紀第17,「世祖(十四)」, 七月.

조수기(趙修己), 운종룡(雲從龍), 장문호(張文虎), 심웅(岑雄) 등이었다. 그는 악주(鄂州)에 이르러 그곳에 있던 쩐익딱 함께 베트남 토벌에 대해 의논을 한다.

베트남 침공을 위해 쿠빌라이는 유국걸에게 1,000척의 선박을 주고 여기에 100곡(斛), 56,570명의 군사, 35만 석의 식량, 2만의 말 사료, 21만 근의 소금을 싣도록 하였다. 그 외 군사에게 봉진, 군령을 하사하고 수수(水手)는 각각 2정의 초를 하사하였으며 병기는 무릇 70여만이나 되었다.[152] 그가 군대를 모아 베트남으로 진격할 때, 하랄하손(哈剌哈孫)은 백성들이 동요하는 것을 막기 위해 백성의 먹을 것을 빼앗은 군사 천명을 모아 매질하니 군이 숙연해졌다고 한다.[153] 또한 쿠빌라이는 베트남 경략을 지원하기 위해 호강의 백성들에게 광서로 가서 둔전을 지원토록 하였다. 하랄하손은 이를 반대하면서 "지난번 베트남에 원정했지만, 공을 이루지 못했습니다. 그 상처가 아직 회복되지 못했는데 다시 백성들을 장기가 서린 곳으로 보내면 반드시 원망으로 커져 반란이 일어날 것입니다."[154]라고 말했다. 그는 광서의 토착민으로 하여금 개간토록 하는 것이 더 편리하다고 주장하였다. 그래야 토지 개간에 능률을 올릴 뿐 아니라 외부적으로도 베트남에게 전쟁 준비에 대해 위장할 수 있을 것이라 말하였다.

1291년 상사주(上思州, 오늘날 까오방) 지역 토관인 황승허(黃勝許)는 베트남과 결탁하여 몽골에 대항하는 동란을 일으키며 옹주를 공격하였다. 황승허는 베트남의 산간 민족들과 연합하여 옹주를 공격했는데, 쿠빌라이는 그를 토

---

151 『元史』卷209, 列傳第96,「安南傳」.
152 『元史』卷209, 列傳第96,「安南傳」.
153 『元史』卷136, 列傳第23,「哈剌哈孫」.
154 『元史』卷136, 列傳第23,「哈剌哈孫」.

벌하기 위해 유국걸, 정붕비에게 명하여 광서 계림으로 출동하도록 하였다.[155] 원군은 성관에 갔다가 이곳에서 이듬해 가을이 될 때까지 기다려 출발했다. 하지만 1293년 12월에도 유국걸은 여전히 출병하지 않다가 1294년 1월이 되어서야 출병의 명령을 내리고 베트남을 공격했다.[156]

쿠빌라이의 베트남에 대한 정벌은 내부적으로는 몽골 제국 곳곳에서 일어났던 반란, 그리고 재정적인 문제로 인해 실행에 옮겨지기는 어려웠다. 더욱이 1281년 쿠빌라이가 가장 아끼는 차비가 사망하였고 1285년에는 황태자였던 진금이 사망하였다. 이 때문에 그는 한동안 술에 탐닉했다고 한다. 그 여파에다가 비말로 인한 질병이 겹쳐 1294년이 되면 극도로 기력을 잃고 쇠약해져 버렸다. 결국 그는 1294년 2월 18일 붕어하게 된다. 그의 뒤를 이은 테무르는 황태자였던 진금의 아들로 원 성종(成宗)이다. 하지만 그는 조부인 쿠빌라이가 베트남에 대한 정벌을 고수했던 것과는 달리 명을 내려 베트남 원정군을 퇴각시키고 있다. 또한 베트남에게 내린 조서를 통해 '즉위하면 원이(遠邇)를 묻지 않고 크게 사면을 실시하니 안남에게도 관용을 베풀어 이미 유사(有司)에 출병을 멈추라 명했고 다오뜨끼(陶子奇)의 귀국을 허용하였다. 지금부터 하늘을 경외하고 사대하는 것에 대해 그것을 깊게 생각해 보도록 하라.'[157]라고 하니 비로소 원의 베트남 공격은 이때가 돼서야 끝나게 된다.

쩐 왕조와 몽골의 관계는 세조 쿠빌라이가 죽으며 평화적인 국교의 실현을 보이며 쩐 왕조도 이 시기 인종이 상황으로 되고 영종이 즉위하였다. 이

---

155 『元史』卷162, 列傳第49, 「劉國傑」.
156 『元史』卷17, 本紀第17, 「世祖(十四)」.
157 『安南志略』卷第2, 「大元詔制」, 至元 三十一年 四月 成宗皇帝聖旨諭安南國陳詔.

후 대체적으로 약 반세기 동안 사신의 왕래가 행해지고 있다. 쿠빌라이가 죽은 후 즉위한 성종은 위 조서의 내용에서도 보았듯이, 정벌을 중지하고 이전에 구류되었던 다오뜨끼를 귀국시킨다. 또한, 이때 예부시랑(禮部侍郎) 이간(李衎)과 병부랑중(兵部郎中) 소태등(蕭泰登)을 베트남에 파견하는데 이들은 대략 1295년 2월에 베트남에 이르러 조서를 전달하고 성종의 즉위 사실을 전하고 있다. 이에 베트남 측에서는 동년 도칵쭝(杜克終), 팜타오(范討) 등과 함께 응우옌만히엔(阮孟憲)을 원에 파견하고 있다. 베트남 측 사자는 3월 원의 조정에 도착했다고 하며,[158] 이때 전란으로 유실된 대장경(15,000여 권)을 줄 것을 요청하고 있다. 그 요청이 받아들여져 베트남 측에서는 이것을 천장부에 두고 부본을 간행했다고 전해진다.[159] 이를 통해 보아도 성종 즉위 이후는 대체로 우호적인 관계를 유지했던 것으로 보인다.

이와 같이 양국은 대체로 평화적인 관계를 유지했고, 다만 변경에서 약간의 소요가 발생하게 되는데 앞서 보았던 황승허의 세력이 움직인 것이었다. 황승허는 이미 1292년에 2만 명을 이끌고 충주(廣西省 수록현)에 근거하여 몽골에 대항하고 한편으로는 베트남과 결합하여 옹주를 공략했다. 이에 몽골이 정붕비(程鵬飛) 등에게 그를 토벌하게 하니 황승허는 일단 베트남으로 도망쳤다. 이후 그는 쩐꾸옥뚜언(陳國峻) 집안과 혼인 관계를 맺으며 상사주 방면 각 지역의 세력을 확장하였고, 1296년 다시 사광채(思光寨)를 공격하였다.

이에, 원에서는 호광행성이 이에 대한 진압에 나서 그 일당인 황법안(黃法安) 등을 사로잡는다. 한편 『元史』에 따르면, 그해 5월 베트남이 황승허의

---

158 『元史』卷18, 本紀第18,「成宗(一)」.
159 『全書』, 乙未 三年 元成宗鐵木耳 元貞 元年.

반란에 대해 사람을 보내 원에 보고하고, 6월 반란을 일으킨 황승허는 베트남의 영내로 돌아갔는데, 이는 몽골 측에서 베트남과 황승허가 결탁하여 변경을 혼란스럽게 하고 있다고 판단하게 만든 것으로 보인다. 하지만 이듬해 황승허는 그 아들 지보(志寶)를 보내 원에 내조하지만, 그럼에도 그는 원의 변경을 수시로 공략하였다. 그러다가 1324년 12월 원이 황승허에게 회원대장군(懷遠大將軍) 등의 칭호를 주고 그 아들 지숙(志熟)을 상사주의 지주로 임명하자 황승허 측은 마침내 원에 대한 저항을 중단한다. 이로써 베트남과 원 사이의 현안 문제는 모두 봉합되고 이후에는 양국의 사신이 왕래하면서 원만한 관계를 유지하였다.

이후에도 국경지대에서 다소의 문제가 발생하지만 대체적으로 평화적인 관계가 유지되었다. 양국의 교섭을 살펴보면 원 측에서는 베트남 사자의 도착을 내공, 내헌이라 적고 있지만 베트남 측에서는 사자의 파견을 '여원(如元)'으로 기록하거나 또는 '보빙(報聘)'으로 기록하고 있다. 이는 베트남이 중국 특히 원에 대해서도 대등한 형태를 취한 것으로 볼 수 있다. 원 측에서 베트남에 보낸 사자의 관직을 살펴보면, 대체로 정사, 부사가 이부상서(정3품)와 예부랑중(종5품)으로서 상서(尙書)와 랑중(郎中)의 조합으로 이루어졌다. 사자가 다른 직위에 있더라도 그 출사에 즈음하여 이 관직을 수여하고 있는데 이와 다르게 베트남에서 파견한 사자는 대체로 '대부(大夫)'였다.

몽골 측에서도 베트남의 군주에 대해 여전히 국왕으로 인정하기보다는 '세자(世子)'라 칭하였다. 이러한 '세자' 칭호의 사용은 원 세조 쿠빌라이가 베트남 국내의 사정을 무시한 강압책에서 비롯된 것이었다. 쩐지아이(陳遺愛)를 안남국왕으로 세운 일이라든지(1281), 세조의 제1차 베트남 출병에 즈음하여(1285) 원에 투항한 베트남의 왕족 쩐익딱(陳益稷)을 안남국왕에 봉한 것 역시 베트남의 실제 군주를 무시하는 조치였다. 쿠빌라이의 사망 이후에도 쩐익딱은 악주(鄂州)와 한양부(漢陽府)에 거하게 된다. 원조는 쩐익딱에 대해 안남국왕으로서 후하게 대우하고 쩐익딱은 원에 새로운 천자가 즉위하거나 원단절에 안남 국왕의 자격으로 표문을 바치는 모습을 보이고 있다. 1329년 문종(文宗) 시기에 그는 76세의 나이로 북쪽의 땅에서 죽었다. 결국 베트남에서 왕이 되겠다는 계획은 실패로 끝났지만, 이듬해 '충의왕(忠懿王)'이라는 시호를 받았다. 1334년에는 그 아들 타강선무사(沱江宣撫使) 진단오(陳端午)가 수도 대도에 오자 그 또한 '安南國王'에 봉해졌다.[160] 쩐익딱(陳益稷) 부자는 이름뿐이기는 하지만 대대로 북에서 '王'을 하며 지낸 셈이다.

지금까지 몽골과 베트남의 3차 전쟁이 끝난 후 양국의 상황과 함께 관계의 추이에 대해 알아보았다. 송과의 관계 속에서 이루어진 첫 번째 전쟁을 시작으로, 쿠빌라이 시기 벌어진 두 차례의 전쟁은 그의 남해제국의 확장과 연관을 맺고 있었다. 그러나 연이은 전쟁의 실패로 그 목적이 좌절되면서 자연스럽게 네 번째 전쟁을 준비하게 했다. 그러나 몇 차례의 전쟁으로 양국의 재정은 바닥나 있었고, 전쟁의 상흔에 대한 복구 작업이 필요했다. 특히 몽골도 북방과의 전쟁으로 또 다른 전쟁은 쉽지 않은 상황이었다. 그렇기 때문에 양국 간 외교사절단이 수차례 왕래하며 절충하는 모습이 지속되었다. 몽골은 계속적으로 고압적인 태도를 취하면서 베트남의 승리를 폄하하고, 친조를 지속적으로 요구하였다. 그러나 쩐 왕조 측은 이를 끝까지 거부하는 모습을 견지하였다.

---

160 『安南志略』卷第13,「內附侯王」.

Ⅵ장. 결론

 이 책에서는 베트남 쩐(陳) 왕조 시기 몽골-원(元)과의 관계에 대해 13~14세기 있었던 양국 사이의 전쟁을 중심으로 고찰하고자 하였다. 양국 간 전쟁이 발생한 시점은 베트남 측에서는 리(李) 왕조에서 쩐(陳) 왕조로 넘어가던 시기였다. 몽골의 경우는 칭기스칸이 칸위에 올라 제국을 세운지 약 50여 년이 지난 뭉케 시기부터 베트남에 대한 경략이 시작되었다. 그리고 쿠빌라이 시기에 이르기까지 3차례에 걸쳐 베트남을 침공하였다. 이 연구에서 주안점을 두고자 했던 것은, 양국의 상대방에 대한 인식의 실태, 전쟁의 경과와 함께 변화하는 양국의 대외 정책, 그리고 이에 따른 양국 관계의 변화 추이였다.
 당시 몽골제국은 '하늘의 대리자'라는 인식을 바탕으로 세상의 모든 지역, 사람들을 정복과 지배의 대상으로 인식하는 세계관을 지니고 세계제국으로의 확장을 계획 중이었다. 이에 반해, 베트남은 리(李) 왕조 내부의 혼란으로 인해 멸망하고, 그 대신 새로운 쩐 왕조가 성립되어 여러 방면에서의 개혁을 시도하며 내부 안정을 다지고 있었다. 몽골의 침공 이전 베트남

은 남송과 국경을 맞대고 있었다. 남송(南宋)은 당시 주변국, 특히 몽골에 대한 대응이 다급하여 쩐 왕조에 대해 온건적인 정책을 취할 수밖에 없었다. 그렇기 때문에 양국 관계는 대체로 우호적인 상태가 지속되었다. 이러한 남송의 존재는 쩐 왕조와 몽골제국 간의 직접적인 접촉 시기를 늦추어 주었고, 베트남이 군사 정비를 통해 후일을 대비할 수 있게 하였다. 베트남은 비록 남송을 경유하여 몽골의 위세를 어느 정도 인지하고 있었지만 남송이 오래도록 건재할 것이라 판단하였다. 그래서 왕조 교체기의 혼란을 종식시키고 통치의 안정을 도모하는 것에 주력하였다.

그러나 베트남과 몽골 사이의 전쟁은 베트남의 예상보다는 훨씬 이른 시기에 시작되었다. 뭉케 치하의 몽골 제국이 서남방으로 우회하여 남송을 공략한다는 전략을 채택하였기 때문이다. 몽골제국은 대리를 정복한 이후 사신을 파견하여 베트남에 남송 정벌을 위한 길을 빌려달라고 요구하였다. 하지만 쩐 왕조 측은 이를 거부했다. 남송(南宋)의 부재 시 몽골과의 직접적인 대치를 우려했던 쩐 왕조는 오히려 몽골 측 사신을 억류했다. 이에 대한 몽골 제국측의 응징이 1차 전쟁으로 표출되었다. 우량카다이의 몽골군은 손쉽게 베트남의 수도 탕롱(昇龍)성까지 점령하는 듯 보였으나, 기후와 풍토에 적응하지 못하고 얼마 되지 않아 퇴각했다. 이후, 쩐 왕조 측에서 사신을 파견하면서 양국의 외교 관계가 수립되었다. 이때 몽골은 베트남에 '친조(親朝)'와 '자제입질(子弟入質)'을 요구하였다. 몽골의 베트남에 대한 '육사(六事)'의 요구가 시작된 것이다.

'육사'는 몽골 정권 초기 이래 정복지에 대해 복속의 상징으로서 요구하던 조건이었다. 그 내용은 대략 5~6가지로서 정복지에 따라 다소 상이했다. 그러던 것이 쿠빌라이 시기부터 정리되어 '육사'라는 용어로 자리 잡게 된다. 몽골 제국으로부터 '육사'를 명확하게 요구받은 나라는 고려와 베트남의 두 국가이다. 이외 다른 국가에 대해서는 '육사'와 유사한 형태가 요구되기는 하였으나 그 조건과 내용은 고려, 베트남과 사뭇 달랐다.

쿠빌라이 집권 초기 몽골은 내부의 분쟁, 그리고 남송과의 전쟁으로 말미암아 쩐 왕조에 대해 온건책을 유지했다. 그러나 점점 정책의 기조가 바뀌어 강압적인 정책으로 변모하였다. 이러한 과정에서 베트남에 대해 여섯 가지 사항의 요구, 즉 '육사'에 대한 강요가 출현하는 것이다. 이것은 ① 친조, ② 자제입질, ③ 적호(籍戶), ④ 군역(軍役), ⑤ 수납(輸納), ⑥ 다루가치(達魯花赤)의 설치로서, 쩐 왕조 측 입장에서는 정치, 경제 등 다방면에서 도저히 수용할 수 없는 압박이라 여겼다. 쿠빌라이는 이 중에서도 '친조'를 가장 강력히 요구하였다. 특히 고려 원종(元宗)이 '친조'를 실행하면서 쩐 왕조에게도 동일한 실천을 강하게 압박하기 시작하였다.

쿠빌라이 시기 동남 도서국들에 대한 적극적인 초유 활동으로 말미암아 점성(占城), 마팔아(馬八兒) 등 여러 국가들이 몽골에 복속되었다. 이때도 강력히 요구하는 것은 '친조'였다. 당시 쿠빌라이는 몽골의 '하늘의 대리자'라는 이념을 이어받아, 완전한 복속을 의미하는 '친조'를 강력하게 요구했다. 그리고 이를 받아들이지 않는다면 반드시 정복하겠다고 윽박질렀다. 이 시기 쩐 왕조는 몽골에 여러 차례 사신을 보내 조공을 바치며 여러 사유를 들어 친조를 이행할 수 없는 사정을 알렸다. 이러한 베트남의 노력이 어느 정도 주효하고, 또 쿠빌라이가 점성과 일본(日本)에 대한 원정을 우선시하게 되면서 양국 간 전쟁의 시기를 조금 늦출 수 있었다. 당시 동남아시아와 남아시아, 서아시아를 잇는 해상 교역에 있어 점성이 대단히 중요한 기능을 하였다. 쿠빌라이는 남해제국으로의 진출을 위해 먼저 이러한 지정학적 위치를 지닌 점성에 대한 정벌을 시도하였다. 그러나 쿠빌라이의 몽골군은 점성의 강한 저항에 직면하고 덧붙여 기후, 풍토에 적응하지 못하면서 정복 전쟁이 난항을 겪었다.

베트남에 대한 쿠빌라이의 원정은 바로 이와 맞물려 시작되었다. 몽골의 제2차 베트남 침공은 점성 원정의 연장선상에 위치한다고도 할 수 있다. 점성 원정군이 곤경에 빠지자, 몽골은 주변 국가에게 지원군의 파견과 군량미의 공출을 요구하였다. 하지만 베트남의 쩐 왕조와 주변의 동남아시아 국가들은 오히려 점성을 지원하였다. 이로 인해 몽골의 베트남에 대한 정벌이 시작된 것이다. 그러나 제2차 몽골 전쟁이 발발하자 쩐꾸옥뚜언(陳國峻)을 중심으로 한 쩐 왕조의 군대는 몽골과의 전투에서 대단히 효과적인 전술을 구사하였다. 지리적인 이점을 이용해 숲과 산에 몸을 숨기고 불시에 나타나 몽골군을 공격하는 게릴라 작전을 수행하였다. 또한 베트남의 견벽청야(堅壁淸野) 전술로 인해 몽골 측은 시종 군량 부족에 시달려야 했다. 여기에 무더위와 풍토병이 겹쳐 몽골의 전투력은 심각한 타격을 받았다. 결국 몽골군은 침공한지 6개월여 만에 베트남의 수도 탕롱을 버리고 북으로 퇴각하고 말았다. 쿠빌라이는 일본과 점성의 원정에서 실패하고, 이에 뒤이어 베트남 침공에서도 패배하자 큰 충격을 받았다. 쿠빌라이는 패배를 인정할 수 없었다. 곧바로 후속 정벌을 준비하였다.

제2차 전쟁 과정 중 일부 베트남 지배층의 몽골에 대한 투항도 발생하였다. 그중, 쩐익딱(陳益稷)은 몽골에 항복한 후 '안남국왕(安南國王)'에 책봉되었다. 이는 몽골제국이 '친조'를 거부하는 베트남의 쩐 왕조를 인정하지 못하겠다는 의지의 표현이었다. 쩐익딱을 통해 쩐 왕조를 압박하는 한편 그 근간을 흔들려 했던 것이다. 그러나 쩐 왕조는 지속적으로 몽골에 사절을 파견하며 쿠빌라이의 노여움을 누그러뜨리려 노력하였다. 이로써 후속 전쟁의 발발을 최대한 늦추고, 또 동시에 몽골 측의 동태를 파악하고자 했다. 아울러 쩐꾸옥뚜언(陳國峻)을 중심으로 전쟁에 대한 대비 태세도 정비해 갔다.

그러나 곧바로 재개될 것 같았던 쿠빌라이의 정복 계획은 잠시 주춤하게 되었다. 몽골로서도 연이어 원정이 실패함에 따라 내부적으로 여러 문제를 점검할 필요가 있었다. 군사적인 정비는 물론이려니와 전쟁 재개에 소요되는 물자의 준비, 재정 확보에도 시간이 소요되었다. 더욱이 대외 원정을 지속적으로 추진하면서 백성들의 부담이 증대되어 민간의 동향도 심상치 않았다. 백성들의 불만이 반란으로 연결될 수도 있다는 신료들의 상언에 따라 쿠빌라이는 일단 정벌을 잠시 미루었다. 하지만 쿠빌라이는 언제까지나 베트남 정벌을 뒤로 미루려 하지 않았다. 그는 베트남 원정을 성공시킴으로써 자신의 실추된 위신을 되찾고자 하였다. 베트남은 '친조'의 요구마저 거부하고 있었다. 쿠빌라이에게 베트남 정벌의 완수는 베트남의 반항에 대한 보복이라는 의미를 띠고 있었다. 그렇기에 시간을 들여 충실한 준비를 갖춘 후 제3차 원정을 시작하게 된다.

그럼에도 쿠빌라이의 두 번째 베트남 정벌 전쟁, 즉 베트남과 몽골 사이 제3차 전쟁 역시 몽골 측의 패배로 끝났다. 쿠빌라이는 전쟁을 통해 자신이 세운 쩐익딱(陳益稷)을 베트남의 군주로 세우려고 했다. 하지만 결국 쩐익딱은 베트남 땅을 밟지도 못한 채 돌아왔다. 토콘(脫歡)이 지휘하는 몽골의 군대는 곡물 수송선의 호위를 담당한 수군의 패배와 이로 인한 군량의 부족, 그리고 베트남 군대의 효과적인 저항에 부딪혀 퇴각하고 만다. 이에 쿠빌라이는 분노했고 베트남 전쟁을 주도한 토콘(脫歡)은 사실상 유배에 처해져 다시는 수도로 돌아오지 못했다.

베트남 원정의 실패는 몽골 정권 내부에도 상당한 파장을 불러 일으켰다. 한인들의 반원 활동을 자극하여 일시 남방에서 한군의 반란이 수차 발생하기도 했다. 또한 잇따른 대외 원정의 실패로 인해 카이두의 난이 격화하고 따이 족과 같은 변경 소수 종족들의 잇따른 반란도 일어났다. 쿠빌라이에게 베트남 전쟁의 완수는 내부 단속을 위해서도 절실히 필요하였다. 그래서 두 번째 원정이 실패로 끝난 직후 다시 한 번 베트남 원정 준비에 착수하였다. 하지만 베트남 정벌 준비는 그의 급작스러운 사망과 함께 종료되었다. 그의 뒤를 이은 성종은 카이두의 난에 대한 처리 등과 같은 제국 내부의 통합을 우선시했다. 그리하여 베트남과 몽골 사이에 있었던 전란의 조짐은 사라지고 이후부터 양국은 큰 문제없이 우호적인 관계를 유지하였다. 이러한 표면적인 우호적 관계 속에서도 몽골은 여전히 베트남의 실제 군주를 인정하지 않았다. 쩐익딱의 후예에 대해 '안남국왕'이라 책봉하는 모습을 지속했던 것이다. 실제 베트남 군주에 대해서는 시종 '세자(世子)'라고 지칭하였다.

양국의 전쟁과 외교 교섭은 몽골의 '친조' 요구와 베트남의 이에 대한 거부가 가장 큰 쟁점이었다. 쩐 왕조는 몽골의 다른 요구에 대해서는 최대한 수용한다는 자세를 취했지만 끝내 이를 거부하였다. 쿠빌라이가 쩐 왕조의 종실인 쩐지아이(陳遺愛)와 쩐익딱을 '안남국왕'으로 책봉한 것도 베트남의 친조 거부에 대한 강경책의 일환이었다. 이 시기 몽골 측으로부터 베트남에 파견되어 간 사신들, 즉 시춘(柴椿), 장입도(張立道), 진부(陳孚) 등은 공히 '친조'를 강압적인 자세로 요구하였다. 그들이 지니고 간 몽골의 조서도 친조를 거부하는 쩐 왕조를 꾸짖으며 위협하는 내용으로 되어있었다.

군사력이란 면에서 베트남은 결코 몽골에 대적할 수 없는 상태였다. 그러나 뭉케 시기로부터 쿠빌라이 시기에 걸쳐 세 차례나 진행된 베트남-몽골 전쟁에서 최종적인 승리를 거둔 쪽은 베트남이었다. 베트남의 승리 요인으로는 몽골에 대한 강한 저항 의식, 쩐 왕조의 효과적인 국력 결집, 그리고 지형과 기후를 이용한 적절한 전술의 구사 등을 들 수 있다. 이전 왕조인 리(李) 왕조 시기 송(宋)과의 전투에서 승리를 도출해 낸 베트남의 구국영웅인 리트엉끼엣(李常傑)은 일찍이 '남국산하(南國山河)'에서, 베트남이 주권을 지닌 독립된 국가라는 의식을 중국에 대해 강력하게 표출한 바 있다. 이러한 의식은 쩐 왕조 시기에도 계승되어 몽골에 대한 항전의 밑바탕을 이루었다. 몽골의 강력한 군사력과 침공에 직면하여 "신의 목이 아직 땅에 떨어지지 않았다."라고 강렬한 자세를 보이는 것이나, 적의 회유에 분노하며 "남쪽의 귀신이 될지언정 북쪽의 왕의 되지 않는다."라고 하는 발언 등은 이러한 의지 내지 인식을 여실히 보여준다. 지엔홍(延洪)전에서 한 목소리로 결사 항전을 결의한 것 역시 몽골 전쟁을 앞두고 쩐 왕조 치하 베트남인들의 강한 응집력을 잘 보여준다.

이밖에 단언컨대 또 다른 민족 영웅인 쩐꾸옥뚜언(陳國峻)의 역할도 매우 중요했다고 할 수 있다. 쩐리에우(陳柳)의 아들이기도 한 그는 쩐 왕조에 대해 깊은 원한이 있음에도 불구하고 몽골과의 전쟁을 진두지휘하며 뛰어난 전략과 전술로 항전을 승리로 이끌었다. 때문에 그는 쩐익딱과 비교되며 더욱 영웅으로서 칭송을 받을 수 있었다. 그는 『격장사(檄將士)』에서 "왕과 신하는 한 마음이다. 형제가 화목하고 모든 나라가 힘을 모은다면 적은 스스로 포로가 될 것이다."라는 유명한 구절을 남기고 있다. 실로 그의 지휘와 헌신이 있었기에 전 계층의 협력과 단결이 도출될 수 있었다. 이렇게 이루어낸 쩐 왕조 시기 대몽골 전쟁의 승리는 이후 대대로 베트남의 민족의

식을 일깨우는 상징이 되었다.

그러나 몽골과의 항전에서의 승리가 베트남 민족의 자긍심을 고취시켰다는 점에서 큰 의의를 갖지만, 전쟁의 상흔은 여러 면에서 이후 쩐 왕조에 많은 부담을 안겨 주었다. 전쟁 이후의 경제적인 피폐로 인해 쩐 왕조는 재정 부족에 시달려야 했다. 또 전쟁의 과정에서 쩐 왕조의 '종실(宗室)적 체제'가 와해 된 것도 큰 문제였다. 세 차례 전쟁이 거듭되는 기간 쩐 왕조에게 있어 몽골과의 외교 교섭 내지 담판은 최고의 현안이었다. 그렇기에 유교적 교양을 갖춘 최고의 지식인을 선택하여 이 임무를 맡겼다. 이 과정에서 쩐 왕조의 종실보다 유교적 지식인들의 정치적 비중이 점차 제고되기에 이른다. 전쟁의 종료 이후에도 이러한 경향은 지속되었고, 이와 함께 베트남의 전통적인 문화와 관습 또한 큰 변화를 맞이하게 된다. 황제가 대퇴부에 용의 문신을 하던 전통이 점차 사라져 갔던 것이 그 단적인 사례이다.[1] 또한 종실과 무관한 유력자가 부상하게 되는 것도 쩐 왕실의 통치에 큰 위협 요인이 되었다. 쩐 왕조 초기 지배의 기반을 확보하기 위해 왕후 종친들에게 식읍(食邑)뿐 아니라 탕목읍(湯沐邑)을 하사하였다. 그리고 토지 내 장정을 선발하여 가종군(家僮軍)을 거느릴 수 있는 특권을 주었다. 몽골과의 항쟁 시기 이들이 각자의 세력권에서 적지 않은 역할을 한 것도 사실이다. 하지만 대몽 전쟁의 과정에서 전공을 세운 이들에 대해서도 유사한 특권을 부여하게 되었다. 이로 말미암아 비종실 세력이 점차 부상하게 되었던 것이

---

1 이때 상황 즉 인종이 이르기를 "우리는 본래 下流人, 즉 顯慶人으로 대대로 雄勇을 숭상했다. 이에 대퇴부 사이에 용을 새겼다. 우리 가문은 대대로 武를 업으로 했으니 이것은 우리의 근본을 잊지 말기 위함이다."라고 하며 그 의미를 전하고 있다. 그러나 영종(英宗)은 이를 거부하였고, 이때부터 황제의 문신 풍습이 사라진 것이다. 『全書』, 己亥 七年 元大德 三年 八月.

다. 이와 같은 지배 체제의 변화, 쩐 왕조 지배 구조의 동요가 결국 호꾸이리(胡季犛)라는 외척 세력의 등장을 가능하게 하였다. 이와 함께 쩐(陳) 왕조가 멸망하게 되는 것이다.

부록 1

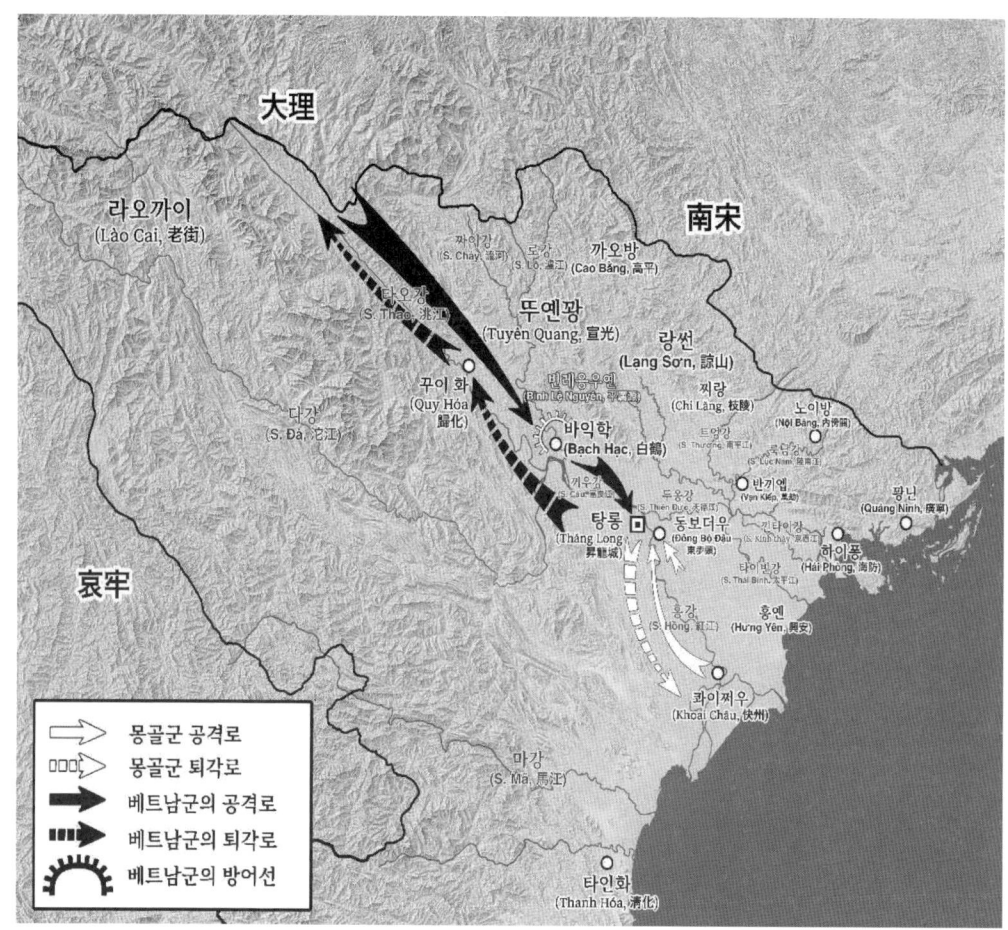

〈지도 1〉 뭉케 시기 우량카다이의 베트남 침략(1258년)

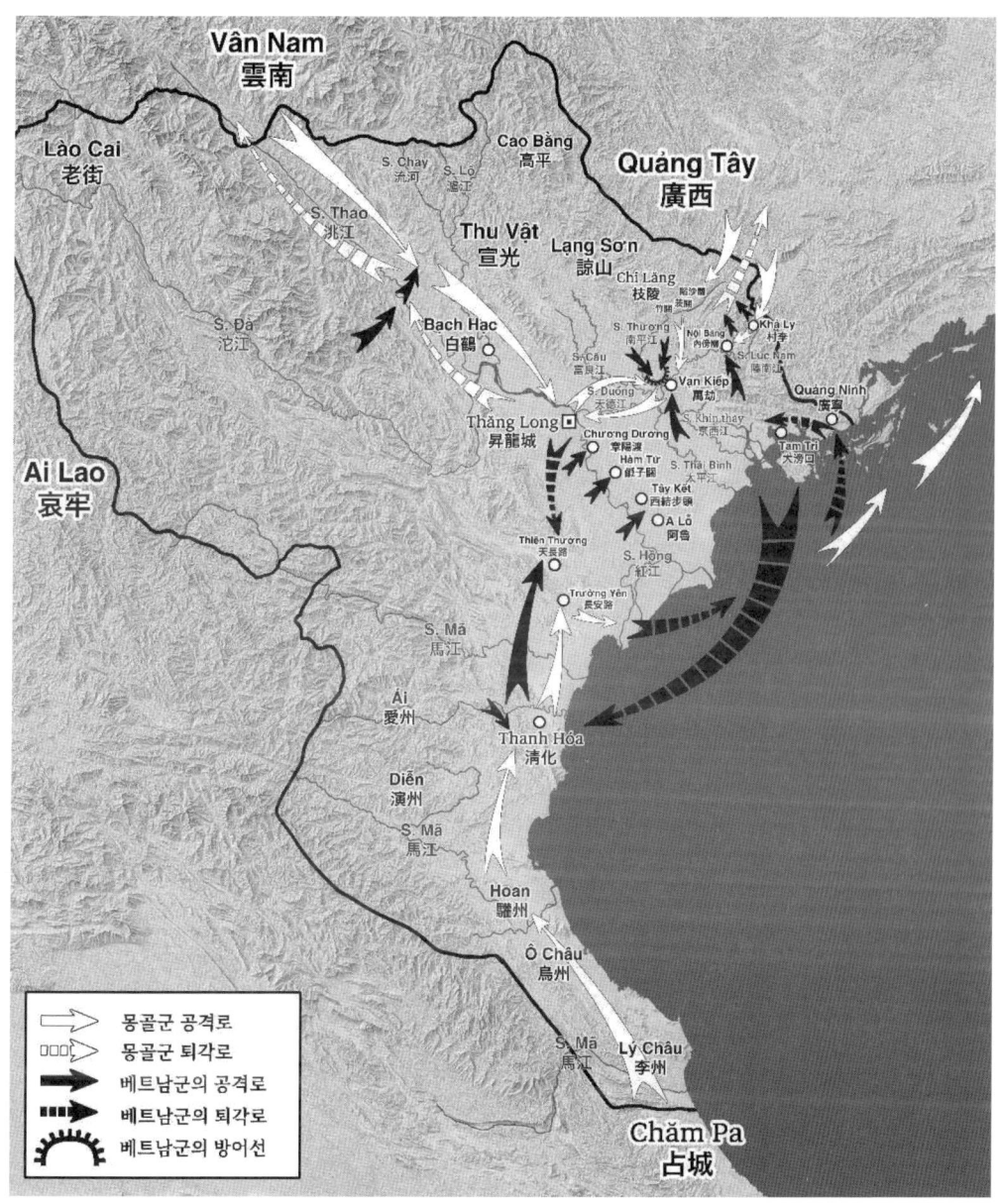

〈지도 2〉 쿠빌라이 시기 베트남 1차 침략(1285년)

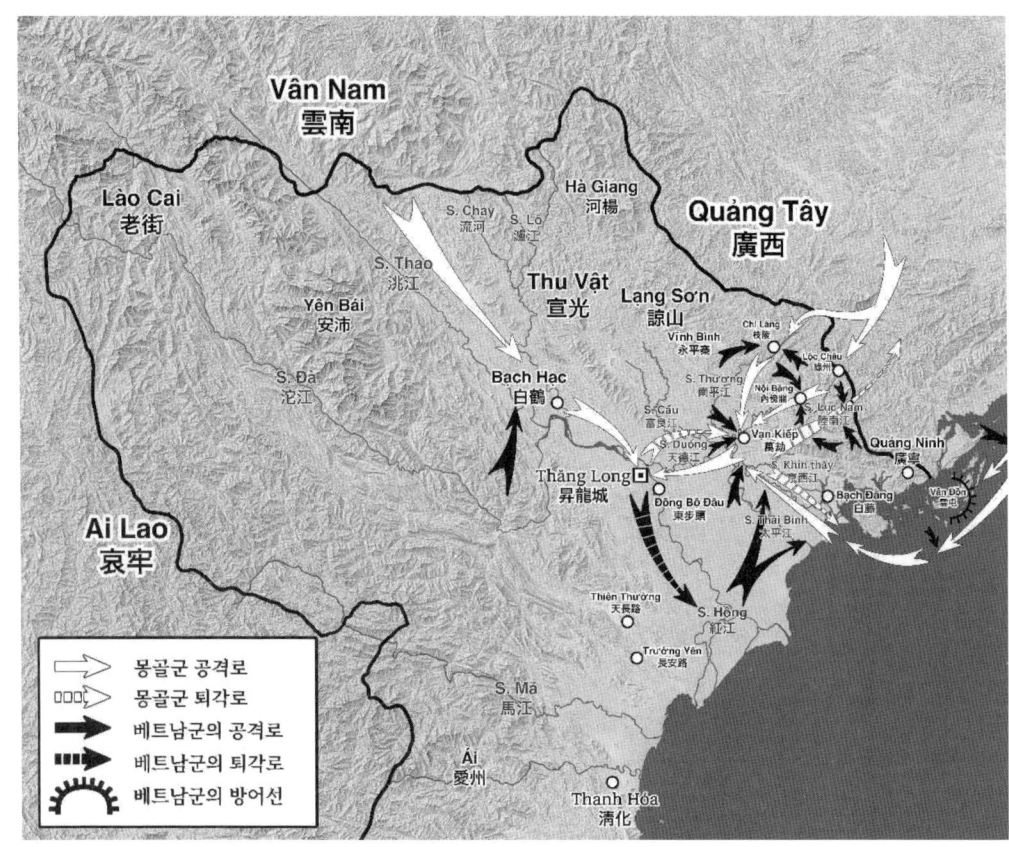

〈지도 3〉 쿠빌라이 시기 베트남 2차 침략(1288년)

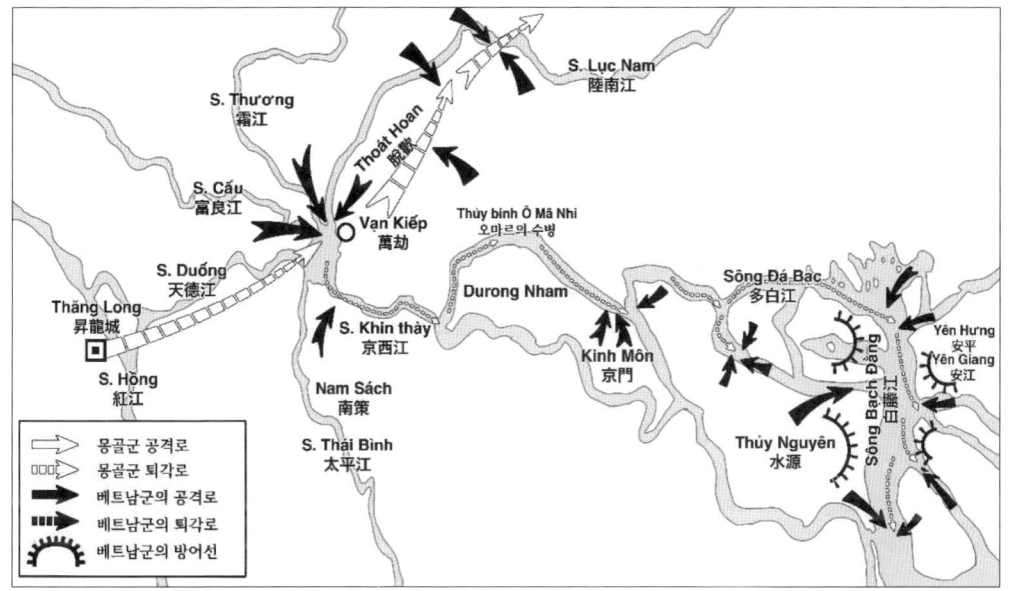

〈지도 4〉 2차 침략 당시 바익당(白藤, Bạch Đằng)강 전투(1288년)

부록 2

〈표 1〉 중국(宋, 元)에 파견된 베트남(Đinh~Trần 朝) 사신단표

	年代	使臣名	職位	備考
丁 (Đinh) 朝	973년 (先皇帝太平4, 宋太祖開寶6)	丁璉 阮子㲄	不明	報聘使: 表를 올리고 方物을 바침.
	975년 (先皇帝太平6, 宋太祖開寶8)	鄭琇 王紹祚	不明	報聘使, 犀·象·香藥을 바침.
	977년 (先皇帝太平8, 宋太宗太平興國2)	陳元泰	不明	貢賀太宗皇帝卽位, 方物을 바침.
黎 (Lê) 朝	980년 (大皇帝 天福 元年, 宋 太宗 太平興國 5)	江巨煌 王紹祚	牙將 牙將	方物을 貢하고 黎桓은 丁璿의 명의로 丁璿에게 眞秩을 내리기를 청하는 表를 올림. 宋측은 軍을 파견하였으며 이러한 黎桓의 表를 계략이라 여기고 묵살.
	983년 (大行皇帝 天福 4, 宋 太宗 太平興國 8)	趙子愛	不明	報聘使: 丁璿의 명의로 上表. 方物을 바침.
	985년 (大行皇帝 天福 6, 宋 太宗 雍熙 2)	張紹馮 阮伯䁝	牙校 牙校	方物을 貢하고 黎桓이 정식 절도사 직위를 요청하는 表를 올림.
	986년 (大行皇帝 天福 7, 宋 太宗 雍熙 3)	司馬常 吳國思	牙將	報聘使: 方物을 바침.
	990년 (大行皇帝 興統2, 宋 太宗 淳化 元年)	阮伯替	都知兵馬使	報聘使
	991년 (大行皇帝 興統3, 宋 太宗 淳化 2年)	陶勤	不明	報聘使

年代	使臣名	職位	備考
994년 (大行皇帝 應天 元年, 宋 太宗 淳化 5)	費崇德	牙校	報聘使
995년 (大行皇帝 應天 2, 宋 太宗 至道 元年)	杜亨	不明	報聘使:
996년 (大行皇帝 應天3, 宋 太宗 至道 2)	不明	不明	交州潮陽人 卜文勇이 가족을 이끌고 如昔鑛으로 망명하고, 이를 방관하여 海賊이 들끓자, 宋의 工部員外郎職史館陳堯叟가 이들을 붙잡고 처리. 이에 대해 黎桓이 感謝의 上奏文을 올림.
997년 (大行皇帝 應天4, 宋 太宗 至道 3)	阮紹恭 趙懷德	不明	「交趾傳」에는 阮紹恭을 都知兵馬使, 趙懷德을 副使라 칭하고 있음. 宋 太宗이 崩. 이에 사절을 파견. 金銀七寶로 장식된 交椅 한 개와 銀 쟁반 10개, 犀角, 象牙 50枚, 絹布 50匹을 貢하고 帶甲馬를 하사 받음.
1001년 (大行皇帝 應天 8, 宋 眞宗 鹹平 4)	黎紹 何慶常	不明	「交趾傳」에는 黎紹를 行軍司馬何慶常을 副使라 칭하고 있음. 犀 1마리, 象 2마리, 象 彡朋 2개, 七寶 장식 金瓶 하나를 바침.
1003년 (大行皇帝 應天 10, 宋 眞宗 鹹平 6)	黃成雅	不明	광남서로에서 黃成雅가 이를 上奏했다고 전함. 그 내용은 國朝에서 은혜를 더할 때, 사신을 本道(교지)까지 보내줄 것을 청하고 있음. 宋眞宗은 사절단을 파견하면 黎桓이 접대를 위해 세금을 징수하여 백성을 곤궁하게 한다 하여 이를 거절하고 있다.
1004년 (大行皇帝 應天 11, 宋 眞宗 景德 元年)	黎明提 (黎桓의 子)	攝驩州刺史	전사의 파견을 요청하며 方物을 貢함. 黎明提를 驩州刺史에 임명.
1007년 (臥朝皇帝 應天 14, 宋 眞宗 景德 4)	黎明昶 黃成雅	峰州刺史 安南掌書 記殿中承	報聘使: 白犀를 貢하고 大藏經을 요청.
1009년 (臥朝皇帝景瑞2, 宋 眞宗 大中祥符 2)	阮守疆	推官	黎明昶가 이때 宋에서 돌아오며 大藏經을 가져옴. 阮守疆이 犀角, 象齒, 金銀, 紋綢 등의 조공품과 함께 犀 1마리를 조공품으로 바침.

	年代	使臣名	職位	備考
李 (Lý) 朝	1010년 (太祖順天 元年, 宋 眞宗 大中祥符 3)	梁任文 黎再嚴	員外郎 員外郎	甲冑의 장비를 갖추어 달라는 요청과 함께 邕州에 互市를 개설할 것을 요청. 結好와 함께 大藏經을 하사 받음, 1011년 正月에 도착.
	1011년 (太祖順天 2, 宋 眞宗 大中祥符 4)	李仁美 陶慶文	員外郎 員外郎	李仁美를 誠州刺史, 陶景文을 太常丞에 임명하였으며, 그 따라온 사람 가운데 도중에 병사한 자들에 대해서는 하사품을 그 가족에게 지급. 陶景文이 송에 남으려고 하다 붙잡혀 송환되니 이에 杖殺을 명함.
	1012년 (太祖順天 3, 宋 眞宗 大中祥符 5)	陶碩(輔) 吳壤	太保 員外郎	겨울, 聖祖降이 있어 리 태조에게 開府儀同三司 직을 더해주고 食邑七百戶와 實封三百戶와 함께 翊戴功臣의 칭호를 하사.
	1014년 (太祖順天 5, 宋 眞宗 大中祥符 7)	馮眞 李碩	員外郎 員外郎	정월, 蠻人 20여 명이 침략하자 이를 물리치고, 포로와 馬를 붙잡음. 이에 사절을 파견하여 말 백 여필을 바치니 송 황제는 이들에게 帶, 器幣 등을 하사. 또한, 李碩은 아마도 陶碩으로 추정.
	1018년 (太祖順天 9, 宋 眞宗 天禧 2)	阮道清 範鶴如	員外郎 員外郎	이때 三藏經을 요구하고, 송 황제는 이에 응하여 僧統費智洪에게 이를 전달하라 詔를 내림.
	1021년 (太祖順天 12, 宋 眞宗 天禧 5)	阮(李)寬泰 阮守疆	員外郎 員外郎	報聘使
	1026년 (太祖順天 17, 宋 仁宗 天聖 4)	李徵顯 黎再嚴	員外郎 員外郎	結好
	1028년 (太宗天成 元年, 宋 仁宗 天聖 6)	李公顯 吳遷益	驩州刺史 員外郎	조공 이후 태조의 붕어를 알리는 告哀使를 파견. 李公顯은 叙州刺史에 제수함.
	1030년 (太宗天成 3, 宋 仁宗 天聖 8)	黎握侄 阮日親	大僚班 員外郎	이전 송에서 弔慰를 표하는 사절을 파견한 것에 대한 報聘使.

年代	使臣名	職位	備考
1034년 (太宗通瑞 元年, 宋 仁宗 景祐 元年)	陳應機 王惟慶	員外郎 員外郎	驩州에서 붙잡은 一角獸를 송에 바침.
	何授 杜寬	員外郎 員外郎	길들인 코끼리 두 마리를 바치니 송에서는 이에 大藏經을 하사.
1039년 (太宗乾符有道 元年, 宋 仁宗 寶元 2)	師用和 杜興	大僚班 親王班	通好
1042년 (太宗明道 元年, 宋 仁宗 慶曆 2)	杜慶(安) 梁(茂)才	員外郎 員外郎	報聘使. 각각 順州刺史와 太子左監門率府率의 직함을 하사.
1046년 (太宗天感聖武 3, 宋 仁宗 慶曆 6)	蘇仁祚 陶惟雇	兵部員外郎 東頭供奉官	報聘使. 각각 工部郎中과 內殿崇班의 직함을 하사.
1047년 (太宗天感聖武 4, 宋 仁宗 慶曆 7)	杜文府 文昌	秘書丞 左侍禁	報聘使. 각각 屯田員外郎과 內殿崇班의 직함을 하사.
1057년 (聖宗龍瑞太平 4, 宋仁宗嘉祐 2)	梅元淸	員外郎	報聘使. 麒麟을 바치나 당시 사마광은 '기린이 적시에 이르지 못한 것은 吉兆라 여길 수 없고, 단지 기린이 아니라 異獸일 뿐이라면 주변에 웃음거리가 될 것입니다.'라 하며 상을 내리고 돌려보내게 함.
1060년 (聖宗彰聖嘉慶 2, 宋仁宗嘉祐 5)	費嘉祐	不明	國信使: 京師가 아닌 邕州에 파견
1063년 (聖宗彰聖嘉慶 5, 宋仁宗嘉祐 8)	梅景先 李繼先	不明	報聘使. 길들인 코끼리 9마리를 바침.
1069년 (聖宗神武 元年, 宋熙寧 2)	郭士安 陶宗元	不明	「交趾傳」에는 각각 崇儀副使, 東頭供奉官이라 나옴. 上表(占城과의 전쟁에 대해 승전보고.)
1078년 (仁宗英武昭勝3, 宋神宗元豐 元年)	陶宗元	員外郎	報聘使. 코끼리 다섯 마리를 바치며 광원 소무주 및 포로에 대한 송환을 요청.

年代	使臣名	職位	備考
1084년 (仁宗英武昭勝9, 宋神宗元豊 7)	黎文盛	兵部侍郎	이때 永平寨에서 順安과 歸化 지역의 경계 문제를 처리하기 위해 논의함.
1087년 (仁宗廣祐 3, 宋哲宗元祐 2)	黎鍾朝 杜英輩	員外郎 不明	報聘使. 이에 南平王으로 임명
1094년 (仁宗會豊 3, 宋哲宗紹聖 元年)	阮利用	員外郎	報聘使
1098년 (仁宗會豊 7, 宋哲宗元符 元年)	阮文信	員外郎	國信使
1102년 (仁宗龍符 2, 宋徽宗崇寧 元年)	杜英厚	員外郎	國信使
1106년 (仁宗龍符6, 宋徽宗崇寧6)	魏文相	員外郎	國信使. 서적 구매에 대한 요청을 하니, 금서와 卜筮, 陰陽, 曆算, 術數, 兵書, 敕令, 地理, 時務 및 邊機에 관련된 것을 제외한 서적 구매를 허용.
1110년 (仁宗會祥大慶 元年, 宋徽宗大觀 4)	陶彦	員外郎	報聘使
1114년 (仁宗會祥大慶5, 宋徽宗政和 4)	陶信厚	員外郎	報聘使
1118년 (仁宗會祥大慶9, 宋徽宗重和 元年)	阮伯度 李寶臣	員外郎 員外郎	報聘使. 白黑犀 2마리와 코끼리 3마리를 바침. 이에 宋측에서 互市의 금령을 완화하는 조서를 내림.
1122년 (仁宗天符睿武3, 宋徽宗宣和 4)	丁慶安 袁士明	員外郎 員外郎	報聘使

	年代	使臣名	職位	備考
	1126년 (仁宗天符睿武 7, 宋欽宗靖康 元年)	嚴常 徐延	令書家 御庫書家	報聘使. 코끼리 10마리와 金銀, 犀兕을 바침.
	1128년 (神宗天順 元年, 宋高宗建炎 2)	和寨人 (不明)	不明	告卽位. 神宗의 즉위를 알림.
	1130년 (神宗天順 3, 宋高宗建炎 4)	李奉恩 尹英槪	員外郎 令書家	報聘使
	1156년 (英宗大定 17, 宋高宗紹興 26)	李國	郭太平州刺史	金珠, 沈水香, 翠羽, 良馬과 길들인 코끼리를 바치고 조공. 이때 宋은 베트남의 입공 사절 규모를 賀昇平綱, 常貢綱 각각 50명으로 제한함.
	1164년 (英宗大定 17, 宋孝宗紹興 26)	尹子思 鄧碩儼	不明	金銀, 象牙, 香物 등을 바침.
	1173년 (英宗政龍寶應 11, 宋孝宗乾道 9)	尹子思 李邦正 阮文獻	不明	宋孝宗이 여러 차례 조공 사절을 거절하나 이번은 그들을 懷遠驛에 머물게 함.
	1177년 (高宗貞符 2, 宋孝宗淳熙 4)	李邦正 阮公亮	不明	報聘使
	1186년 (高宗天資嘉瑞 元年, 宋孝宗淳熙 13)	黎槐卿	不明	報聘使
陳 (Trần) 朝	1258년 (聖宗紹隆 元年, 宋 理宗 寶祐 6)	陳邦彦	不明	通好(宋)
	1258년 (聖宗紹隆 元年, 宋 理宗 寶祐 6)	黎輔陳, 周博覽	不明	朝貢(元). 『全書』에는 원의 사신이 와 세폐에 대한 요구를 하나 그 시기가 명확히 정해지지 않아 사신을 보내 이를 정하니 3년1공이 되었다고 나오고 있다.

年代	使臣名	職位	備考
1261년 (聖宗紹隆 4, 元 世祖 中統2)	陳奉公 阮琛 阮演	通侍大夫 員外郎 員外郎	兀良合台가 사신을 行在所로 보내며 이후 몽골에 대해 3年1貢을 약속하고 몽골은 聖宗을 安南國王으로 封하고 그들에게 西錦과 金熟錦 6필을 하사함. (「安南傳」에는 하사와 관련 1262년으로 기록)
1263년 (聖宗紹隆 4, 元 世祖 中統2)	范巨地 陳喬 楊安養 武復桓 阮求 范擧	殿前指揮使 殿前指揮使 員外郎 內令 書舍 中翼郎	「全書」에는 范巨地와 陳喬가 몽골에 사신으로 가며, 이때 3年1貢의 예를 許했다고 나오고 있다. 「安南傳」에는 楊安養, 武復桓, 阮求, 范擧가 파견되어 上表하고 玉帶, 繒帛, 藥餌, 鞍轡를 직급에 따라 하사 받음.
1266년 (聖宗紹隆 9, 元 世祖 至元 3)	楊安養 武桓	大夫 大夫	上表. 朝貢, 秀才와 수공업 장인의 징발을 면제, 訥刺丁의 達魯花赤 임명을 청하는 내용. 이듬 해 9월 이를 許하는 조서와 玉帶, 金繒, 藥餌, 鞍轡 등의 물품을 하사 받음. 이후 '六事'에 대한 요구 조서가 다시 보내지며, 回鶻 상인에 대한 징발과 함께 11월에는 忽哥赤을 雲南王에 封하고 大理・鄯闡・茶罕章・赤禿哥兒・金齒・交趾에 대한 鎭撫하게 하는 것에 관한 조서를 재차 내리고 있음.
1268년 (聖宗紹隆 11, 元 世祖 至元 5)	范崖 周覽	大夫 大夫	方物을 貢.
1269년 (聖宗紹隆 12, 元 世祖 至元 6)	黎仲陀 丁拱垣	不明	回鶻상인 징발의 문제와 코끼리 진상의 건을 이야기. 방물을 貢하고 이전 하사품에 대한 감사의 表를 올림.
1271년 (聖宗紹隆 14, 元 世祖 至元 8)	馮莊 阮元	大夫 大夫	1269년 張庭珍의 문제로 中書省에서 이를 지적. 그 내용은 선채로 詔書를 받은 것, 코끼리를 함께 보내지 않은 것, 진상한 藥의 味가 좋지 않은 점, 回鶻 상인 징발에 관한 것. 이에 대해 책망하자 答書를 올리며 朝貢. 答書의 내용은 詔書의 건은 本國의 風俗, 코끼리 문제와 함께 儒・醫・工匠 징발의 건은 1269년 사신 黎仲陀가 듣지 못했고, 1263년 이미 사면을 받은 것이라 전함.
1272년 (聖宗紹隆 15, 元 世祖 至元 9)	童子野 杜木	大夫 大夫	4월 몽골 兀良이 銅柱 경계를 물으러 오니 이에 員外郎黎敬夫가 알아보았지만 시간이 오래 되고 훼손되어 알지 못한다고 답했다는 기록이 「全書」에 전해짐.

年代	使臣名	職位	備考
1274년 (聖宗寶符 2, 元 世祖 至元 11)	童子野 黎文隱	不明	朝貢達魯花赤을 引進使로 대체해줄 것을 청하고 향후 조공품을 한번은 鄯闡, 한번은 中原에서 바칠 것을 청함.
1276년 (聖宗寶符 4, 元 世祖 至元 13)	黎克複 黎文粹	大夫 大夫	鄯闡에서 朝貢하려 한 것을 사죄하며, 六事에 대한 면제를 청하는 表를 올림.
1277년 (聖宗寶符 5, 元 世祖 至元 14)	周仲彦 吳德邵	中侍大夫 中亮大夫	太宗의 崩御와 함께 聖宗 즉위.
1279년 (仁宗紹寶 元年, 元 世祖 至元 16)	鄭廷瓚 杜國計 范明字	大夫 大夫(中贊)	이해에 2번의 조공이 행해 짐. 7월에는 몽골측의 立朝요구를 거절하는 表와 함께 코끼리 2마리를 보내고, 12월에는 藥材를 바침.
1280년 (仁宗紹寶 2, 元 世祖 至元 17)	陳遺愛 黎木 黎筍	大夫 大夫	몽골의 강경한 압박으로 종친 陳遺愛에 대한 파견이 나오고 있음.
1282년 (仁宗紹寶 4, 元 世祖 至元 19)	黎努 鄧右點	大夫 大夫	犀兜, 金銀器, 香藥 등의 方物과 함께 구류되어 있던 사신에 대한 送還을 요구함.
1283년 (仁宗紹寶 5, 元 世祖 至元 20)	丁克紹 阮道學	大夫 大夫	점성 정벌을 위한 군사, 식량을 요구하기 위해 왔던 몽골측 사신 趙矗를 따라가 朝貢을 바치고, 원군 파견과 친조에 대해 거절하는 표를 올림.
1284년 (仁宗紹寶 6, 元 世祖 至元 21)	陳謙甫 陳鈞	大夫 大夫	玉杯, 金瓶, 珠絳, 金領, 白猿, 綠鳩, 幣帛 등의 方物을 바치며 이때 형호점성행성으로 서신을 보내며, 몽골군에 대한 撤軍을 요청함.
1285년 (仁宗重興 元年, 元 世祖 至元 22)	阮德興 阮文翰 陳湯 阮銳	善忠大夫 朝請郎 忠憲侯 大夫	阮德興, 阮文翰은 思明州에 있는 鎭南王을 만나고 이전 조서에서 몽골의 군대를 베트남의 영내에 들어가지 않도록 하겠다는 내용을 언급하는 서신을 바침.
1286년 (仁宗重興2, 元 世祖 至元 23)	阮義全 完德榮	大夫 大夫	朝貢과 함께 당시 몽골의 進軍에 대한 中指를 요청함.

年代	使臣名	職位	備考
1287년 (仁宗重興 3, 元 世祖 至元 24)	阮文彦 黎仲謙 白舍	中大夫 通侍大夫 大夫	9월 丁未, 몽골에 方物을 바침.
1288년 (仁宗重興 4, 元 世祖 至元 25)	李修 段可容 杜克終 杜天覬	近侍官 近侍官 中大夫 大夫	4월 庚辰, 金人을 進上함.
1289년 (仁宗重興 5, 元 世祖 至元 26)	杜克終 譚衆	中大夫 大夫	4월 戊辰, 몽골에 方物을 바침. 10월 丁亥, 朝貢하여 方物을 바침.
1290년 (仁宗重興 6, 元 世祖 至元 27)	杜克終	中大夫	正月 庚戌 朝貢하여 方物을 바침.
1291년 (仁宗重興 7, 元 世祖 至元 28)	嚴仲維 陳子長	大夫 大夫	朝貢하여 方物을 바치며 親朝를 하지 못하는 죄에 대해 사죄의 表를 올림.
1292년 (仁宗重興 8, 元 世祖 至元 29)	阮代乏 何雜嚴	令公 中散	張立道가 귀국할 때 함께 가며 6년분의 공물을 바침. 鄂州에서 陳益稷과 만나 그를 꾸짖음.
1293년 (英宗興隆 元年, 元 世祖 至元 30)	陶子寄 梁文藻	相, 官務 大夫	梁曾의 귀국 시에 함께 파견됨. 이때 쿠빌라이는 劉國傑에게 베트남 정벌을 명하고, 陶子寄는 구류시킴.
1295년 (英宗興隆 元年, 元 成宗 元貞 元年)	阮孟憲 杜克終 范討偕	大夫 員外郎 員外郎	朝貢과 함께 전란으로 유실된 대장경에 대해 요청함. 이듬해 黃勝許의 반란에 대해 보고가 들어갔다고 하는데, 이 편에 들어간 것으로 생각됨.
1297년 (英宗興隆 5, 元 成宗 大德 元年)	阮文籍 范葛	大夫 大夫	5월 戊辰, 몽골에 方物을 바침.
1298년 (英宗興隆 6, 元 成宗 大德 2)	鄧不文 武不軌	大夫 大夫	11월 庚寅, 몽골에 方物을 바침.

年代	使臣名	職位	備考
1300년 (英宗興隆 8, 元 成宗 大德 4)	鄧霖 阮必	大夫 大夫	朝貢
1302년 (英宗興隆 10, 元 成宗 大德 6)	黎克復 陶永	相, 官務 大夫	길들인 코끼리 2마리와 朱砂를 方物로 바침.
1304년 (英宗興隆 12, 元 成宗 大德 8)	阮若拙 蘇欣	大夫 大夫	10월 丁亥, 몽골에 方物을 바침.
1306년 (英宗興隆 14, 元 成宗 大德 10)	費木鐸 黎元宗	大夫 大夫	10월 丁卯, 몽골에 方物을 바침.
1308년 (英宗興隆 16, 元 武宗 大大 元年)	阮克邅 範敬資 莫挺之	大夫 大夫	朝貢과 함께 武宗의 卽位를 축하하는 사절을 파견.
1309년 (英宗興隆 16, 元 武宗 大大 2)	童應詔 謝大董	大夫 大夫	朝貢
1311년 (英宗興隆 19, 元 武宗 大大 4)	黎仁傑 武子班	大夫 大夫	8월 丙戌, 몽골에 方物을 바침.
1313년 (英宗興隆 21, 元 仁宗 皇慶 2)	阮文琰 黎時髦	大夫 大夫	仁宗皇帝의 卽位를 축하하는 사절을 파견.
1314년 (明宗大慶 元年, 元 仁宗 延祐 元年)	鄧國用 吳元老	大夫 大夫	4월 乙酉, 몽골에 方物을 바침.
1318년 (明宗大慶 5, 元 仁宗 延祐 5)	尹世才 丁觀	大夫 大夫	正月 丙子, 몽골에 方物을 바침.
1320년 (明宗大慶 7, 元 仁宗 延祐 7)	鄧恭儉 杜士遜	陪臣 陪臣	10월 戊午 몽골에 方物을 바침.

年代	使臣名	職位	備考
1321년 (明宗大慶 8, 元 英宗 至治 元年)	莫節夫 賴惟舊	大夫 大夫	11월 英宗皇帝의 축하하는 사절을 파견.
1322년 (明宗大慶 9, 元 英宗 至治 2)	尹邦憲	行遣	元과 변경에서의 문제에 대한 논의를 위해 파견하나 가는 도중 사망. 11월 베트남 사절단이 방물을 바침. 이에 回賜의 명목으로 金 450兩, 金幣 9개, 비단을 하사함.
1324년 (明宗開泰 元年, 元 泰定帝 泰定 元年)	莫節夫	大夫	10월 壬申, 몽골에 方物을 바침.
1325년 (明宗開泰 2, 元 泰定帝 泰定 2)	黎老吾 阮維翰	大夫 大夫	2월 乙亥, 몽골에 方物을 바침.
1328년 (明宗開泰 5, 元 泰定帝 泰定 5)	阮處樂 譚吾少	大夫 大夫	베트남 및 8개의 洞의 蠻酋가 함께 方物을 바침.
1330년 (憲宗開祐 2, 元文宗至順 元年)	段子來 黎克遜	大夫 大夫	朝貢
1332년 (憲宗開祐 4, 元文宗至順 2)	鄧世延	大夫	文宗皇帝의 即位를 축하하는 사절을 파견함.
1335년 (憲宗開祐 7, 元惠宗至元 元年)	童和卿 阮固夫	大夫 大夫	順帝의 即位를 축하하는 사절을 파견함.
1337년 (憲宗開祐 9, 元惠宗至元 3)	潘公直 阮必焰	大夫 大夫	朝貢
1339년 (憲宗開祐 11, 元惠宗至元 5	陳國寶	大夫	朝貢
1345년 (憲宗紹豐 5, 元惠宗至正 5)	范師孟	大夫	王士衡을 보내 銅柱의 일을 물은 것에 대해 답하기 위해 파견함.(『全書』에 위 사실이 당시 정세와 맞지 않으나 기록은 하고 있다고 나오고 있음.)

〈표 2〉 베트남(Đinh~Trần朝)에 파견된 중국(宋, 元) 사신단표

	年代	使臣名	職位	備考
丁 (Đinh) 朝	973년 (先皇帝太平4, 宋太祖開寶 6)	王昭遠 楊重美	右領軍衛大將軍 閑厩使	權交州節度使 丁璉을 檢校太師 静海軍 節度使 安南都護으로 봉함.
	975년 (先皇帝太平6, 宋太祖開寶 8)	高保緖 王彦符	鴻護少卿 右監門衛率	丁部領을 開府儀同三司・檢校太師, 封 交阯郡王에 봉함.
黎 (Lê) 朝	980년 (大行皇帝 天福 元年, 宋 太宗 太平興國 5)	盧襲 盧多遜	供奉官	國信使: 出師와 이에 대한 宣戰布告
	983년 (大行皇帝 天福 4, 宋 太宗 太平興國 8)	張宗權	供奉官	國信使
	986년 (大行皇帝 天福 7, 宋 太宗 雍熙 3)	李若拙 李覺	左補闕 國子博士	黎桓을 檢校太保・使持節都督 交州諸軍事 安南都護 充静海軍節度・交州管內 觀察處置等使에 봉하고, 食邑 3천호와 推誠順化功臣의 칭호 하사.
	988년 (大行皇帝 天福 9, 宋 太宗 端拱 元年)	魏庠 李度	戶部郎中 虞部員外郎直史館	黎桓에게 檢校太尉직과 食邑千, 實封5 백戶를 하사.
	990년 (大行皇帝 興統2, 宋 太宗 淳化 元年)	宋鎬 王世則	左正言直史館 右正言直史館	黎桓에게 食邑千, 實封 4백 戶을 더해 줌. 黎桓은 牙內指揮使丁承正에게 船 9척 과 3백 명을 이끌고, 그들을 맞이함.
	993년 (大行皇帝 興統5, 宋 太宗 淳化 4)	王則順 李居簡	國子博士	國信使: 黎桓을 交阯郡王에 封.
	996년 (大行皇帝 應天3, 宋 太宗 至道 2)	李建中 李若拙	雷州海康縣尉 主客郎中直昭文館	廣西轉運使遣: 交州人卜文勇이 살해하고 망명한 일과 海賊의 문제로 詔書를 내림. 國信使: 玉帶를 하사하며, 이전 如洪鎭의 일과 詔書를 내려 이전 일과 海賊 25 人을 보낸 일에 관해 詔書를 내림.
	999년 (大行皇帝 應天6, 宋 太宗 咸平 2)	裴愈	高班內品	監綱使: 貢物과 관련한 일로 廣州 출사.

부록2 243

	年代	使臣名	職位	備考
	1005년 (大行皇帝 應天 12, 宋 眞宗 景德2)	邵曄	工部員外郎	國信寺로 임명되나 그해 黎桓의 사망과 함께 내분이 일자 파견되지는 못함.
	1006년 (大行皇帝 應天 13, 宋 眞宗 景德 3)	邵曄	沿海安撫使	서신을 보내 黎桓 사후 내분을 수습하라 訓導함
李 (Lý) 조	1028년 (太宗天成 元年, 宋 仁宗 天聖 6)	王惟正	廣南西路轉運使	王惟正을 祭奠使와 嗣官告使로 임명하여 喪事에 弔慰를 표하고 관직의 세습을 통보.
	1029년 (太宗天成 2, 宋 仁宗 天聖 7)	張頻	廠南西路轉運使	弔祭使. 仁宗의 喪事에 弔慰를 표함.
	1053년 (太宗崇興大寶5, 宋 仁宗 皇祐 5)	陳欽明	中使	國信使
	1055년 (聖宗龍瑞太平 2, 宋仁宗至和 2)	蘇安世	廠南西路轉運使	弔贈使
	1060년 (聖宗彰聖嘉慶 2, 宋仁宗嘉祐 5)	余靖	吏部侍郎	國信使(邕州會議)
	1072년 (仁宗太寧 元年, 宋神宗熙寧 5)	康衛	廣西轉運使	弔贈使
	1130년 (神宗天順 3, 宋高宗建炎 4)	尹東殉	廣南西路轉運副使	弔贈使
	1138년 (英宗紹明 元年, 宋高宗紹興 8)	朱莆	廣南西路轉運副使	弔祭使. 神宗의 喪事에 弔慰를 표하고 英宗에게 交趾郡王으로 封.
	1173년 (英宗政龍寶應 11, 宋孝宗乾道 9)	廖建	廣西提刑	國信使

	年代	使臣名	職位	備考
	1197년 (高宗天資嘉瑞12, 宋寧宗慶元 3)	竹端		管押使
	1212년 (惠宗 建嘉 2, 宋寧宗嘉定 5)	陳孔碩	廣西運判	弔祭使: 李高宗이 崩. 그 아들 惠宗에 대한 封爵과 推誠順化功臣 칭호를 하사.
陳 (Trần) 조	1255년 (太宗 元豊 5, 宋理宗寶祐 3)	楊慶成		國信使
	1258년 (聖宗紹隆 元年 4, 宋理宗寶祐6)	納剌丁		宣諭使: 論立觀하고 이에 子弟入質을 약속.
	1260년 (聖宗紹隆 3, 元 世祖 中統 元年)	孟甲 李文俊	禮部郞中 員外郞	高麗의 경우와 마찬가지로, 衣冠, 典禮, 風俗에 대해 本國舊例를 따르라고 하며 이전 '子弟入質'에 대해 잘 돌봐 주라는 내용을 전하고 있다.
	1262년 (聖宗紹隆 5, 元 世祖 中統 3)	訥剌丁 馬合部	達魯花赤	中統4년부터 3年1貢의 예를 따르며, 儒士, 医人, 陰陽卜筮, 수공업 장인 各3人, 蘇合油, 光香, 金, 銀, 朱砂. 沈香, 檀香, 犀角, 玳瑁, 珍珠, 象牙, 綿, 白磁 등의 물품을 바치라 하며, 達魯花赤을 파견.
	1265년 (聖宗紹隆 8, 元 世祖 至元 2)	霄端府 張入圖	侍郞 郎中	國信寺: 曆과, 改元에 관한 詔書를 보냄.
	1268년 (聖宗紹隆 11, 元 世祖 至元 5)	忽隆海牙 張庭珍	達魯花赤 達魯花赤	達魯花赤 임명과 함께 이전 回鶻상인 징발에 관한 조서를 내림.
	1269년 (聖宗紹隆 12, 元 世祖 至元 6)	張庭珍	朝列大夫安南 國副達魯花赤	선채로 詔書를 받는 문제로 논쟁. 이때 의례 문제와 함께 베트남 王爵과 使者의 지위 문제에 대한 논의가 나오고 있음.
	1270년 (聖宗紹隆 113, 元 世祖 至元 7)	也實納	達魯花赤	達魯花赤

年代	使臣名	職位	備考
1271년 (聖宗紹隆 14, 元 世祖 至元 8)	張立道		宣諭使(몽골이 國號를 大元으로 세우는 것에 관한 내용과 함께 立觀하라는 詔 書를 내림
1273년 (聖宗寶符 元年, 元 世祖 至元 10)	李元 合撒兒海牙	達魯花赤 副達魯花赤	前年 葉式捏이 죽으며 李元으로 代替되 고, 그를 達魯花赤으로 파견함.
1275년 (聖宗寶符 3, 元 世祖 至元 12)	合撒兒海牙 李克忠	尙書, 達魯花赤 侍郎	達魯花赤 임명과 함께 子弟入質에 대해 명하고 있음.
1278년 (聖宗寶符 6, 元 世祖 至元 15)	陶秉直 哈刺脫因 李克忠 董端	禮部尙書 會同館使 工部郎中 工部員外郎	弔祭使, 六事에 대한 요구와 함께 入朝 하지 않을 경우 進軍 할 것이라 함. 이 와 함께 册命을 청하지 않고 스스로 왕 을 칭한 것을 책망.
1279년 (仁宗紹寶 元年, 元 世祖 至元 16)	柴椿 梁曾	禮部尙書 兵部尙書	8월 宣諭使를 파견하여 來朝를 요구함. 朝觀이 어려우면 두 개의 커다란 구슬 을 한 金人을 대신 바치고, 지식인, 예 능인, 어린아이, 기술자를 각각 2명씩 보내라 명함.
1281년 (仁宗紹寶 3, 元 世祖 至元 18)	李顏帖木兒 (不眼帖木兒)	參知政事・ 行宣慰使都元帥 北京路達魯花赤	達魯花赤 파견과 함께 陳遺愛에 대해 安南國王으로 봉하고, 安南宣慰使를 설 치함.
1283년 (仁宗紹寶 5, 元 世祖 至元 20)	趙翥 陶秉直	鄂州達魯花赤	宣諭使를 보내며 점성 정벌을 위한 군 사와 식량을 요구함.
1284년 (仁宗紹寶 6, 元 世祖 至元 21)	曲烈 塔海薩里 倪閏	里問官 宣使	宣諭使를 파견하여 親朝를 요구함
1285년 (仁宗重興 元年, 元 世祖 至元 22)	阿里 合撒兒海牙	總把 尙書	鎭南王이 행성에서 阿里를 파견하여, 군 대를 일으킨 것이 점성 때문이라고 전하 고 있음. 10월 合撒兒海牙를 파견.
1288년 (仁宗重興 4, 元 世祖 至元 25)	劉庭直 李思衍 萬奴	提刑按察使 禮部侍郎 兵部侍郎	宣諭使를 파견하여 親身入朝를 요구하 며, 불응하면 군대를 다시 일으킨다고 전함.

年代	使臣名	職位	備考
1291년 (仁宗重興 7, 元 世祖 至元 28)	張立道 不眼帖木兒	禮部尙書 兵部郎中	張立道를 파견하며 강력하게 親朝를 요구함.
1292년 (仁宗重興 8, 元 世祖 至元 29)	梁曾 陳孚	吏部尙書禮部郎中	각각 三珠虎符와 金符를 하사하고 베트남에 파견하여 재차 親朝를 요구함.
1294년 (英宗興隆 2, 元 世祖 至元 31)	李(思)衍 蕭泰登	禮部侍郎 兵部侍郎	弔祭使: 쿠빌라이가 죽고, 成宗의 즉위 사실을 전함. 일전에 구류된 陶子寄를 돌려보냄.
1301년 (英宗興隆 9, 元 成宗 大德 5)	麻合麻 喬宗(亮)	尙書 禮部侍郎	鄧汝霖이 宮苑의 圖本을 그린 것에 대해 질책하는 조서를 내림. 陶子寄은 이와 함께 還國.
1308년 (英宗興隆 16, 元 武宗 大大 元年)	安魯威 李京 高復禮	禮部尙書 吏部侍郎 兵部侍郎	武宗皇帝의 卽位詔를 보냄.
1311년 (英宗興隆 19, 元 武宗 大大 4)	乃馬歹 聶古柏 杜與可	禮部尙書 吏部侍郎 兵部郎中	仁宗皇帝의 卽位詔를 보냄.
1321년 (明宗大慶 8, 元 英宗 至治 元年)	敎化 文矩	吏部尙書 禮部郎中	英宗皇帝의 卽位詔를 보냄.
1324년 (明宗開泰 元年, 元 泰定帝 泰定 元年)	馬合謀 楊宗瑞	吏部尙書 禮部郎中	각각 虎符와 金符를 하사하고 卽位를 임명하는 詔書를 보냄.
1331년 (憲宗開祐 3, 元 文宗至順 元年)	撒只瓦 趙期頤	吏部尙書 禮部郎中	文宗皇帝의 卽位詔를 보냄.
1335년 (憲宗開祐 7, 元 惠宗至元 元年)	鐵柱 智熙善	吏部尙書 禮部郎中	順帝의 卽位詔를 보냄.
1345년 (憲宗紹豊 5, 元 惠宗至正 5)	王士衡		이전 銅柱의 事을 묻는 사신을 보냄.

참고문헌

1. 자료

『大越史記全書』(東京: 東京大學東洋文化研究所, 1984).
『大越史記前篇』(Sài Gòn, NXB. Văn Hoá Thông tin, 2011).
『安南志略』(北京: 中華書局, 2000).
『見聞小錄』(TP. HCM, NXB. Giáo Dục Việt Nam, 2009).
『歷朝憲章類誌』(TP. HCM, NXB. Trẻ, 2014).
『宋史』(北京: 中華書局, 1975).
『元史』(北京: 中華書局, 1976).
『宋會要輯稿』(北京: 中華書局, 1957).
『元典章』(北京: 中華書局, 2011).
『天南行記』(上海: 上海世紀出版社, 2013).
『高麗史』.
라시드 앗 딘, 김호동 역주,『칭기스 칸기』(서울: 사계절, 2003).
유원수 역주,『몽골비사』(서울: 사계절, 2004).

2. 단행본

김기태,『동남아사 입문』(서울: 한국외국어대학교출판부, 1994).
김성규,『송대 동아시아의 국제관계와 외교의례』(서울: 신아사, 2020).
김호동,『몽골제국과 세계사의 탄생』(서울: 돌베개, 2010).
김호동,『몽골제국과 고려』(서울대학교출판문화원, 2007).
르네 그루쎄, 김호동 역주,『유라시아 유목제국사』(서울: 사계절, 1998).
서울대학교동양사학연구실,『講座中國史Ⅲ; 士大夫社會와 蒙古帝國』(서울: 지식산업사, 1989).
송정남,『베트남 역사 읽기』(서울: 한국외국어대학교, 2010).
스기야마 마사아키 저, 임대희 역주,『몽골세계제국』(서울: 신서원, 1999).
유인선,『베트남과 그 이웃 중국』(서울: 창비, 2012).
유인선,『새로 쓴 베트남의 역사』(서울: 이산, 2002).
응웬 따이 트, 김성범 옮김,『베트남 사상사』(서울: 소명출판사, 2018).
이개석,『고려-대원 관계 연구』(서울: 지식산업사, 2013).
Bộ Quốc phòng viện lịch sử quân sự Việt Nam, *Kế sách giữ nước thời Lý-Trần* (Hà Nội, NXB. Chính trị quốc gia, 1995).

Bộ Quốc phòng viện lịch sử quân sự Việt Nam, *Danh nhân quân sự Việt Nam thời Lý-Trần* (Hà Nội, NXB. Quân đội nhân dân, 2010).

Đào Duy Anh, *Lịch sử Việt Nam từ nguồn gốc đến đầu thế kỷ XIX* (Hà Nội, Tập san Đại học Sư Phạm xuất bản, 1955).

Hà Văn Thư, Trần Hồng Đức, *Tóm tắt niên biểu lịch sử Việt Nam* (Hà Nội, NXB. Văn hóa thông tin, 2005.

Hà Văn Tấn và Phạm Thị Tâm, *Cuộc khánh chiến chống xâm lược Nguyên Mông thế kỷ XII* (Hà Nội, NXB. Khoa học xã hội, 1972).

Hoàng Phương, *Kế sách giữ nước thời Lý-Trần* (Hà Nội, NXB. Chính trị Quốc gia, 1995).

Nguyễn Lương Bích, *Việt Nam ba lần đánh quân Nguyên toàn thắng* (Hà Nội, NXB. Quân đội nhân dân, 1981).

Nguyễn Quang Ngọc, *Tiến Trình lịch sử Việt Nam* (Hà Nội, NXB. Giáo dục Việt Nam, 2010).

Nguyễn Thu Hiềm, *Bang Giao Việt Nam với Trung Quốc dưới Triều Trần* (Hà Nội, NXBĐại Học Quốc gia, 2016).

Phan Huy Lê, *Tìm về cội nguồn* (Hà-Nội, NXB. Thế Giới, 1998).

Phùng Văn Khai, *Danh tướng triều Trần(trong các cuộc kháng chiến chống Nguyên-Mông)* (Hà Nội, NXB. Lao động, 2010).

Trần Hồng Đức, *Vương Triều Lý-Trần với Kinh đô* (Hà Nội, NXB. Chính trị quốc gia, 2010).

Trương Hữu Quýnh, *Đại Cương lịch sử Việt Nam* (Hà Nội NXB. Giáo dục Việt Nam, 2000).

Viện Văn học, *Thơ Văn Lý Trần* (Hà Nội, NXB. Khoa học xã hội, 1977).

高榮盛, 『元代海外貿易研究』(成都: 四川人民出版社, 1998).

党寶海, 『蒙元驛站交通研究』(北京: 昆崙出版社, 2006).

王英, 『元朝與安南之關係』(暨南大學碩士學位論文, 2000).

畢世鴻譯, 山本達郎(日)『安南史研究』(北京: 商務印書館, 2020)

旗田, 『元寇 - 蒙古帝國の內部事情』(東京: 中央公論社, 1965).

桃木至朗, 『中世大越國家の成立と變容』(大阪大學出版會, 2011).

本田實信, 『モンゴル時代史研究』(東京: 東京大學出版會, 1991)

山本達郎, 『ベトナム中國關係史』(東京: 山川出版社, 1975)

Allsen, Thomas T., *Culture and Conquest in Mongol Eurasia* (Cambridge University Press, 2001).

Allsen, Thomas T., *Mongol Imperialism* (California: University of California Press, 1987).

Anderson, James A., Whitmore, John K., *China's Encounters on the South and Southwest: Reforging the Fiery Frontier over Two Millennia* (Leiden, Brill, 2014).

Lo Jung-Pang, *China as a Sea Power 1127-1368: a preliminary survey of the maritime expansion and naval exploits of the Chinese people during the Southern Song and Yuan periods* (Singapore, NUS Press; Hong Kong: Hong Kong University Press, 2012).

Morris Rossabi, *China among Equals: the Middle Kingdom and Its Neighbors, 10th-14th Centuries* (Berkeley, University of California Press, 1983).

Vu Hong Lien, *The Mongol Navy: Kublai Khan's Invasion in Đại Việt and Champa* (The Nalanda-Sriwijaya Centre, ISEAS-Yusof Ishak Institute, 2017).

3. 연구논문

고명수, 「몽골-고려 군사동맹 관계」, 『역사와 담론』 88, 2018, pp.195~230.

고명수, 「즉위 초 쿠빌라이의 고려 정책」, 『東洋史學研究』 141, 2017, pp.257~290.

고명수, 「몽골의 '복속'인식과 蒙麗관계」, 『한국사학보』 55, 2014, pp.43~79.

고명수, 「쿠빌라이 정부의 南海정책과 해외무역의 번영」, 『史叢』 72, 2011, pp.45~63.

고병익, 「麗代征東行省의 研究」, 『歷史學報』 14, 1961, pp.45~76.

고병익, 「蒙古·高麗의 兄弟盟約의 性格」, 『白山學報』 6, 1969.

권용철, 「至元 30년(1293) 원 제국 사절단과 베트남의 서신 왕래를 통해 본 원-베트남 관계의 양상」, 『歷史學研究』 81, 2021, pp.219~244.

김보광, 「고려-몽골 관계의 전개와 달로화적의 置廢過程」, 『역사와 담론』 76, 2015, pp.83~119.

김상일, 「10~11세기 중반 송-베트남 관계의 성립과 전개: 양국의 교빙 관계를 중심으로」, 『베트남연구』 20-1, 2022, pp.165~200.

김장구, 「플라노 드 카르피니의 『몽골인의 역사』에 보이는 몽골사 인식」, 『동국사학』 49, 2010, pp.69~103.

김호동, 「몽골제국의 세계정복과 지배 거시적 시론」, 『역사학보』 217, 2013, pp.73~106.

김호동, 「몽골제국과 '大元'」, 『역사학보』 192, 2006, pp.221~253.

송정남, 「전통시대 베트남과 태국의 관계: 베트남의 『大越史記全書』 등을 중심으로」, 『한국태국학회논총』 18-2, 2011, pp.37~63.

송정남, 「中世 베트남의 외교: 對蒙抗爭을 소재로」, 『국제지역연구』 10-1, 2006, pp.205~228.

송정남, 「越中關係에 관한 研究」, 『고구려발해연구』 18, 2004, pp.711~729.

송정남, 「占城의 對蒙抗爭에 관한 研究」, 『베트남연구』 5, 2004, pp.29~45.

송정남, 「쩐(Tran:진)조의 몽고항쟁에 관한 연구」, 『역사와 경계』 34, 1998, pp.95~125.

유인선, 「전근대 베트남의 對中國認識: 조공과 대등의식의 양면성」, 『동북아역사논총』 23, 2009, pp.389~436.

유인선, 「전근대 베트남人의 歷史認識: 黎文休와 吳士蓮을 중심으로」, 『동양사학연구』 73, 2001, pp.171~204.

유인선, 「베트남 李朝와 陳朝의 法: 唐律 및 [黎朝刑律]과의 관계」, 『동양사학연구』 81, 2003, pp.149~182.

윤승연, 「13세기 몽골의 베트남 침공과 六事 요구」, 『베트남연구』 16, 2018, pp. 39~74.

윤승연, 「전통시대 베트남-중국의 대외관계: 11세기 베트남의 중국 침략을 중심으로」, 『중국사연구』 92, 2014, pp.59~101.

윤영인, 「10~13세기 동북아시아 多元的國際秩序에서의 冊封과 盟約」, 『동양사학연구』 101, 2007, pp.119~144.

윤은숙, 「여·몽 관계의 성격과 동아시아의 국제관계: 중국 학계의 '책봉과 조공'관계 연구의 한계와 문제점을 중심으로」, 『동북아역사논총』 35, 2012, pp.119~162.

이강우, 「이문화(異文化)관리: "동남아 문화(文化)탐구": 베트남, "적과의 동침"」, 『국제지역정보』 147, 2005, pp.85~89.

이개석, 「麗蒙兄弟盟約과 초기 麗蒙關係의 성격: 사료의 再檢討를 중심으로」, 『大丘史學』 101, 2010, pp.81~132.

이근명, 「11세기 후반 송·베트남 사이의 전쟁과 외교교섭」, 『동북아역사논총』 34, 2011, pp.169~202.

이명미, 「元宗代 고려 측 對몽골 정례적·의례적 사행 양상과 그 배경: 1273(元宗14) 고려 측 賀冊封使行 사례를 중심으로」, 『한국문화』 69, 2015, pp.173~203.

이명미, 「몽골 복속기 권력구조의 성립: 元宗代 고려-몽골 관계와 권력 구조의 변화」, 『韓國史研究』 162, 2013, pp.293~330.

이미지, 「1231~1232년 외교 문서를 통해 본 고려의 대몽 교섭상의 특징」, 『국학연구』 27, 2015, pp.7~46.

이익주, 「고려-몽골 전쟁 초기(1231~1232)의 강화 협상 연구」, 『한국사연구』 180, 2018, pp.1~32.

이익주, 「1219년(高宗 6) 고려 몽골 '兄弟盟約' 再論」, 『東方學志』 175, 2016, pp.77~102.

이익주, 「高麗·元關係의 構造에 대한 硏究: 소위 '世祖舊制'의 분석을 중심으로」, 『한국사론』 36, 1996, pp.1~51.

조용석, 「수도사 카르피니(Carpini)의 『몽골인들의 역사』(Ystoria Mongolorum) 연구: 몽골 방문의 목적 및 저술의도 연구」, 『교회사학』 19, 2021, pp.129~155.

조원, 「쿠빌라이 시기 安南과의 외교 교섭: 원의 정책과 安南의 대응을 중심으로」, 『東洋史學研究』 154, 2021, pp.103~134.

조원, 「湖廣行省軍民安撫司 다루가치와 원의 중층적 西南 변경 지배」, 『역사와 세계』 57, 2020, pp.207~234.

최병욱, 「중국 역대 왕조의 베트남 인식: 『25사』를 통해서 살펴봄」, 『북방사논총』 11, 2006, pp.273~303.

척윤정, 「13세기(1219~1278) 몽골-고려 관계 재론: 소위 '六事'요구와 그 이행 문제를 중심으로」, 『대구사학』 142, 2021, pp.257~312.

Bùi Thị Ánh Vân, "Làn sóng xâm lược của đế quốc Nguyên Mông xuống khu vực Đông Nam Á(thế kỷ XIII)", *Tạp chí Nghiên cứu Đông Nam Á*, Viện KHXHVN, số 126, 2010, tr. 46~52.

Bùi Thị Ánh Vân, "Cuộc chiến tranh xam lược thế giới của đế quốc Nguyên Mông (Thế kỷ XIII)", *Tạp chí Nghiên cứu châu Âu*, Viện KHXHVN, số 128, 2011, tr. 49~57.

Đào Duy Anh, "Cuộc khánh chiến của nhà Trần đã ngăn chặn sự bành trướng của Mông Cổ xuống Đông Nam Á", *Nghiên cứu lịch sử* số 42, 1962, tr.16~20.

Hoàng Văn Hiển, "Vài nét về đế quốc Mông-Nguyên thế kỷ XIII.Trong Tiếp cận lịch sử thế giới và lịch sử Việt Nam", NXB. *Chính trị quốc gia*, tr.9~23.

Nguyễn Thị Phương Chi, "Vân Đồn và vùng Đông Bắc dưới các triều Lý, Trần(thế kỷ XI-XIV)", *Nghiên cứu lịch sử* 10, 2010, 2009, tr.24~33.

Phạm Văn Ánh, "Khảo biện về văn thư ngoại giao của Trần Nhân Tông", *Nghiên cứu văn học* số 12, 2008, tr.39~48.

方駿,「元初亞洲征伐戰爭的對內影響」,『元史及北方民族史研究集刊』15, 2002.

馬明達,「元代出使安南考」,『明清之際中國和西方國家的文化交流-中國中外關係史學會第六次學術討論會論文集』, 1997.

薛磊,「元代雙城總管府芻議」,『中國歷史地理論叢』22-3, 2007.

呂士朋,「元代中越之關係」,『東海學報』8-1, 1967.

張金蓮,「略論元代的中越交通」,『蘭州學刊』150, 2006.

張笑梅・郭振鐸,「試析十三世紀元朝入侵越南的若干史實」,『東南亞縱橫』1-4, 1994.

竹天,「元朝與安南陳朝關係的幾個方面」,『東南亞縱橫』3-2, 1995.

曾貝・劉雄,「元朝時期中國與越南關係研究述評」,『洛陽師範學院學報』29-4, 2010.

陳得芝,「忽必烈的高麗政策與元麗關係的轉折點」,『元史及民族與邊疆研究集刊』1-11, 2012.

陳玉龍,「略論中越歷史關界的幾個問題」,『東南亞縱橫』1, 1983.

黃飛,「論元忽必烈朝對安南的征伐」,『齊齊哈爾師範高等專科學校學報』2, 2010.

森平雅彥,「事元期高麗における在來王朝體制の保全問題」,『北東アジア研究』別冊1, 2008.

乙坂智子,「元朝チベット定策の始動と變遷關係樹立に至る背景を中心として」,『史境』20, 1990.

乙坂智子,「元代内附序論-元朝の対外政策をめぐる課題と方法」,『史境』34, 1997.

向正樹,「モンゴル・シーパワーの構造と變遷」,『グローバルヒストリーと帝國』, 大阪大學出版會, 2013.

Allsen, Thomas T., "The Yuan Dynasty and the Uighurs of Turfan in the 13th Century", in: Morris Rossabi(ed.), *China among Equals: The Middle Kingdom and Its Neighbors, 10th-14th Centuries*, Berkeley, University of California Press, 1983, pp.243~280.

Anderson, James A., "Commissioner Li and Prefect Huang: Sino-Vietnamese Frontier

Trade Networks and Political Alliances in the Southern Song", *Asia Major*, Third Series 27-2, 2014, pp.29~51.

Anderson, James A., "Man and Mongols: The Dali and Đại Việt Kingdoms in the Face of the Northern Invasion", in Anderson J.A. and Whitmore, J.(ed.), *China's Encounters on the South and Southwest: Reforging the Fiery Frontier over Two Millennia*, (Leiden: Brill), 2014, pp.106~134.

Buell, Paul D., "Indochina, Vietnamese Nationalism, and the Mongols". In: *The Early Mongols : Language, Culture and History:Studies in Honour of Igor de Rachewiltz on the Occasion of His 80. Birthday*, Bloomington, Indiana University Press, 2009, pp.21~29.

Buell, Paul D., "Sino-Khitan Administration in Mongol Bukhara", *Journal of Asian History* 13-2, 1979, pp.121~151.

Fiaschetti Francesca, "Voice from Afar: Yuan Diplomacy between Ritual and Practice", *Eurasian Studies* 17, 2019, pp.271~285.

Fiaschetti Francesca, "Tradition Innovation and the Construction of Qubilai's diplomacy", *Ming Qing Yanjiu*, 2013, pp.65~96

Laichen Sun, "Imperial Ideal Compromised: Northern and Southern Courts Across the New Frontier in the Early Yuan Era", in James A. Anderson and John K. Whitmore eds, *China's Encounters on the South and Southwest: Reforging the Fiery Frontier over Two Millennia*, Leiden, Brill, 2015, pp.193~231

Taylor, Keith W., "The Early Kingdoms," in Nicholas Tarling, ed., *The Cambridge History of Southeast Asia*, four volumes, Cambridge: Cambridge University Press, 1992, pp.137~182,

Whitmore, John K., "The Rise of the Coast: Trade, State and Culture in Early Đai Viet", *Journal of Southeast Asian Studies* 37-1, 2006, pp.103~122.

찾아보기

ㄱ

가마쿠라(鎌倉) 막부　114
가종군(家僮軍)　226
갑적성(甲籍城)　77
강무당(講武堂)　32, 37, 42, 82, 90
개박(价博)　111
개봉(開封)　60, 70
개평(開平)　72~73
개평부(開平府)　70
『격장사(檄將士)』　225
견벽청야(堅壁淸野)　151, 222
경략사(經略使)　70
계수교할(界首交割)　61~62
고려　84~85, 87~88, 93~94, 104, 117
고태상(高泰祥)　71~72
공성전　50, 52
광병(光昺)　81
광저우(廣州)　119
교기(咬奇)　136, 139~140
교지(交趾)　38, 87, 95, 162
교지군왕(交趾郡王)　39, 60
교해구(膠海口)　139
구육　57~58, 67~68, 108
국사원(國史院)　28
국자원(國子院)　36
『국조형률(國朝刑律)』　34

권농사(勸農使)　28
귀화채(歸化寨)　79
근교원공(近交遠攻)　47
금(金)　49~52, 54~55, 60~61, 69
금련천(金蓮川)　70
금인(金人)　103, 193
김방경(金方慶)　113
꽝닌(廣寧)　44

ㄴ

남국산하(南國山河)　225
남딘(南庭)　184
남송(南宋)　40~42, 45, 59~65, 68~71, 73, 75, 77, 80~82, 90, 94~95, 97, 100~101, 103, 106, 109, 112~113, 115, 117, 122, 137, 149, 167, 220~221
남진(南進)　9, 121
남책(南柵)강　154~155
남해제국　59, 108~110, 118, 221
납공(納貢)　84
납질(納質)　84~85
내방관(內傍關)　183
노이방(內傍)　131
농지고(儂智高)　37
눌랄정(訥剌丁)　80, 83, 91~92, 96

ㄷ

다루가치(達魯花赤)　56, 85~86, 91~
　　92, 94, 98~100, 158~159
다오뜨끼(陶子奇)　211~212, 214~215
다이비엣(大越)　24
단가용(段可容)　193
단흥지(段興智)　71
담명(譚明)　200
당고대(唐古戴)　136, 139~140
대도(大都)　103
대리(大理)　17, 95
대리국(大理國)　64, 71~72
대방구(大滂口)　185
대원(大元)　98
『대월사기전서(大越史記全書)』　13~
　　14, 63
도칵쭝(杜克終)　131~133, 196, 200,
　　202, 204, 215
동병(峒兵)　168
동보두(東步頭)　79
둔전사(屯田使)　28
떠이껫(西結)　152
뚜옌꽝(宣光)　148

ㄹ

라라(羅羅)　179
라회(羅回)국　43
랑썬(諒山)　82, 178~179

레꾸이돈(黎貴惇)　28
레딱(黎剆)　13, 31, 139, 143, 150,
　　177, 183
레뚜언(黎筍)　105, 124
레묵(黎目)　105, 124
레쫑키엠(黎仲謙)　171
레칵푹(黎克復)　101
레푸쩐(黎輔陳)　78, 80
려극복　102
려병(黎兵)　168, 170
로학(路鶴)　43
르엉반따오(梁文藻)　211
리(李) 영종　115

ㅁ

마팔아(馬八兒)　109, 118, 221
막남한지 대총독(漠南漢地大總督)
　　69
막딘찌(莫挺之)　146~147, 203
만노(萬奴)　196
맹갑(孟甲)　86~88
면국(緬國)　110~111
몽골　17
뭉케　10, 18, 45, 59, 61, 67~71, 73~
　　74, 77, 82~83, 88, 106, 219

ㅂ

바얀(伯顔)　72

찾아보기　255

바익당(白藤) 44, 116
바투(拔都) 68, 139
반끼엡(萬劫) 126, 131, 136, 155, 179~181, 186
방하(旁河) 146~147, 183, 203
백등강(白藤江) 188~189, 192, 199
백등강부(白藤江賦) 181
번돈(雲屯) 43, 115, 148, 175
번즙(樊楫) 159, 168, 170, 173, 179, 188, 192, 196, 199
병농일치 32
보르지기트(孛兒只斤) 부족 47
본국구례(本國舊例) 86~87, 98
부교(浮橋) 76
부량강 182
부량관(富良關) 180
부하라 53, 67
북거(北拒) 9
불개토풍(不改土風) 87
불안첩목아(不眼帖木兒) 205~206
불적(佛敵) 79
불홀목(不忽木) 205, 212
빈탄(平灘) 125~126, 141

(ㅅ)
살달 132
삼치원(三峙源) 140
서명선 193

서하(西夏) 49, 55
석도아(昔都兒) 181, 185
석려기(昔戾機) 189, 192, 195, 197, 199
선가(線哥) 161~162
선무사(宣撫使) 72
선위사(宣慰使) 118, 206
섬라(暹羅) 43
성익용의군(聖翊勇義軍) 181
성종(陳聖宗) 101
세계제국 50, 52~54, 57~58, 219
세자(世子) 224
세조(世祖) 45
소게투(唆都) 109~110, 117~118, 120, 124, 136, 141~142, 151, 153, 155~156, 197~198, 207
소보(紹寶) 135
수의(守義) 40, 64
숙위병 157
스기야마 마사아키(杉山正明) 46
시춘(柴椿) 101~103, 105, 112, 125, 224
식읍(食邑) 33
신부군(新附軍) 105, 112, 125, 157, 168

(ㅇ)
아릭부케 67, 82, 88, 93

아릭카야(阿里海牙) 117, 121, 124, 153, 155, 157, 159~160, 162, 179, 195
아팔적(阿八赤) 178~180, 182, 186~187
악주(鄂州) 75, 122, 169, 173, 217
안남(安南) 11, 17, 84, 130
안남국왕(安南國王) 12, 21, 39~40, 60, 62, 88~89, 105, 112, 124, 149, 172, 191~192, 203, 207, 210, 216, 222, 224
안남선위사(安南宣慰使) 105
「안남전(安南傳)」 14
『안남지략(安南志略)』 13~14, 35, 87
안방구(安邦口) 173
애로(愛魯) 179, 191
야마모토 타쯔로(山本達郎) 14
양증(梁曾) 210~211
에센 테무르(也先鐵木兒) 159
여아관(女兒關) 178, 190
『역조헌장류지(歷朝憲章類誌)』 30, 34
역참(驛站) 85, 92, 100, 137
오그룩치(奧魯赤) 173, 191~192
오로적(奧魯赤) 168, 178
오정개(吳廷介) 204
옹 칸(汪汗) 47~48

옹주(邕州) 101
완의전(阮義全) 196, 201
완택(完澤) 205
왕후가동군(王侯家童軍) 30
외왕내제(外王內帝) 39, 45
요추(姚樞) 72
요한네스 데 플라노 카르피니(John of Plano de Carpini) 56, 107
용흥부(龍興府) 183
우구데이 56, 58, 61, 64, 67~69
우량카다이(兀良合台) 18, 65, 71, 74~77, 82~83, 91, 220
우량카다이군 79
우마르(烏馬兒) 131~133, 139, 155, 159, 168, 170, 173~176, 179~183, 185~186, 188~189, 192, 195~199, 207
운남(雲南) 69~70, 74, 77, 160, 179~180, 183, 208~209
운남왕(雲南王) 95, 97
『원사(元史)』 13
원종 87, 93~94
유구(瑠求) 111
유국걸(劉國傑) 212~214
유선(劉宣) 161, 163
유정직 201
육사(六事) 14, 19, 83~85, 87, 92, 94, 101, 106, 149, 164, 220

찾아보기 257

응에안(乂安)　22, 139, 142
응오씨리엔(吳士連)　78
응우옌다이꿉(阮代乏)　210
이문준　87~88
이원(李元)　99
이항(李恒)　139, 151, 155
인진사(引進使)　98
인혜왕　176
일본(日本)　106, 113~115, 167, 221
임안(臨安)　61
입질　86

⟨ㅈ⟩

자무카(札木合)　47~48
자바(闍婆)　116, 119, 123
자제입질(子弟入質)　83, 100, 220~221
장문호(張文虎)　169, 181, 185~186, 213
장입도(張立道)　205~208, 210~211, 224
장정진(張庭珍)　96
「장정진전(張庭珍傳)」　97
점성(占城)　17, 44, 95, 106, 109, 113, 115~123, 128~130, 139, 151, 157, 164, 167, 169, 221~222
점성행성　117~118, 121
정교지행성(征交趾行省)　167, 169, 201
정동행성(征東行省)　114
정붕비(程鵬飛)　168, 170, 173, 178, 181, 188, 214~215
조군(助軍)　84~85
조와(爪哇)　212
주영종(周英種)　200
중도(中都)　49, 55
즈엉안즈엉(楊安養)　89, 92, 96
지엔홍(延洪)　126, 141, 225
『진강중시집(陳剛中詩集)』　14
진남왕(鎭南王)　128~129, 134, 138, 150~151, 153~155, 157, 167, 173, 177~182, 184~188, 190~192, 195, 202, 207, 209
진랍(眞臘)　95, 116, 123
진부(陳孚)　14, 210, 224
진일훤(陳日烜)　81, 141
진중달(陳仲達)　170~171
짱안(長安)　154
쩐 까인(陳煚)　23~24
쩐꽝카이(陳光啓)　139, 141~143, 146, 153
쩐꾸옥또안(陳國瓚)　30, 152~154
쩐꾸옥뚜언(陳國峻)　31, 75, 125~127, 131, 141~142, 155, 172~173, 175, 180, 189, 215, 222~223, 225
쩐꾸옥캉(陳國康)　142~143

쩐끼에우(陳喬) 89

쩐끼엔(陳鍵) 31, 139, 143, 148, 150, 203

쩐녓주엇(陳日熞) 139, 146~147, 152, 179

쩐녓히에우(陳日皎) 78

쩐또안(陳瓚) 142

쩐뚜비엔(陳秀嶸) 144, 148

쩐리에우(陳柳) 25, 33, 63, 142, 225

쩐빈쫑(陳平仲) 133

쩐익딱(陳益稷) 144~147, 149~150, 159, 165, 172, 191~192, 203~205, 210, 216~217, 222~225

쩐조안(陳尹) 74

쩐지아이(陳遺愛) 104~105, 112, 124, 149, 207, 216, 224

쩐카인즈(陳慶餘) 125~126, 175~176, 185

쩐투도(陳守度) 23, 25, 78~79

쩐황(陳晃) 135, 141

쭈박람(周博覽) 80

쯔엉한시에우(張漢超) 181

찌에우황(昭皇) 23

쩐딘또안(鄭廷瓚) 102~103

ㅊ

차가다이 68

차사굉(差使宏) 203

차와(茶哇) 43

차크차크두(徹徹都) 76

『천남행기(天南行記)』 14, 193

천호(千戶) 49

초유(招諭) 108

추밀원 91, 110, 155, 201

충렬왕(忠烈王) 104

충의왕(忠懿王) 217

친조(親朝) 13, 83~86, 93~94, 98~99, 104, 106, 108, 112, 117, 123~124, 129, 149, 171, 197~200, 207, 209, 212, 220~224

칭기스칸(成吉思汗) 11, 46~54, 58, 67~68, 72, 83, 85, 107, 219

ㅋ

카라코룸 73

카라툰 맹약 48

카이두 205, 224

케레이트 부족 48

쿠릴타이 49, 67~68

쿠빌라이 11, 19, 45, 59, 61, 67~75, 81~84, 86, 88, 90~91, 93~95, 98, 103~104, 106, 108~110, 112, 115, 117, 120~122, 130, 157, 159~161, 164~165, 167~172, 191~193, 197~201, 205~207, 211~214, 217, 219~224

쿠투쿠　52, 55

ⓣ
타이빈(太平)　154, 183
타인화(清化)　22, 34, 139~141, 144, 152~153, 155, 165
타타르족　48
탕구타이(唐兀觲)　155, 196
탕롱(昇龍)　22, 77, 138, 153~154, 164, 175, 180, 182~186, 198, 203, 220
탕목병(湯沐兵)　203
탕목읍(湯沐邑)　33, 226
태상황 제도　27
태상황(太上皇)　81
태의원(太醫院)　28
테무르　214
테무진　48
텡그리　57
토콘(脫歡)　77, 97, 128, 130, 134, 136, 138, 149~150, 153~155, 157, 160, 173, 177~178, 181, 183, 185, 187, 190, 192~193, 195, 197, 223
톨루이　49, 67, 71
투언티엔(順天)　63, 142
툴루이　58
티엔막(天幕)강　155

ⓟ
판후이쭈(潘輝注)　30, 34
평려원(平厲源)　78
평장정사　212

ⓗ
하리짓(補的)　118, 120
하산하야(合撒兒海牙)　98~100
하제사(河堤使)　28
함자관(鹹子關)　152, 182
함자애(鹹子隘)　182
합랄장(合剌章)　159~160
합살아해아(合撒兒海牙)　158
형제맹약　84
형호점성행성(荊湖占城行省)　121, 130
형호행성(荊湖行省)　169
혜종(惠宗)　23
호광등처행중서성　169
호광등처행중서성평장정사　210
호광안남행성(湖廣安南行省)　212
호구 보고　85
호레즘　53~55, 85
황병(黃炳)　74
황승허(黃勝許)　213, 215~216
황좌촌(黃佐寸)　199
회골(回鶻)　96
회사(回賜)　90

회흘(回紇) 208
후게치(忽哥赤) 95
후룬하야(忽隆海牙) 96~97
훌레구 67~69, 108

『흠정월사통감강목(欽定越史通鑑綱目)』 39, 62
흥도왕(興道王) 31, 75, 185, 189~190